信息检索与创新专利

（第二版）

刘二稳　许福运
蔚　莹　刘　鹏　刘一农　编著

科学出版社
北　京

内 容 简 介

本书以国内外信息检索系统的最新平台为素材，以增新删旧、易学易懂、使用方便为原则，揭示了国内外信息检索系统最新动态与使用方法。本书由信息资源检索概述、典型中文数据库检索、典型外文数据库检索、网络信息资源检索、专利及专利信息检索、创新专利步骤及案例、网络信息资源的综合利用，共7章内容组成。书中以国内外常用的网络数据库为代表，通过具体的检索实例，为学习者揭示国内外信息资源的检索方法与技能，并通过创新专利案例及训练、信息资源的综合利用来揭示创新专利实施的程序及信息资源的利用方法。

本书可作为普通高校本科生和研究生学习信息检索方法及技能的教材，也可作为教学、科研、工程技术和社会各界人士提高创新和检索能力的必备参考书。

图书在版编目（CIP）数据

信息检索与创新专利/刘二稳等编著. —2 版. —北京：科学出版社，2017.8

ISBN 978-7-03-053262-6

Ⅰ. ①信…　Ⅱ. ①刘…　Ⅲ. ①信息检索　Ⅳ. ①G254.9

中国版本图书馆 CIP 数据核字（2017）第 128543 号

责任编辑：余　江　张丽花/责任校对：郭瑞芝
责任印制：张　倩/封面设计：迷底书装

科 学 出 版 社 出版
北京东黄城根北街 16 号
邮政编码：100717
http://www.sciencep.com

三河市骏杰印刷有限公司印刷
科学出版社发行　各地新华书店经销

*

2013 年 8 月第　一　版　开本：787 × 1092　1/16
2017 年 8 月第　二　版　印张：12 1/4
2024 年 7 月第十五次印刷　字数：295 000

定价：39.80 元

（如有印装质量问题，我社负责调换）

前　　言

党的二十大报告指出，"必须坚持科技是第一生产力、人才是第一资源、创新是第一动力"，科学研究是站在巨人的肩膀上进行的创新，创新活动的整个过程离不开信息检索。信息检索是人们自主学习获取有效信息的有效途径，通过查询他人已有的成果，寻求答案激发灵感，做到知己知彼，从而在前人研究的基础上进行创新研究。本书从实际操作出发，讲授如何精准、快捷地获取自己想要的信息资源。掌握信息检索的技能，从容面对生活、学习、工作、科研中遇到的问题，从而帮助自己快速熟悉、掌握新知识、新领域，提高自己的学习能力和自身解决问题的能力，达到事半功倍的效果。

本书在第一版的基础上，以国内外信息检索系统的最新平台为素材，以内容全面、选材新颖、实用性和可操作性强为原则，揭示了国内外信息检索系统最新动态变化与使用方法。本书采用由浅入深、循序渐进的方式阐述信息检索的理论方法与实际操作过程，并通过具体的检索实例，让读者掌握其基本原理、检索技术、检索方法与流程，达到学以致用的目的。书中的网络信息检索系统均源自2017年的最新版本。由于版本的变化，内容上作了较大幅度的修改与补充，突出其实用性和可操作性。本书由信息资源检索概述、典型中文数据库检索、典型外文数据库检索、网络信息资源检索、专利及专利信息检索、创新专利步骤及案例、网络信息资源的综合利用共7章内容组成。各章节内容既自成体系又相互关联，可满足不同层次的读者需求。

本书第1章、第2章的2.1节~2.3节、第5章、第7章由刘二稳编写；第2章的2.4节、2.5节由蔚莹编写；第3章由刘鹏编写；第4章由刘一农编写；第6章由许福运编写。全书由刘二稳修改、统稿和定稿。

本书在编写过程中参阅和引用了许多同行的有关论著，出版过程中得到了科学出版社余江编辑的通力支持，在此一并表示衷心的感谢。

鉴于作者学术水平和选取的素材有限，加之时间仓促，书中难免存在疏漏之处，敬请读者批评指正。

作　者

2023年7月

前言

目　录

第 1 章　信息资源检索概述

1.1　信 息 资 源

1.1.1　信息资源的含义及特性

1. 信息资源的含义

信息资源是经人类主观或客观处理的，并且能够被传播或传输的文字、声音、图像、数据。信息资源有广义和狭义之分。广义的信息资源是指信息及其相关因素的集合。即除信息本身外，信息资源还包括与之紧密相关的信息设备、人员、系统、网络等，涉及信息的生产、分配、交换（流通）、消费等过程。狭义的信息资源是指信息本身或信息的集合，准确地说仅指信息内容。在国外有人将信息资源简单地分为四个组成部分：信息源、信息服务、信息产品和信息系统。

2. 信息资源的特性

人力资源、信息资源、物质资源是构成现代社会发展的三大支柱。信息作为一种资源，它除了具备物质资源的一般特征，如有用性、可选择性外，还具有以下特性。

共享性：这是信息资源区别于物质资源的根本属性之一。信息资源可同时为众多的使用者享用，也可被不同时期的使用者使用，还可为不同领域的人服务，满足他们不同的需要。它不像物质资源那样具有排他性。

时效性：即信息资源的价值对时间的灵敏度很高，一条及时的信息可能价值连城，一条过时的信息可能分文不值。

智能性：信息资源是人类按照一定的次序开发与组织起来的信息，是人类脑力劳动的产物，它传播的是人们的知识与智慧。

无限性与有限性并存：无限性是就信息资源的时间延续和储量而言的。信息资源产生于人类的社会实践活动，而人类的社会实践活动是一个永不停息的过程。因此信息资源也呈现出永不枯竭的特点。并且随着信息资源的不断开发和利用，信息资源也将日益丰富。有限性是指信息资源仅是信息的一部分，是经过人类选择的有用的那部分信息，是由人的智能的有限性决定的。

增值性：即对信息资源的投入和使用，不但可以使自然资源、人力资源、资本资源增值，而且可以使信息资源实现一次投入，多次开发利用，并不断产生新的信息使其自身增值。

1.1.2　信息资源的类型

信息资源按照不同的标准可划分成不同的类型。

1. 按文献载体的形式划分

文献载体是指记录知识的物质材料，随着科技的发展，人类记录知识信息的物质载体和技术手段不断演进，相继出现了印刷型、缩微型、声像型和机读型等不同载体形式的文献。当前文献的载体主要是印刷型和机读型。

（1）印刷型文献

印刷型文献是以纸张为存储介质，以印刷（包括铅印、胶印、静电复印等）为记录手段的文献形式，是一种传统的最常见的文献形式。其优点是便于携带、传播和阅读。缺点是体积大，存储密度低，长期保管困难。由于造纸材料（木材）的减少，因此印刷型文献的价格也越来越高。

（2）机读型文献

机读型文献主要指将文字和图像转换成二进制数字代码，以计算机输入为记录手段，以磁带、磁盘或光盘为存储载体的文献，也称电子型文献。

电子型文献具有存储密度高，存取速度快，便于通信传递，易于复制共享等优点；其缺点是需借助计算机存储，设备价格较高，文件易丢失。

2. 按文献的出版形式划分

（1）图书

图书（Book）又称为书籍，其内容比较成熟，按其出版形式可分为单卷书、多卷书、丛书等。图书内容成熟、系统，有完整定型的装帧形式的出版物。公开出版发行的图书一般标注有国际标准书号（ISBN）。

图书是对已有的科研成果与知识系统的全面概括和论述，并经过作者的认真核对、鉴别、筛选、提炼和融会贯通而成。从内容上，具有系统、全面、理论性强、成熟可靠、技术定型的特点；从时间上，由于编写时间、出版周期较长，所反映的文献信息的新颖性较差，但对要获取某一专题较全面、系统的知识，或对于不熟悉的问题要获得基本了解的读者，参阅图书是行之有效的方法。图书主要包括专著（Monograph）、丛书（Series of Monograph）、教科书（Textbook）、词典（Dictionary）、手册（Handbook）、百科全书（Encyclopedia）等。

图书的外表特征标识主要有书名（题名）、著者（责任者）、出版地、出版社、出版时间、版次、总页数、ISBN、价格等。

ISBN 是 International Standard of Book Number 的缩写，即国际标准书号。ISBN 是国际通用的图书或独立的出版物（定期出版的期刊除外）代码。出版社可以通过 ISBN 清晰地辨认所有书籍。ISBN 具有唯一性。

2007 年 1 月 1 日前的 ISBN 由 10 位数字组成，这 10 位数字分成 4 组，中间用“-”相连，每组数字都有不同的含义，即 ISBN 组号-出版社代码-书序码-计算机检验码。

第一组：地区号（国家、语言或区位代码），又叫组号，最短的只有一位数字，最长的达五位数字，大体上兼顾文种、国别和地区。0、1 代表英语，使用这两个代码的国家和地区有澳大利亚、加拿大、爱尔兰、新西兰、南非、英国、美国、津巴布韦等；2 代表法语，法国、卢森堡、比利时、加拿大和瑞士的法语区使用该代码；3 代表德语，德国、奥地利和瑞士德语区使用该代码；4 是日本出版物的代码；5 是俄罗斯出版物的代码；7 是中国出版物使用的代码，香港的代号是 962 或 988。

第二组：出版社代码。由国家或地区的 ISBN 中心设置并分给各个出版社。

第三组：书序码。该出版物代码，是出版者分配给每一个出版物的编号。

第四组：计算机校验码。校验码是 ISBN 的最后一位数字，它能够校验出 ISBN 是否正确。校验码只能是 1 位数，当为 10 时，记为罗马数字Ⅹ。

例如，《工程结构抗震》一书的 ISBN 为 7-144-05912-4，其中 7 为地区号或组号，代表中国；144 为出版社代码（人民交通出版社），取值范围 2～5 位数字，出版社的规模越大，出书越多，号码越短；05912 是书序号，由出版社给出，而且每个出版社的序号是定长的（数字 9 减去组号、出版社代码所占的位数，就是书序码的位数），最短的为一位，最长的为六位，出版社的规模越大，出书越多，序号越长，05912 表示人民交通出版社自使用 ISBN 编码以来出版的第 5912 种图书；4 代表计算机检验码，只有一位，为 0～9 或Ⅹ。

1982 年中国参加 ISBN 系统，并成立中国 ISBN 中心（设在国家新闻出版总署）。中国标准书号自 1987 年 1 月 1 日起实施。中国标准书号共分两部分：第一部分为 ISBN，是主体部分；第二部分为中国图书馆分类法基本大类类号和种次号。例如，ISBN 7-144-00316-Ⅹ/TP·340，其中 TP 为中国图书馆图书分类法基本大类类号，代表计算机、自动化类；340 为种次号，代表该书为人民交通出版社自采用 ISBN 编号以来出版的第 340 种计算机、自动化类书。

为了扩大 ISBN 系统的容量，增加了另一个 EAN（国际物品编码协会）产品代码 979。2007 年 1 月 1 日以前，各国 ISBN 机构尚没有分配完的 10 位的 ISBN 可以加前缀 978，一旦现有的 10 位的 ISBN 用完了，新申请的 ISBN 全部以 979 开始。979 前缀目前主要用于两种情况：一是新建出版社首次申请 ISBN 和现有出版社在 2007 年 1 月 1 日以后申请 ISBN，二是如果以 978 为前缀的号码已用完，那么就用 979。

（2）期刊

期刊（Periodical 期刊，Journal 或 Magazine 杂志，Transaction 汇刊，Acta 学报，Serial），指有固定名称、定期或不定期出版、汇集了多位著者论文的连续出版物。与图书相比，期刊出版周期短，内容新颖，信息报道及时，是人们寻找研究上的新发现、新思想、新见解、新问题的首要信息源，也是科研人员特别是科技人员利用频率最高的一种文献信息源。

期刊的外表特征标识主要有期刊名、期刊出版者、出版地、出版年月日、期刊的卷号和期号、期刊的 ISSN（国际标准连续出版物号）、国内统一刊号（CN）、邮发代号、价格等。

期刊按照出版频率可分为周刊（Weekly）、半月刊（Semi-monthly）、月刊（Monthly）、双月刊（Bimonthly）、旬刊（3 Times a Month）、半年刊（Semi-annuals）、年刊（Annual Year Book）。

ISSN（International Standard Serial Number）是根据国际标准 ISO 3297 制定的连续出版物国际标准编码，其目的是使世界上每一种不同题名、不同版本的连续出版物都有一个国际性的唯一代码标志。该编号以 ISSN 为前缀，由 8 位数字组成。8 位数字分为前后两段各四位，中间用连接号相连，如 ISSN 1095-9203，前 7 位数字为顺序号，最后一位是校验码。

我国正式期刊的刊号由 ISSN 和 CN 两部分组成。国内统一刊号由 CN 和国内标准出版物编号组成，国内标准出版物编号由地区号、报刊登记号和中图分类号组成，如 CN31-1171/G2，地区号按《中华人民共和国行政区划代码 GB/T 2260—2013》取前两位，如北京为 11，天津为 12，上海为 31 等。国内内部刊物有准印号。

（3）专利文献

专利文献（Patent Document）主要指专利申请人向自己国家或国外的专利局提出申请保护某项发明时所呈交的一份详细的技术说明书，经专利局审查，公开出版或授权后所形成的文献。专利文献具有技术含量高，内容可靠，实用性强，报道快速，能够最先反映新成果、新技术，融技术信息、经济信息、法律信息为一体的特点。但专利文献的重复出版量大，有时间、内容和地域方面的局限性。

专利文献的外表特征标识有申请号（Application Number）、申请日期（Application Date）、专利号（Patent Number）、授权日期（Granted Date）、优先号（Priority Number）、优先国家（Priority Country）、专利权人（Assignee）、专利代理人、机构（Attorney、Agent or Firm）、专利名称（Title）、发明人（Inventor）、权项（Claims）等。专利的文献内容特征包括专利分类号（Patent Classification）、文摘（Abstract）、检索领域（Subject）等。

（4）会议文献

会议文献（Conference Literature）是指在国内外重要学术会议上发表的论文和报告。会议文献具有内容丰富、新颖、信息量大、专业性强、学术水平高、有创造性等特点。在主要的科技信息源中，会议文献的重要性和利用率仅次于期刊。

会议文献的外表特征标识有论文名称、著者和著者工作单位、会议录名称、会议录出版情况、会议名称、会议时间、会议地点、会议届次等。会议文献的英文表达常用 Congress（会议）、Convention（大会）、Symposium（专题讨论会）、Seminar（学术研讨会）、Conference（学术讨论会）、Meeting（小型会议）、Proceedings（会议录）等表示。

（5）学位论文

学位论文（英国（Thesis），美国（Dissertation）），是高等院校、科研机构的毕业生、研究生为了获取学位而撰写的学术性研究论文，如博士学位论文、硕士学位论文、学士学位论文等，其特点是具有学术性和独创性。大多数国家采用学士（Bachelor）、硕士（Master）和博士（Doctor）三级学位制。通常学位论文主要指博士、硕士论文及优秀学士学位论文。

学位论文的外表特征标识有论文名称、作者、学位、授予学位的大学名称、时间、论文页码、导师或答辩委员会顾问的姓名等。

（6）科技报告

科技报告（Sci-Tech Report），又称研究报告和技术报告，是科技人员从事某一专题研究所取得的阶段性进展或最终性成果的记录与书面报告，包括技术报告书（Technical Report）、技术备忘录（Memorandum book）、札记（Note）、论文（Paper）、通报（Bulletin）等。

科技报告的外表特征标识有报告名称、报告号、研究机构、完成时间等。

科技报告一般都有编号，且单独成册。科技报告反映的是新兴科学和尖端科学的研究成果，内容新颖，专业性强，能代表一个国家的研究水平，各国都很重视。目前，美、英、德、日等国每年产生的科技报告达 20 万件左右，其中美国占 80%。美国政府的 AD、PB、NASA、DOE 报告是国际上最著名的四大科技报告。

PB（Publishing Board）报告：产生于第二次世界大战结束之后，当时美国政府为了整理和利用从战败国获得的数以千吨计的秘密科技资料，于 1945 年 6 月成立了一个专门的出版局，即美国商务部出版局（Publication Board），负责收集、整理、报道利用这些资料，报告的内容侧重于各种民用科学技术、生物医学。

AD（ASTIA Document）报告：产生较早，1951 年开始出版。原来为美国武装部队技术情报局（Armed Services Technical Information Agency，ASTIA）出版的文献，即 ASTIA Document 报告。现由美国国防技术情报中心（Defense Technical Information Center，DTIC）负责收集整理和出版。报告内容以国防部各个合同户的研究报告为主，其报告号冠以 AD，A 原先为 Armed、D 为 Document 之意，现在则可理解为入藏报告（Accession Document），主要收录军事科技方面的文献资料。

NASA 报告：是美国航空航天局（National Aeronautics and Space Administration）的简称。内容除航空航天技术以外，还涉及许多相关学科，在一定程度上成为综合型科技报告。

DOE 报告：是美国能源部（US Department of Energy）出版的报告，收录能源部所属实验室、能源技术中心和情报中心以及合同单位发表的科技报告，内容涉及核能与其他能源，包括矿物燃料、太阳能以及节能、环境和安全等内容。

科技报告具有保密的特点，因而不易获取。我国国家图书馆、国防科技信息研究所和上海图书馆的科技报告相对比较完整。

（7）标准文献

标准文献（Standard Literature）指对工农业新产品和工程建设的质量、规格、参数及检验方法所作的技术规定，是人们在设计、生产和检验过程中共同遵守的技术依据。它是一种规章性的技术文件，具有一定的法律约束力。按批准机构级别和适用等级可分为国际标准、国家标准、部颁标准（行业标准）和企业标准四个等级。国际标准指国际通用的标准，如 ISO（国际标准）、IEC（国际电工标准）、IEEE（美国电气和电子工程师协会）等。我国目前将标准分为国家标准、行业标准、地方标准和企业标准四级。我国标准有效期一般为 5 年。

标准文献都有标准号，它通常由国别（组织）代码+顺序号+年代组成。我国的国家标准分为强制性国标（GB）和推荐性国标（GB/T）；行业标准代码以主管部门名称的汉语拼音声母表示，如 JT 表示交通行业标准。企业标准编号：Q/省、市简称+企业名代码+年份。

标准一般有如下特点：①每个国家对于标准的制定和审批程序都有专门的规定，并有固定的代号，标准格式整齐划一；②在一定条件下具有某种法律效力，有一定的约束力；③时效性强，不断地进行修订、补充、替代或废止；④一个标准一般只解决一个问题，文字准确简练；⑤不同种类和级别的标准在不同范围内贯彻执行。

标准文献的外表特征标识有标准级别、标准名称、标准号、标准提出单位、审批单位、批准时间。

（8）政府出版物

政府出版物（Government Publication）是指各国政府及所属机构发表的文件，分为行政性和科技性两大类。行政性文件包括政府工作报告、会议记录、法令、条约、决议、规章制度、调查统计资料等；科技性文件包括科研报告、科普资料、科技政策、技术法规等。政府出版物的特点是具有正式性和权威性。根据其性质分为公开资料、内部资料、机密资料三种。

（9）产品资料

产品资料（Product Literature）是国内外生产厂商或经销商为了推销产品而印发的企业出版物，用来介绍产品的情况，以产品目录、产品样本、产品说明书、企业介绍等多种形式对外宣传。产品资料反映的技术可靠成熟、图文并茂、直观形象、数据翔实，是宝贵的科技信息源、商贸信息源和竞争情报源，免费赠送得较多，具有简明可靠、形象直观、时间性强、形式多样、出版迅速等特点。

（10）技术档案

技术档案（Technology Archives，Technical Records）指生产建设、科技部门和企事业单位针对具体的工程或项目形成的技术文件、设计图样、图表、照片、原始记录的原本及复印件，包括任务书、协议书、技术经济指标和审批文件、研究计划、研究方案、试验记录等。它是生产领域、科学实践中用以积累经验、吸取教训和提高质量的重要文献。科技档案具有保密性，常常限定使用范围。

3. 按加工的深度划分

从文献内容出发，根据对文献信息加工处理的深度不同，文献可分为零次文献、一次文献、二次文献和三次文献，不同加工深度的文献特点鲜明，不同的检索需求需要检索不同加工深度的文献。

（1）零次文献

零次文献（Zeroth Literature）指未经正式出版或非正式渠道交流的文献，未公开于社会，只为个人或某一团体所用，如文章底稿、私人笔记、书信、工程图纸、考察记录、实验记录、调查稿、原始统计数字，以及各种口头交流的知识、经验、意见、论点等。其主要特点是传递速度快、针对性强，但不成熟、传播面窄、不公开交流、不易获取和管理。

（2）一次文献

一次文献（Primary Literature）指以作者的研究成果为基础而撰写的原始文献，包括学术论文、专著、科技报告、专利说明书、标准文献、档案等公开发表的类型。其特点是形态多样，因而同一主题内容的形式很分散；内容原创新颖、详尽、系统，参考和使用价值大，是检索和利用的主要对象。

（3）二次文献

二次文献（Secondary Literature）又叫检索性文献，习惯上又称检索工具，二次文献是通过对一次文献进行外部特征和内容特征的分析、提取、整理而形成的新的文献形式。一般包括目录（Bibliography）、题录（Title）、索引（Index）、文摘（Abstract）等。二次文献不仅能报道一次文献，还为查找一次文献提供线索，又是检索一次文献的主要工具。其汇集性、工具性特征突出，提供的文献线索集中、系统、有序。

①目录。目录又称书目（Bibliography），是对出版物的外表特征加以揭示与报道并按照一定的顺序编排而成的，主要提供书刊的出版信息、收藏信息，以备订购、宣传和查阅。目录是各图书情报单位报道文献的主要方式，书目分为国家书目、专题书目、推荐书目、馆藏目录和联合目录等。其中，馆藏目录反映单个图书馆的书刊收藏情况，联合目录反映的是多个图书馆的书刊收藏情况。

②题录与文摘。题录是描述单篇文献外部特征的条目集合。题录包含文献标题、作者、

作者工作单位、发表时间、文献来源（期刊、会议、专利等）。文摘也称摘要，以提供内容梗概为目的，言简意赅，准确反映原文的研究目的、观点或论点、方法、数据、结论等主要内容。

③索引。索引是对一组信息集合的系统化的指引。索引一般只起指引特定信息内容及存储地址的作用。一种索引就能提供一种检索途径，形成一个检索点或检索入口。索引按揭示信息的外部特征分为著者索引（Author Index）、号码索引（专利号索引（Patent Number Index）、报告号索引（Report Number Index））等；按揭示信息的内容特征可分为主题索引（Subject Index）、分类索引（Classification Index）、关键词索引（Keyword Index）等。用户可以根据检索课题的已知信息利用数据库提供的相应索引进行检索。索引按揭示的对象可分为期刊索引（Periodicals Index）、会议录索引（Proceedings Index）、引文索引（Cition Index）、报纸索引（Newspaper Index）等。

（4）三次文献

三次文献（Tertiary Literature）又叫参考性文献，是通过二次文献提供的线索，对一定范围内的一次文献的内容进行分析、研究，综合后编成的文献。三次文献可分为综述研究类和参考工具类两种类型，前者如动态综述、学科总结、专题述评、进展报告等；后者如年鉴、手册、大全、词典、百科全书、教科书等。

1.2　信息检索的主要内容

1.2.1　信息检索的含义与原理

1. 信息检索的含义

检索即查找、索取，是根据特定的需求，运用检索工具，按照一定的方法，从大量信息中查出所需信息的工作过程。

信息检索是从任何信息集合中识别和获取所需信息的过程及其所采取的一系列方法和策略。从信息检索的含义可以看出，它包括信息存储与检索两个方面，信息存储形成信息集合，它是检索的基础，检索是从信息集合中查找特定的信息，它是存储的逆过程。

信息存储过程——对大量无序的信息资源进行标引处理，使之有序化，并按科学的方法存储，组成检索工具或检索文档，即形成检索系统（数据库）的过程。

信息检索过程——根据用户的信息需求，利用检索系统（数据库），选择检索系统提供的方法与途径检索有关信息，即检索系统的使用过程。

2. 信息检索原理

各种检索系统的检索原理基本相同，简单地讲就是对信息集合与需求集合的匹配与选择，如图 1-2-1 所示。

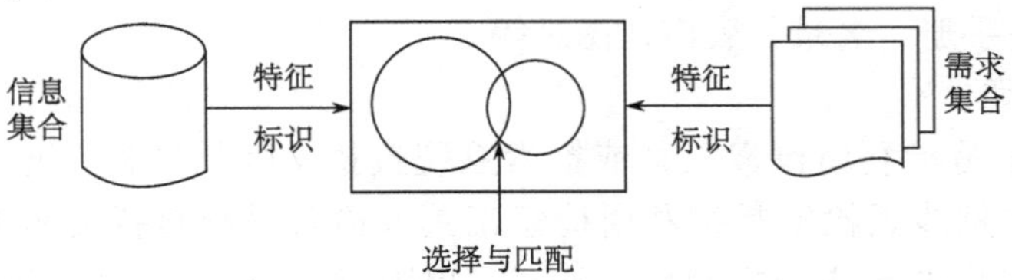

图 1-2-1　信息检索原理

因此，信息检索的本质是将用户所需信息的检索提问标识与检索系统中的信息标引的标识进行对比，从中找出与提问特征标识一致或基本一致的信息。提问特征标识是对信息的需求进行分析，从中选择能代表信息需求的主题词、分类号或其他符号。

要保证信息检索标识与信息标引标识能够匹配对比，存储与检索所依据的规则必须一致，即标引者与用户必须遵守相同的标引规则。这样无论什么样的标引者，只要对一篇文献的标引结果一致，不论谁检索，都能查到这篇文献。例如，标引者用分类号标引文献，检索者也必须用分类号检索，否则二者无法匹配对比。

1.2.2 信息检索的类型

检索是对未知知识最有效的获取方法，也是人们根据需要，利用人类有史以来积累的知识的唯一有效方法。它的最大优势在于可以用最少的时间以最快的速度获得尽可能多的信息与知识。文献信息检索根据划分标准不同分为不同的检索类型。

1. 按信息存储与检索方式划分

（1）手工检索

手工检索简称手检，是指人们通过手工的方式检索信息。其使用的检索工具主要是书本型、卡片式的信息系统，即目录、索引、文摘和各类工具书。检索过程是由人工以手工的方式完成的。

（2）计算机检索

计算机检索简称机检，是指人们利用数据库、计算机软件技术、计算机网络及通信系统进行的信息检索，其检索过程是在人机的协同作用下完成的。

（3）综合检索

在文献信息检索的过程中，既使用手工检索方式，又使用计算机检索的方式，也就是同时使用两种检索方式。

2. 按检索内容（或检索目标）划分

（1）数据信息检索

数据信息检索是一种确定性检索，是以数值或图表形式表示的数据为检索对象的信息检索，又称数值检索。检索系统中存储的是大量的数据，这些数据既包括物质的各种参数、电话号码、银行账号、观测数据、统计数据等数字数据，也包括图表、图谱、市场行情、化学分子式、物质的各种特性等非数字数据。

（2）事实信息检索

事实信息检索是以特定客观事实为检索对象，借助提供事实检索的检索工具与数据库进行检索。其检索结果为基本事实，如某个字、词、诗词文句、地名、人物、某一机构、某一事件的查找等。一般来说，事实检索多利用词语性和资料性工具书，包括字典、词典、百科全书、年鉴、手册、名录、表谱、图录等。

（3）文献信息检索

文献信息检索是指利用检索工具或检索系统查找文献的过程，包括文献线索检索和文献全文检索。文献线索检索是指利用检索工具或检索系统查找文献的出处，检索结果是文献线索。它包括书名或论文题目、著者、出版者、出版地、出版时间等文献外部特征。用于检索文献线索的检索工具有书目、索引、文摘及书目型数据库和索引、题录型数据库。

3. 按信息的组织方式划分

（1）全文检索

全文检索是以文献所含的全部信息作为检索内容，即检索系统存储的是整篇文章或整部图书的全部内容。检索时可以查到原文及有关的句、段、节、章等文字，并可进行各种频率统计和内容分析。全文检索主要是用自然语言表达检索课题，较适用于某些参考价值大的经典性文章，全文检索是计算机信息检索的发展方向之一。

（2）超文本检索

超文本结构类似于人类的联想记忆结构，它采用一种非线性的网状结构组织块状信息，没有固定的顺序，也不要求读者必须按照某个顺序来阅读。采用这种网状结构，各信息块很容易按照信息的原始结构或人们的“联想”关系加以组织。

（3）超媒体检索

把多媒体信息引入超文本里就产生了多媒体超文本，即超媒体。它是对超文本检索的补充，其存储对象超出了文本范畴，融入了静态、动态图像及声音等多媒体信息。信息存储结构从单维发展到多维，存储空间范围不断扩大。

1.2.3　信息检索语言

当用户有信息需求或遇到疑难问题时，就需要检索相关信息，检索前，用户首先要分析自己的信息需求，形成检索提问标识，而且这个检索提问标识必须与检索系统的标引标识一致，相关的文献才能被检索出来，这种保证存储与检索一致的语言就是检索语言，检索语言是信息存储与检索共同遵循的规则。检索语言是描述文献特征、用于标引和检索的人工语言，是沟通标引与检索的桥梁。检索语言分类如图 1-2-2 所示。

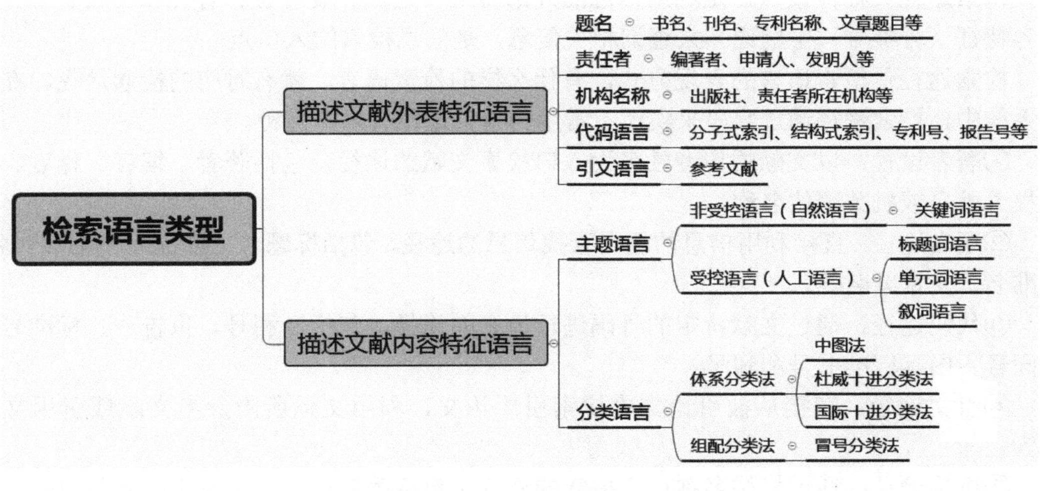

图 1-2-2　检索语言分类

1. 分类语言

分类语言是一种用分类号表达文献中的各种概念，并以学科性质为主对各种概念加以分类和系统排列的文献信息检索语言。分类语言通常以数字、字母或字母与数字相结合的形式，以基本类目作为基本词汇，以类目的从属关系来表达复杂概念。它能反映类目之间的内在联系，包括从属、并列、交替、相关等。分类法种类很多，比较有影响力的有中国图书馆分类法（简称中图法（详见 1.3 节内容））、杜威分类法和国际十进制分类法等。

2. 主题语言

主题语言是直接以代表文献内容的主题概念作为检索标识，并按其字顺组织起来的一种检索语言。根据词语的选词原则、组配方式、规范方法，主题语言包括以下四种。

①关键词语言：以关键词作为文献内容标识和检索依据的一种主题语言。关键词是指从文献内容中抽出来的、未经规范化处理的、不受词表控制的词。

②标题词语言：最早使用的一种主题语言，它以规范化的词语作为标识来表达文献涉及的主题概念，表达主题的词语称为标题词，标题词是来自词表的受控词。

③单元词语言：从文献内容中抽取出来的最基本的词汇，它以最一般、最基本的、不可再分割的概念作为单独标引文献的单位。

④叙词语言：从自然语言中优选出来并经过规范化处理的名词术语。采用表示单元概念的规范化词语的组配，对文献内容主题进行描述，也是目前使用最广泛的主题语言。

3. 代码语言

代码语言是指针对事物的某方面特征，用某种代码系统来表示和排列事物概念，从而提供检索的检索语言。代码多种多样，通常用数字、字母或用它们结合的形式或以分段的方式来表示其各部分的含义，如科技报告的报告号、专利文献的专利号、标准号、入藏号等。

1.2.4 信息检索途径

检索途径又称检索点，是利用信息的外部特征（题名、责任者、著者和出版者等）和内容特征（分类号、主题词）来查询相关信息，是信息检索的入口点。

检索途径是检索语言的表现方式，有什么样的检索语言，就有对应的检索途径。在检索系统中，检索途径通过字段来实现。常用的检索途径有以下几种。

①著者途径：以文献的作者姓名为入口检索文献的途径，包括著者、编者、译者、专利权人姓名或机关团体名称。

②题名途径：直接利用信息的题名查找信息的途径，包括标题名（篇名）、书名、刊名、标准名、文章题名等。

③代码途径：通过文献特定的号码进行检索的途径，包括专利号、报告号、标准号、合同号、国际标准书号和刊号。

④引文途径：直接从被引论文去检索引用论文，利用文献所附参考文献或引用文献检索。

⑤机构途径：通过机构名称进行检索的途径，包括著者单位、图书出版发行单位、期刊编辑单位。

⑥分类途径：从学科体系入口进行检索的途径，满足族性检索，包括分类目录和分类索引。

⑦主题途径：从主题词入口进行检索的途径，满足特性检索，最常用的是关键词途径。

⑧内容途径：基于计算机检索的一种新途径，包括从文摘、全文、句子、参考文献、附录等进行检索的途径。

1.2.5　信息检索技术

当用户的信息需求比较复杂，涉及多个检索词、检索项时，利用现代信息检索系统，如联机数据库、网络数据库、搜索引擎等进行信息检索，就需要采用相关检索技术进行组配，常用的检索技术有布尔逻辑检索、截词检索、字段限制检索、词位检索等。

1. 布尔逻辑检索

（1）布尔逻辑算符

布尔逻辑检索是指用布尔逻辑算符将检索词、短语或代码进行逻辑组配来限定文献的命中条件和组配次序，从而检索出符合用户需求的文献记录。它是计算机检索系统中最常用的一种检索方法。布尔逻辑算符有三种，如图 1-2-3 所示。

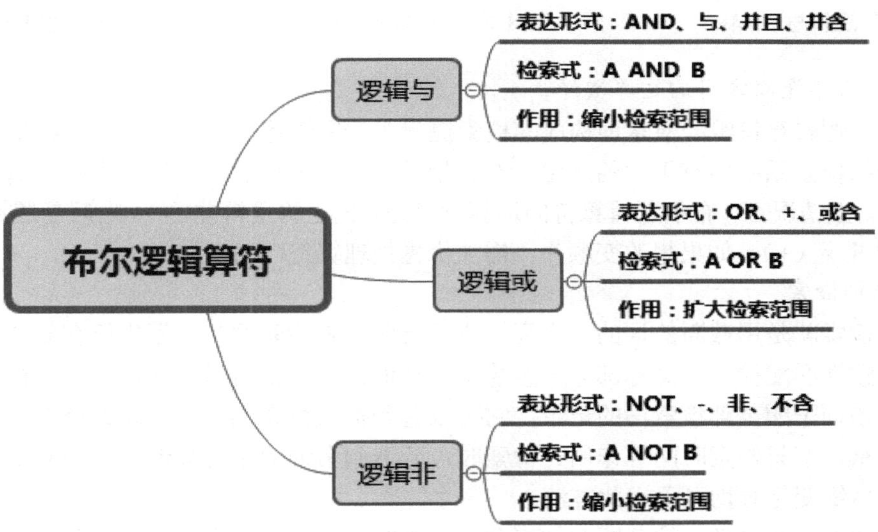

图 1-2-3　布尔逻辑算符

①逻辑与：用来组配不同的检索概念，如图 1-2-4 所示。

逻辑运算符：“AND”、“*”。

逻辑表达式：“A AND B”或“A * B”

含义：检出的记录中必须同时含有所有的检索词。

作用：限定检索结果，缩小检索范围；增强检索的专指度，提高信息的查准率。

在实际检索中，不同概念组面之间以及同一组面内的不同含义的检索词之间通常使用 AND 算符。

②逻辑或：用于组配具有同义或同族概念的词，如同义词、相关词等，如图 1-2-5 所示。

逻辑运算符：“OR”、“+”。

逻辑表达式：“A OR B”或“A+B”

含义：检出的记录中，至少含有两个检索词中的一个。

作用：扩大检索范围，增加命中文献量；提高检索结果的查全率。OR 算符还有一个去重功能。在实际检索中，同一组面中含义相同的词，相互之间都使用“OR”运算符。

③逻辑非：用来排除含有某些词的记录，如图 1-2-6 所示。

逻辑运算符：“NOT”、“-”

逻辑表达式：“A NOT B”或“A-B”

含义：检出文献中只含有 NOT 算符前面的词（A）而不含有 NOT 算符后面的词（B）的记录。

作用：缩小检索范围，减少文献输出量。

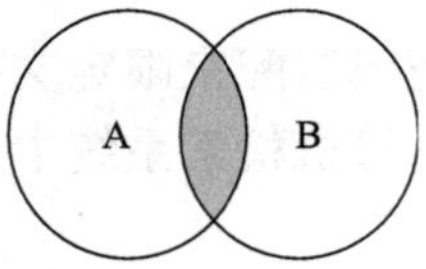

图 1-2-4　逻辑与示意图

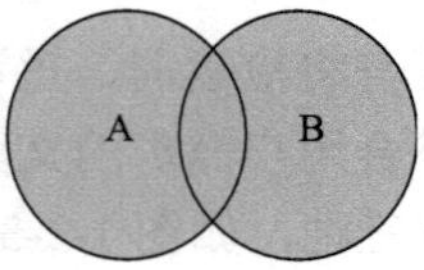

图 1-2-5　逻辑或示意图

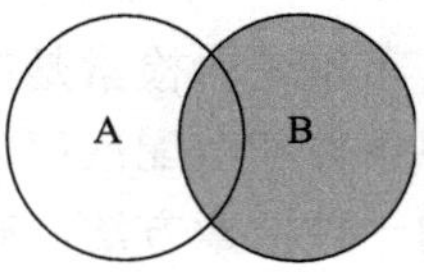

图 1-2-6　逻辑非示意图

（2）*布尔逻辑算符的运算次序*

用布尔逻辑算符组配检索词构成的检索提问式，逻辑算符 AND、OR、NOT 的运算次序在不同的检索系统中有不同的规定。在有括号“( )”的情况下，括号内的逻辑运算符优先执行。一般情况下，布尔逻辑算符的运算顺序是：先运算逻辑非（-），之后是逻辑与（*），最后是逻辑或（+），如果想改变顺序，需加优先处理算符“( )”。

2. *截词检索*

截词检索就是用截断的词的一个局部进行检索，是检索词与数据库所存储的信息字符的部分一致性匹配检索，又称部分一致检索。截词检索是指用指定的词干作为检索词，检索出含有该词干的全部检索词的记录。它可以起到扩大检索范围，提高查全率，减少检索词的输入量，节省检索时间等作用。检索时，若遇到名词的单复数形式、词的不同拼写词的前缀或后缀变化时均可采用此方法。

截词的方式有多种。按截断部位可分为前截断、后截断、中间截断、前后截断等；按截断字符的数量，分为有限截断（一个截词符只代表一个字符）和无限截断（一个截词符可代表多个字符）。各系统所使用的截词符各不相同，常用的有“？”“$”“*”等，为叙述方便，在此将“？”定义为表示截断一个字符，将“*”定义为表示截断无限个字符。

①前截断。截去某个词的前部，进行词的后方一致比较，也称后方一致检索。例如，输入“*lish”，能够检索出含有 English、abolish、foolish、polish、accomplish 等词的记录。

②后截断。截去某个词的后部，进行词的前方一致的检索。例如，输入“regard*”能够检索出含有 regard、regarding、regardless 等词的记录。

③中间截断。截去某个词的中间部分，进行词的两边一致比较检索。例如，输入“f??t”，能够检索出含有 foot、feet 等词的记录。

④前后截断。截去某个词的前部和后部，进行词的中间一致比较检索。例如，输入“*chemi*”可以检出 chemical、chemistry、biochemical 等词的记录。

3. 词位检索

由于布尔逻辑算符不能限定检索词在检索记录中的位置关系，其检索结果常常不能满足精确检索的需要。在不同的检索系统中，位置逻辑算符的种类和表达形式不完全相同，使用词位检索技术时，应注意所利用系统的使用规则。常用的位置算符有以下几种。

①(W)或（）。（W）算符中的 W 含义为“With”。这个算符表示其两侧的检索词紧密相连，词序不能颠倒，中间不得插入其他词、字母或代码，但允许有空格或标点符号。也可用（）表示。例如，“COMMUNICATION（W）SATELLITE”（或者“communication（）satellite”）表示系统只检索出含有“communication satellite”词组的记录。

②(*n*W)。（*n*W）中的“W”的含义为“Word”。允许两词之间插入最多为 *n* 个词，包括实词和禁用词，但词序不变。例如，“COMMUNICATION（2W）SATELLITE”，表示系统只检索出含有 communication satellite、communication though satellite、communication on the satellite 词组的记录。

③(N)。（N）算符中的 N 含义为“Near”。这个算符表示其两侧的检索词必须紧密相连，但词序可以颠倒，不得插入其他词。

④(*n*N)。表示算符两侧的检索词（或称检索项）之间允许插入 *n* 个词，且两个词的位置可以调换。例如，经济衰退 econom?（2N）decline，即检索结果中，必定含有记录 economic decline、economic on the decline 或 decline of the economy。

4. 字段限制检索

字段限制也是调整检索策略的一种重要手段。多数检索系统对不指定字段的检索词，通常会在所有字段中进行搜索，如果要在文献的指定字段中查找检索词，就需要使用字段限制，通过指定字段来减少输出篇数，提高检索结果的查准率。常用的字段代码有标题(TI)、文摘（AB)、叙词或受控词（DE 或 CT)、标识词或关键词（ID 或 KW)、作者（AU)、语种（LA)、刊名（JN)、文献类型（DT)、年代（PY）等。这些字段代码在不同的系统中有不同的表达形式和使用规则，在进行字段限制检索时，应参阅系统及有关数据库的使用说明，避免产生检索误差。

5. 构造检索提问式

检索式是指将各检索单元（检索词）之间的逻辑关系、位置关系等用检索系统规定的各种算符组合起来，成为计算机可识别和可执行的命令形式。检索式是检索策略的核心，检索式是否合理关系到用户的检索效果。

针对不同的搜索引擎、数据库，有不同的检索策略，其检索式的构造也各不相同。制定合理的检索式是提高检索质量的关键。检索式的表达对一个课题不是唯一的，而是有多种选择、组配、限定，以提高查准率。

（1）句子切分

首先将检索课题进行分解和切分，即以词为单位划分句子或词组。例如，将“网络与当代社会文化的关系”进行词语切分，语句即可转换成词的组合，得到“网络|与|当代|社会|文化|的|关系”。

（2）词汇剔除

对切分后的词语进行分析，剔除不具有检索意义的虚词与非关键词。不具有检索意义

的词包括介词、连词、助词、副词等虚词及无专业所属的通用概念，如上例中的“与”“当代”“的”“关系”等，即

网络|与|当代|社会|文化|的|关系

↓

网络|社会|文化

（3）概念替换

概念替换即用更明确、更具体、更实质的概念来替换原始检索词中的模糊或宽泛、狭窄的概念。例如，水质细菌的计算方法→水质污染计算方法。

（4）概念限定与补充

将切分出来的单元概念对其同义概念、相关概念、近义词或具有属分语义关系的词，根据逻辑关系进行词的限定与补充。例如：

食物+食品（近义词补充）

计算机+电脑（同义词补充）

自然地理（美国）（概念限定）

线路（无线电）（概念限定）

（5）组合成检索式

根据检索提问将所切分、补充限定的词组成若干检索式，为了保证查准率，可采用多种组合方式构造检索式。例如，查询“网络资源检索”可组成以下检索式：

①网络 * 资源 * 检索（逻辑与）

②网络资源 * 检索 + 资源检索 * 网络 + 网络检索 * 资源（逻辑或，逻辑与）

③网络资源检索 + 检索网络资源 + 资源网络检索（逻辑或）

1.2.6 信息检索程序

信息检索程序是从确立信息需求到信息需求满足的全过程。对于不同的检索系统、不同的检索课题、不同的用户来说，其具体检索程序有所不同。通用信息检索程序一般包括分析检索课题，选择检索工具，制定检索策略，调整检索策略及获取原始文献。

1. 分析检索课题

分析检索课题是信息检索成功的关键，其目的在于理清检索的基本思路，明确检索的目的、要求与检索范围，并从检索需求中发掘检索的已知条件。它是正确选择检索工具、确定检索策略、进行检索效果评价的基础。通过对检索课题的分析，我们应明确的内容包括：检索课题的学科与主题属性、课题所需文献的类型、课题所需文献生成的具体时间段和课题的检索已知条件。

2. 选择检索工具

在全面分析检索课题的基础上，根据用户需求考虑选择检索工具。由于特定的检索工具与信息检索系统往往有着明确的文献收录范围，因此明确检索课题的学科与主题属性有助于选择合适的数据库。通常涉及某一学科与主题领域的检索课题的检索工具的选择，既可以考虑使用集合了全部学科与主题领域文献的综合性信息检索系统，也可以选择针对专门学科与研究领域开发的专题性检索系统，主要从以下几个方面考虑。

①可获得性。检索受到收藏情况的限制，检索工具种类繁多，但大部分单位收藏的检索工具都相当有限，如果收藏的检索工具不足，则可以利用开放获取（OA）资源，或者文献传递。

②针对性。选择的工具要与检索课题的学科一致，并且尽量选用该学科的权威性检索工具。尤其是在课题鉴定、论文开题、科技查新、专利申请时，应选择该领域的权威工具。

③全面性。了解检索工具收录的范围，包括时间、语种、类型以及更新周期等；还要考虑用户的权限等（在收费资源中，很多数据商会根据用户支付费用的不同而开放不同的使用权限）。

④方便性。即所提供的检索途径、检索功能和服务方式是否便利。

3. 制定检索策略

检索策略的制定包括确定检索途径与拟定检索式，检索式的拟定应根据检索课题的需要进行。如果检索课题涉及两个或两个以上的检索条件，则应考虑使用逻辑组配；在检索需求由多个检索词进行表达，而检索词出现的位置相距的远近会影响检准率的情况下，可以考虑使用位置算符；如果检索课题对文献的类型与生成时间有具体要求，应考虑使用限制检索。

4. 调整检索策略

当对检索结果不满意时，如检索结果过多或者过少甚至为零，就需要根据命中文献量的多少、命中文献的切题情况等来调整检索策略。

（1）检索结果不理想的原因

调整检索策略前，首先要分析检索结果不理想的原因。

①检索结果输出的篇数过多。其原因可能是：选用了多个多义性的检索词；截词截得过短；输入的检索词太少；应该使用 AND 却用了 OR；优先运算符用错。

②检索结果输出的篇数过少。其原因可能是：错选数据库；检索词概念错误或拼写错误；检索词过于冷僻或者具体；没有使用截词符；字段限制用得过多；AND 运算符用得过多；选用了不规范的检索词；同义词、近义词或隐含概念没有得到充分考虑，上位概念或下位概念没有得到完整运用等。

（2）扩大检索范围的方法

①降低检索词的专指度，可选一些上位词或相关词补充到检索式中。

②减少检索词，删除某个不重要的检索词。

③进行族性检索，可用分类号或采用一组近义词、同义词或相关词用 OR 连接。

④进行截词检索，可以采用后截断、前截断、前后截断等方法。

⑤增加检索途径，如将主题途径与非主题途径结合起来使用。

⑥取消限制过严的前后缀、限制符。

（3）缩小检索范围的方法

①提高检索式的专指度，增加或换用下位词或子概念或专指度较强的自由词。

②逐步缩小检索途径的检索范围：全文→主题→文摘→关键词→题名。

③有些数据库还能限定期刊范围：全部期刊→重要期刊→核心期刊。

④用 AND 连接一些进一步限定主题概念的相关检索项。

⑤用位置算符控制检索词的词间顺序与位置。

⑥增加检索途径，如文献类型、语种、地理范围、年代范围、作者或号码作为限定。

⑦利用 NOT 限制与提问不相关的文献的输出。

⑧使用精确运算符或选择精确匹配（中文库）。

5. 获取原始文献

检索结果的原文获取可以通过多种途径实现。全文数据库的检索与原文获取可以一步完成，是检索的首选。而题录与摘要信息检索系统只能检索原文的线索，此情形下，应尽可能通过本地资源保障体系获取原文。如果图书馆购买的纸质文献与数据库中都无法下载所需文献，则可以使用搜索引擎，发现文献出处信息。方法是直接输入论文题名并把文献格式限定为 PDF。目前很多全文数据库都可以通过搜索引擎直接检索文摘。直接输入文献名称，可以直接定位期刊所在库并链接到相应网站，进而浏览原文文摘并决定是否购买。如果上述方法都不能获得原文，可以通过馆际互借与文献传递系统获取。

1.2.7 信息检索效果评价

检索效果（Retrieval Effectiveness）是利用检索系统进行检索所产生的有效结果。对检索效果的评价主要针对技术效果评价，又称为性能评价，主要包括查全率、查准率、漏检率、误检率。

1. 评价效果的检索指标

（1）查全率

查全率（Recall Factor）是指检索出的相关文献量与检索系统中相关文献总量的百分比，是衡量信息检索系统检索出相关文献能力的尺度，可用下式表示

查全率=（检索出相关文献量 / 系统中相关文献总量）×100%

例如，要利用某个检索系统查某课题。假设在该系统文献库中共有相关文献 100 篇，而只检索出来 80 篇，那么查全率就等于 80%。

（2）查准率

查准率（Pertinency Factor）是指检索出的相关文献量与检索出文献总量的百分比，是衡量信息检索系统精确度的尺度，可用下式表示

查准率=（检索出相关文献量 / 检索出文献总量）×100%

例如，如果检索出的文献总篇数为 100 篇，经审查确定其中与课题相关的文献只有 80 篇，另外 20 篇与该课题无关，那么这次检索的查准率就等于 80%。

（3）漏检率

漏检率（Omission Factor）是指漏检相关文献量与检索系统中相关文献总量的百分比，是衡量信息检索系统漏检文献的尺度，可用下式表示

漏检率=（漏检相关文献量 / 系统中相关文献总量）×100%

例如，利用某个检索系统查某课题，假设在该系统数据库中共有相关文献 100 篇，而只检索出来 40 篇，那么漏检率就等于 60%。

（4）误检率

误检率（Noise Factor）是指误检（检索出不相关）文献量与检索出文献总量的百分比，是衡量信息检索系统误检文献程度的尺度，可用下式表示

误检率=（误检文献量 / 检出文献总量）×100%

例如，如果检出的文献总篇数为 100 篇，经审查确定其中与课题相关的文献只有 70 篇，另外 30 篇与该课题无关，那么这次检索的误检率就等于 30%。

评价信息检索系统检索效果的主要指标是查全率和查准率。与之对应的，评价信息检索系统检索误差的主要指标是漏检率和误检率。误差越大，效率越低，检索系统的性能就越低；误差越小，效率越高，检索系统的性能就越高。由此可见，产生漏检和误检是影响信息检索系统效果的主要因素。

2. 影响查全率和查准率的因素

查全率与查准率是评价检索效果的两个重要指标。查全率和查准率与文献信息的存储与检索两个方面是直接相关的，也就是说，与系统的收录范围、索引语言、标引工作和检索工作等有着非常密切的关系。

（1）影响查全率的因素

影响查全率的因素从文献存储来看主要有：数据库收录文献信息不全，索引词汇缺乏控制和专指性，词表结构不完整，词间关系模糊或不正确，标引不详，标引前后不一致，标引人员遗漏了原文的重要概念或用词不当等。此外，从信息检索来看主要有：检索策略过于简单，选词和进行逻辑组配不当，检索途径和方法太少，检索人员业务不熟练和缺乏耐心，检索系统不具备截词功能和反馈功能，检索时不能全面地描述检索要求等。

（2）影响查准率的因素

影响查准率的因素主要有：索引词不能准确描述文献主题和检索要求；组配规则不严密；选词及词间关系不正确；标引过于详尽；组配错误；检索时所用检索词（或检索式）专指度不够，检索面宽于检索要求；检索系统不具备逻辑非功能和反馈功能；检索式中允许容纳的词数量有限；截词部位不当，检索式中使用逻辑或不当等。

1.3　图书馆文献的揭示与组织

1.3.1　馆藏文献的分类

图书馆采购的文献信息资源在正式进入流通供读者借阅前，需经过对新购文献的分类编目，使之有序地排列在馆藏位置上，方便读者利用。文献信息的分类是按文献信息内容的学科属性或外部特征，把图书馆馆藏文献信息资源予以充分揭示，将它们分门别类地、系统逻辑地组织起来的一种手段。

1. 图书分类

图书馆的纸质馆藏图书以图书分类为基础，根据图书分类法对每一种图书进行分类组织排架。一般是先按照分类规则给予分类号，再按此分类号进行组织排架。读者在查检馆藏图书时，先利用图书馆提供的馆藏书目数据库检索到相关图书的索取号，从而可快速准确地找到相关图书。

2. 图书分类法

图书分类法是指依照图书内容及其特点，分门别类组成图书分类体系的方法，是编制分类目录的基础。其主要作用是组织藏书和揭示藏书，以分类目录的形式提供给读者按类查检所需图书。目前国际上采用比较多的有：杜威十进分类法、美国国会图书馆图书分类法、国际十进分类法、中国人民大学图书馆图书分类法（简称《人大法》）、中国科学院图书馆图书分类法（简称《科图法》）和中国图书馆分类法（简称《中图法》）等。下面主要介绍《中图法》。

《中图法》是国家推荐统一使用的分类法，被许多检索工具采用。《中图法》分 5 大部类，22 大类，类号采用汉语拼音字母与阿拉伯数字的混合号码，用一个字母代表一个大类，以字母的顺序反映大类的顺序，在字母后用数字表示大类下类目的划分，数字的设置尽可能代表类的级位，并基本上遵从层垒制的原则。表 1-3-1 为中图法基本大类设置。

表 1-3-1 《中图法》基本大类

马克思主义、列宁主义、毛泽东思想	A 马克思主义、列宁主义、毛泽东思想、邓小平理论
哲学	B 哲学、宗教
社会科学	C 社会科学总论
	D 政治、法律
	E 军事
	F 经济
	G 文化、科学、教育、体育
	H 语言、文字
	I 文学
	J 艺术
	K 历史、地理
自然科学	N 自然科学总论
	O 数理科学和化学
	P 天文学、地球科学
	Q 生物科学
	R 医学、卫生
	S 农业科学
	T 工业科学
	U 交通运输
	V 航空、航天
	X 环境科学、安全科学
综合性图书	Z 综合性图书

按体系分类法检索的优点是能满足从学科或专业角度广泛地进行课题检索的要求，达到较高的查全率；分类途径能满足“族性检索”的要求。

3. 馆藏图书的排架方法

（1）索书号

索书号又名排架号，是指引每种图书在整个藏书组织中具体位置和排列顺序的一种标识，由分类号、书次号、辅助区分号组成。

分类号是依据图书分类法，把图书按学科区分开来，给每类图书分配的相应标识符号，它将相同学科内容的图书归到统一的分类号下。

书次号是区分每类图书中各种图书及每册图书的标识符号。书次号取号法主要采用以下三种方法。第一是种次号法，即每一类图书按入藏先后顺序分别给 1,2,3,4,5,⋯种次号，每一类的种次号都是从 1 开始的自然数。需要注意的是，当再次入藏同种书的复本，包括不同版次和多卷书的不同卷次时，在分类编目过程中必须先查重后仍然取原种次号，不能另取新种次号。种次号最大的优点是简单直观，排架方便。第二是著者号法，即用图书著者的姓氏取号法来区分同一分类号的不同图书。第三是年代号法，即以图书出版年月，取年份后两位数，再加月份组成。

辅助区分号用来区分同种书的不同版本和区分多卷书的不同卷次，即用版本号、卷次号等辅助号码在索书号中揭示特征标识符号。例如，在索书号的第三行或书次号后面加上“(2)”，表明该图书是第二版。

例如：某一图书的索书号为 G252.7/20，其中分类号为 G252.7，书次号为 20。

（2）图书排架

图书排架规则是先按分类号找到该图书的所属学科的基本大类，比较一级类号，再比较二级类号，逐级比较，按顺序对位排列，最后依据书次号确定图书的排架位置。

1.3.2　馆藏图书的检索

图书借阅服务是图书馆读者服务工作中最常见，也是最基本的传统服务方式。目前高校图书馆都实现了计算机管理，读者借书首先要查询联机馆藏目录，获取图书的索取号和馆藏信息，方可进库查找。

馆藏目录是反映一个图书馆文献收藏情况的目录。联机目录是以机读形式存储图书馆馆藏书目信息的电子目录，它能反映文献资料的在馆情况，提供馆藏位置等信息，能够揭示刊名、书名等。查询时，可以用文献的责任者、题名、主题、国际标准书号、国际标准连续出版物号、分类号等进行检索。

联机公共检索目录（Online Public Access Catalog，OPAC）是一种通过网络查询馆藏信息资源的联机检索系统。读者可以在任何地方查询各图书馆的 OPAC 资源。它是当代图书馆查询文献资源最重要的工具。

目前，OPAC 已广泛用于图书馆的书目检索，大多数 OPAC 具有读者自己执行某些流通功能，如续借，预约，浏览自己的借阅记录，了解过期、罚款、违章等信息。书目检索本质是指向图书馆馆藏与地址的检索，因此，不同图书馆的书目检索内容、过程与方法基本相同。下面以山东建筑大学图书馆自动化管理系统汇文系统为例来说明书目检索系统的使用方法。

具体使用步骤：

①进入图书馆主页，即图 1-3-1 所示的汇文系统馆藏目录检索页面，选择“馆藏目录”。

②选择查找途径：系统提供题名、责任者、主题词、ISBN/ISSN、订购号、分类号、索书号、出版社、丛书名、题名拼音、责任者拼音途径，如选择题名途径。

③输入检索词“高等数学”，单击“查询”按钮，进入检索结果页面，如图 1-3-2 所示。

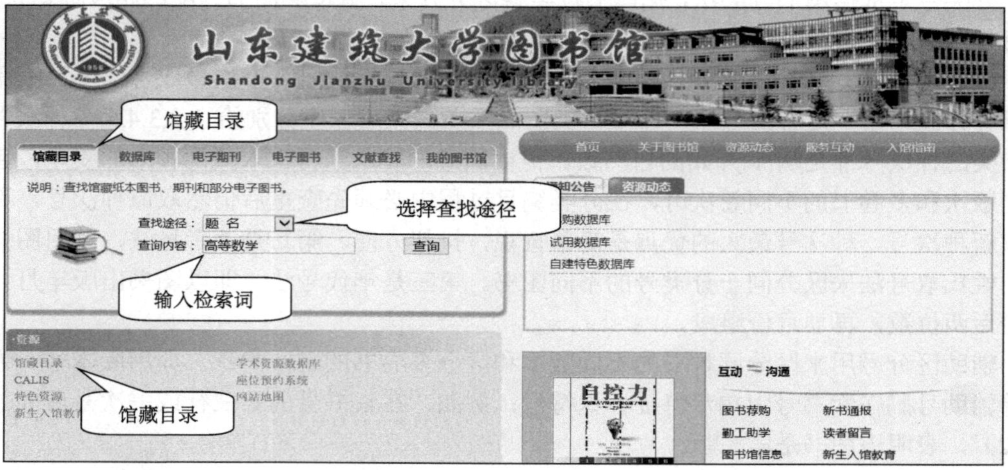

图 1-3-1　馆藏目录检索页面

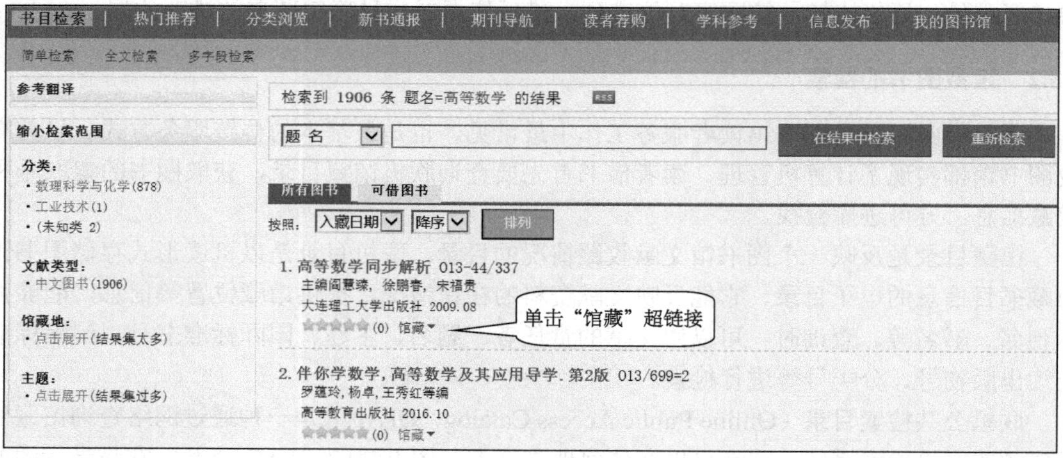

图 1-3-2　书目检索结果页面

④浏览检索结果，选择感兴趣的记录，单击“馆藏”超链接进入馆藏信息页面，如图 1-3-3 和图 1-3-4 所示。

⑤记录图书的馆藏地点、索书号，到书库查找借阅即可。

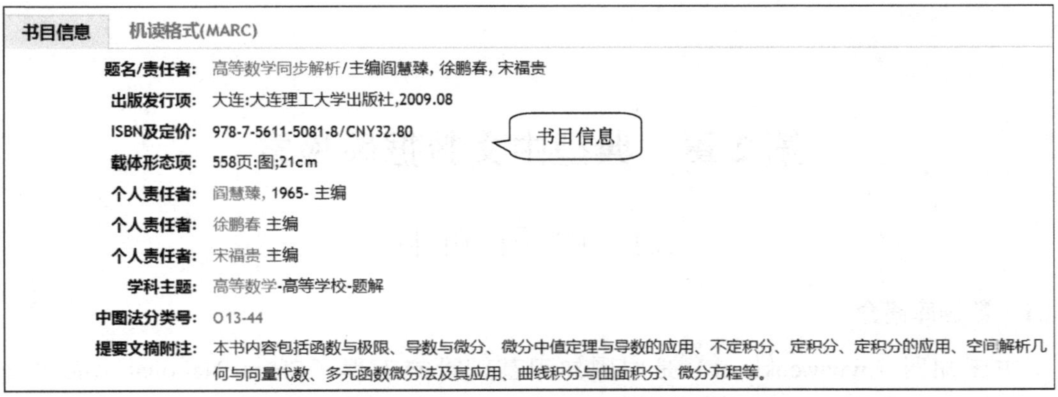

图 1-3-3　书目信息页面

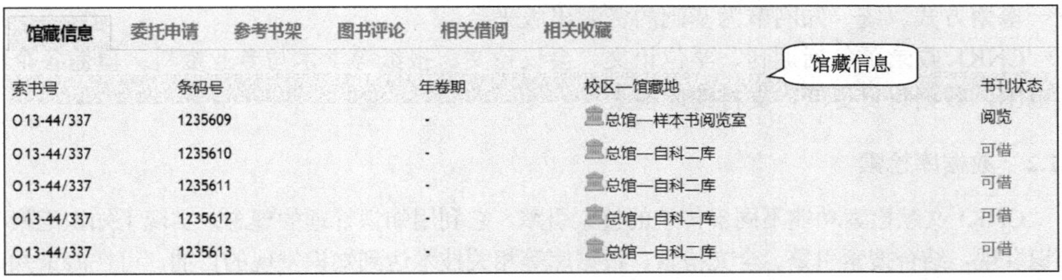

图 1-3-4　馆藏信息页面

第 2 章　典型中文数据库检索

2.1　中 国 知 网

2.1.1　数据库简介

中国知网（www.cnki.net）是中国知识基础设施工程（China National Knowledge Infrastructure，CNKI）知识发现网络平台，CNKI 平台提出了全新的资源使用理念、文献检索模式和信息服务体系，构建了以总库资源超市理念为框架，以统一导航、统一元数据、统一检索方式、统一知网节为基础的资源出版平台。

CNKI 收录了包括期刊、学位论文、会议论文、报纸等学术与专业资料；覆盖各个学科范围，数据每日更新，支持跨库检索。

2.1.2　数据库检索

CNKI 文献检索功能不同于传统的搜索引擎，它利用知识管理的理念，实现了知识汇聚与知识发现，结合搜索引擎、全文检索、数据库等相关技术达到知识发现的目的，可在海量知识资源中发现和获取所需信息，简洁高效，快速准确。对检索结果实现了排序、分组、导出及可视化分析功能，帮助学生、教师及科研人员快速高效地获取科研工作基础性的研究文献。

CNKI 知识发现网络平台支持一框式检索、高级检索、专业检索、作者发文检索、句子检索等多种检索方式，如图 2-1-1 所示。

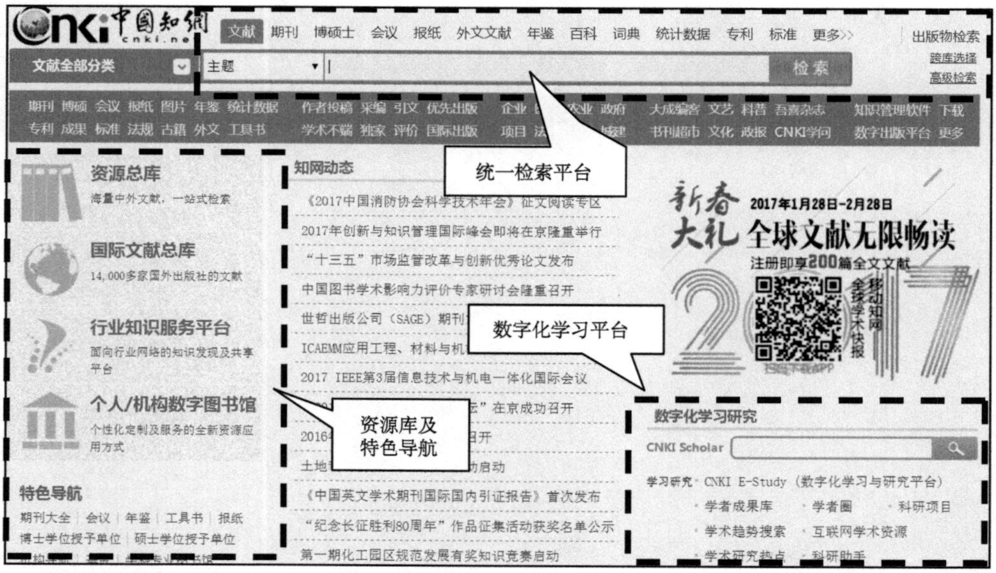

图 2-1-1　CNKI 主页

1. 一框式检索

CNKI 提供了类似搜索引擎的一框式检索方式，用户只需要输入所要找的检索词，单击“检索”按钮就可查到相关文献，如图 2-1-2 所示。

图 2-1-2　CNKI 一框式检索页面

2. 高级检索

高级检索为用户提供灵活、方便的构造检索式的检索方式，如图 2-1-3 所示。单击“+”按钮可以增加检索条件行，并与上一行检索条件自由组配逻辑关系，最多可以增加 7 行。并通过“发表时间”“文献来源”缩小检索范围。

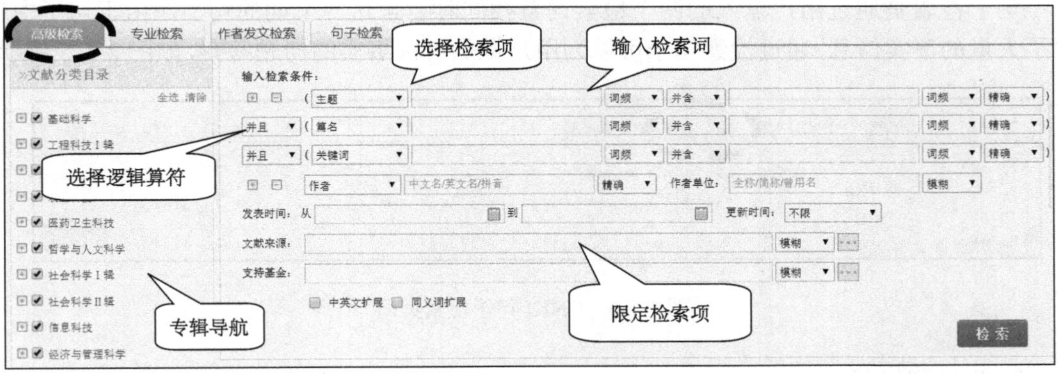

图 2-1-3　CNKI 高级检索页面

3. 专业检索

专业检索用于图书情报专业人员查询、信息分析等工作，使用逻辑算符和检索词构造检索式进行检索，如图 2-1-4 所示。

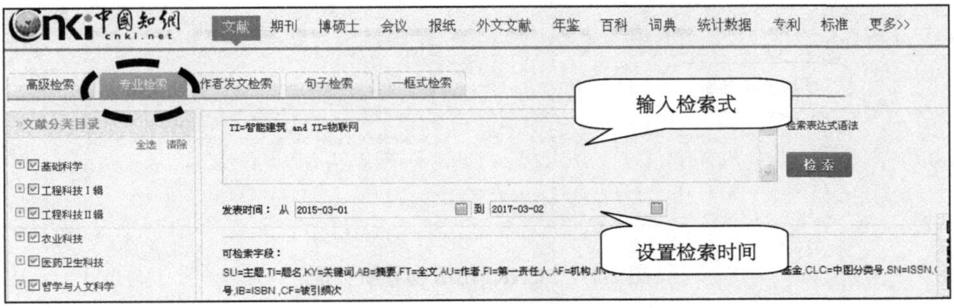

图 2-1-4　CNKI 专业检索页面

4. 作者发文检索

作者发文检索是通过作者姓名、单位检索词等信息查找作者发表的全部文献及被引下载等情况。通过作者知网节可以全方位地了解作者的主要研究领域、研究成果等情况，如图 2-1-5 所示。

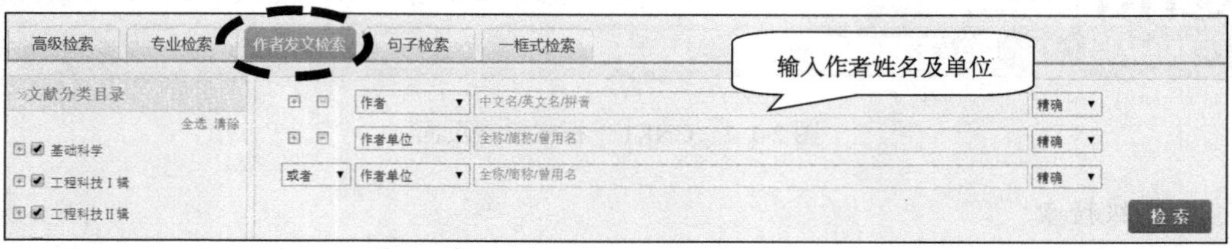

图 2-1-5　CNKI 作者发文检索页面

5. 句子检索

句子检索是通过用户输入的两个检索词查找同时包含这两个词的句子，由于句子中包含了大量的事实信息，通过检索句子可以为用户提供有关事实的问题答案，如图 2-1-6 所示。

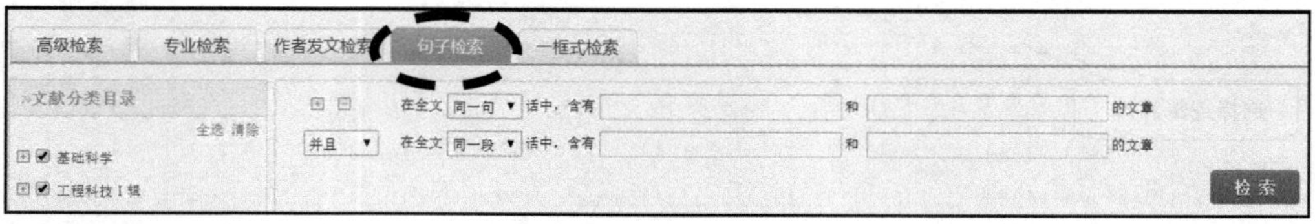

图 2-1-6　CNKI 句子检索页面

6. 出版物检索

在 CNKI 首页右上方单击“出版物检索”超链接进入相关导航页面，参见图 2-1-7。出版物导航包括期刊导航、学位授予单位导航、会议导航、报纸导航、年鉴导航和工具书导航。不同的导航检索，其检索项不同。

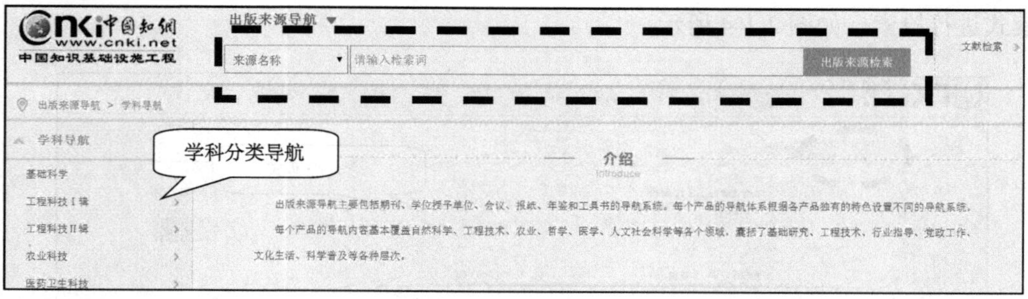

图 2-1-7　CNKI 出版物导航页面

期刊导航是以浏览期刊为主的一种直接检索方式，有专辑、优先出版期刊、独家授权期刊、世纪期刊、核心期刊、数据库刊源等导航，并提供按刊名、ISSN、CN 检索等途径，期刊导航页面参见图 2-1-8。

图 2-1-8　期刊导航页面

7. 在结果中检索（二次检索）

在结果中检索是指在当前检索结果中进行检索。在初级检索、高级检索和专业检索的检索结果中都可以进行二次检索。当检索结果太多，想从中进一步精练时，可使用二次检索功能，如图 2-1-9 所示。

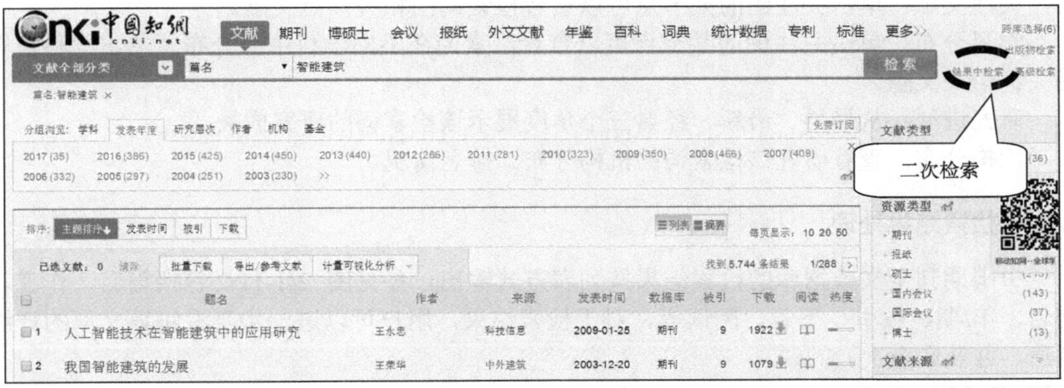

图 2-1-9　CNKI 二次检索页面

8. 指数检索

CNKI 指数检索是以中国知网海量文献为基础的数据分析服务，它能形象地反映不同检索词在过去一段时间里的变化趋势。CNKI 指数检索以最权威的文献检索数据为基础，通过科学、标准的运算，以直观的图形界面展现，帮助用户最大化地获取有价值的信息。通过 CNKI 指数可以检索、发现和追踪学术热点话题，如图 2-1-10 所示。

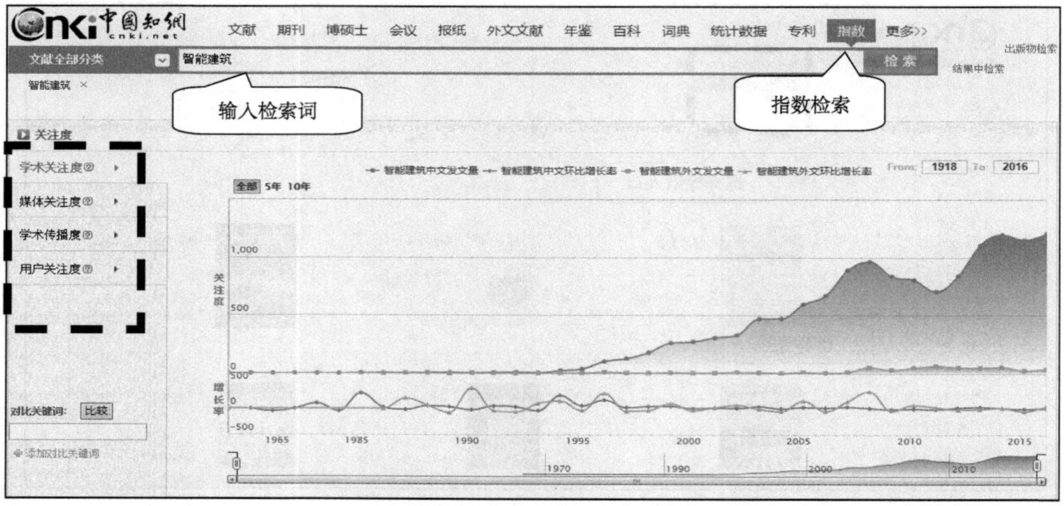

图 2-1-10　CNKI 指数检索页面

指数含义如下。

学术关注度：包含此检索词的文献发文量统计趋势。

媒体关注度：包含此检索词的报纸发文量统计趋势。

学术传播度：包含此检索词的文献被引量统计趋势。

用户关注度：包含此检索词的文献下载量统计趋势。

关注文献：单击关注图的某节点可以查看检索词的相关热点文献。

学科分布：单击关注图的某节点可以查看检索词在不同学科中的分布，单击学科查看相关词语及文献。

研究进展：从最早、最新、经典三个角度展示该检索词的研究成果。

机构分布：查看研究该检索词的机构分布、排名情况。

2.1.3　检索结果处理

中国期刊全文数据库的检索结果按列表方式输出，参见图 2-1-11，包括篇名、作者、刊名、年/期、被引、下载、阅读等，对于检索结果，用户可以进一步查看每篇文章的详细信息，并获取全文。

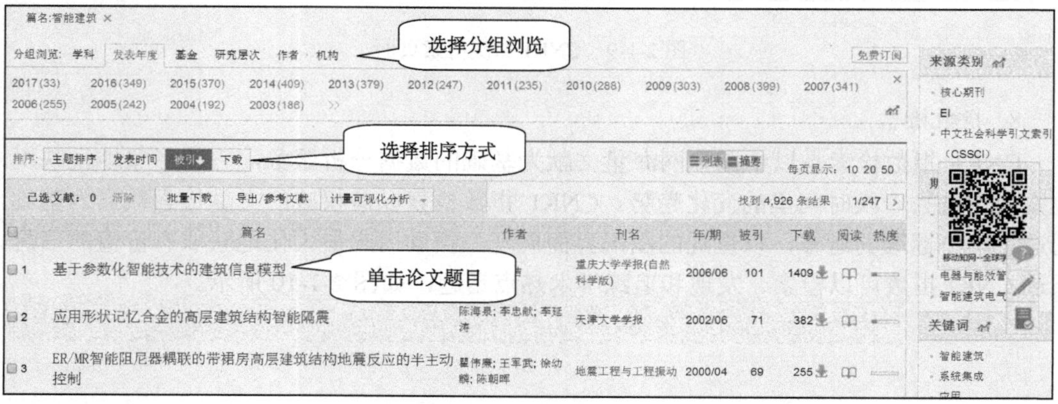

图 2-1-11　CNKI 期刊检索结果页面

1. 结果的分组浏览与排序

（1）分组浏览

图 2-1-11 为“智能建筑”的检索结果页面，按学科类别、文献发表年度、基金、研究层次、作者、机构分组浏览，具体含义如下。

① 按学科类别分组：列出文献集合在不同学科之间的分布，有助于了解交叉学科，拓宽定题范围，拓展研究领域。

② 按文献发表年度分组：帮助用户了解某一主题每一年度发文的多少，掌握该主题研究成果随时间的变化趋势，进一步分析出所查课题的未来研究热度走向。

③ 按基金分组：可以了解国家对这一领域的科研投入；研究人员可以对口申请课题；国家科研管理人员也可以对某个基金支持科研的效果进行定量分析、评价和跟踪。

④ 按研究层次分组：用户可以通过分组查到相关的国家政策研究、工程技术应用成果、行业技术指导等，实现对整个学科领域全局的了解。

⑤ 按作者分组：可以帮助研究者找到学术专家、学术榜样；帮助研究人员跟踪自己已知学者的发文情况，发现未知的有潜力学者。

⑥ 按机构分组：帮助用户找到有价值的研究单位，全面了解研究成果在全国的分布，跟踪重要研究机构的成果，也是选择文献的重要手段。

CNKI 检索结果分组浏览功能为用户选择文献、申报课题、追踪学者、学术投稿、深入研究等方面提供了方便快捷的通道。

（2）检索结果排序

除了分组筛选，数据库还为检索结果提供了主题排序、发表时间、被引频次、下载频次等评价性排序，如图 2-1-12 所示。

图 2-1-12　CNKI 检索结果排序

① 主题排序：综合检索词的发表时间、下载频次及被引频次等计量指标，利用知网特有的算法得出数值，按照数值的高低变化进行排序，按照降序排列在最前面的文章与检索词的关注度最高。

② 发表时间排序：根据文献发表的时间先后排序。可以帮助用户按照文献发表时间进行筛选找到最新文献，实现学术发展跟踪，进行文献的系统调研。

③ 被引排序：根据文献被引频次进行排序。按被引频次排序帮助用户选出被学术同行引用较多的优秀文献以及优秀出版物。

④ 下载排序：根据文献被下载频次进行排序。下载频次最多的文献往往是传播最广、最受欢迎、文献价值较高的文献。此外，通过下载频次排序可以帮助用户找到那些高质量但未被注意到的文献类型，如学位论文等。

2. 文献“知网节”

“知网节”是由 CNKI 独创的以揭示不同文献或知识之间的关联关系为目标的以某篇

文献或者某个知识点为中心的知识网络。它通过文献或知识的聚类功能，将不同文献或知识之间内在关系进行有机整合，将 CNKI 系列数据库中期刊、学位论文、报纸、会议论文、图书等不同类型的文献进行关联，形成了文献知网节、作者知网节、基金知网节、机构知网节等，从而构建系统的知识网络和内容解释体系。

以期刊知网节为例，它包括完整的基本特征信息（如篇名、关键词、摘要、作者、机构、全文等内容），以及从文献内容角度的研究背景与继承发展、该文献为中心的关联内容和该文献的传播影响力等，通过浏览、下载获取相关内容，也可通过链接转至其他相关的知识节点（知网节）。选择某条文献记录题目，进入“知网节”页面，如图 2-1-13 所示。

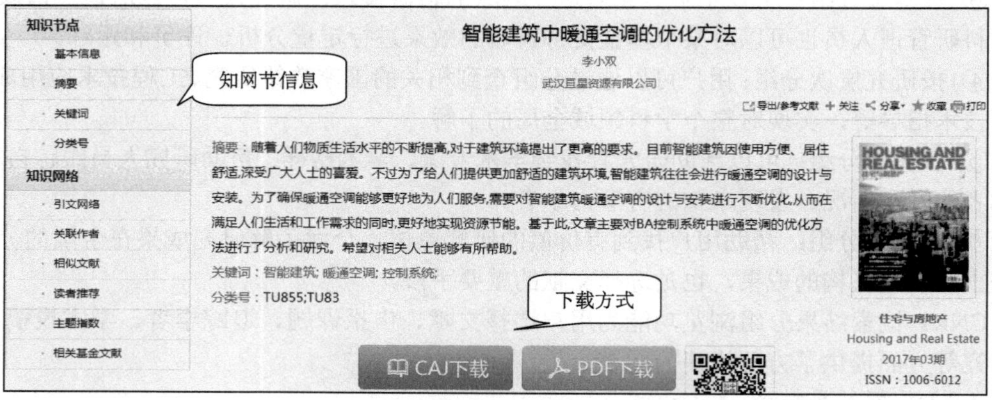

图 2-1-13　“知网节”页面

3. 检索结果导出及可视化分析

（1）检索结果导出

用户可以利用导出功能将检索结果快速导出，在检索结果页面勾选需要导出的文献，如图 2-1-14 所示，然后单击“导出/参考文献”项，平台提供多种文献导出格式，包括 CAJ-CD 格式引文、CNKI E-Study、Refworks、EndNote、NoteExpress、NoteFirst 等，如图 2-1-15 所示。

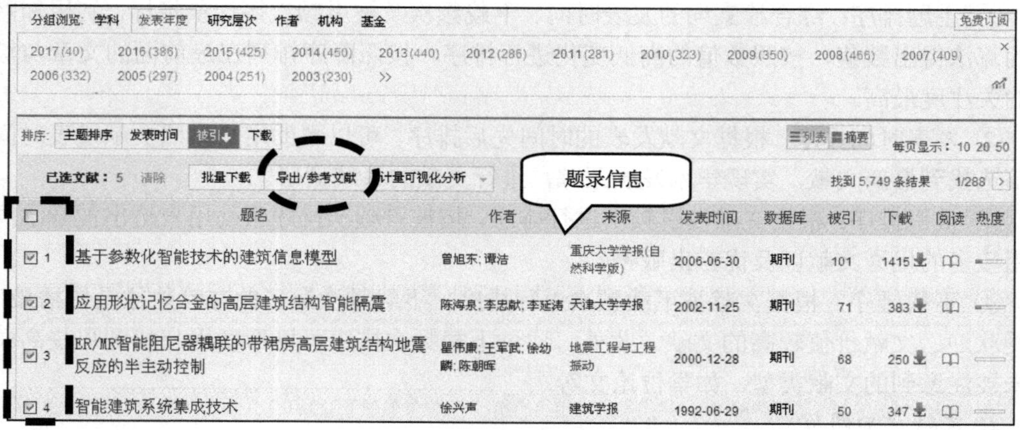

图 2-1-14　CNKI 检索结果导出页面

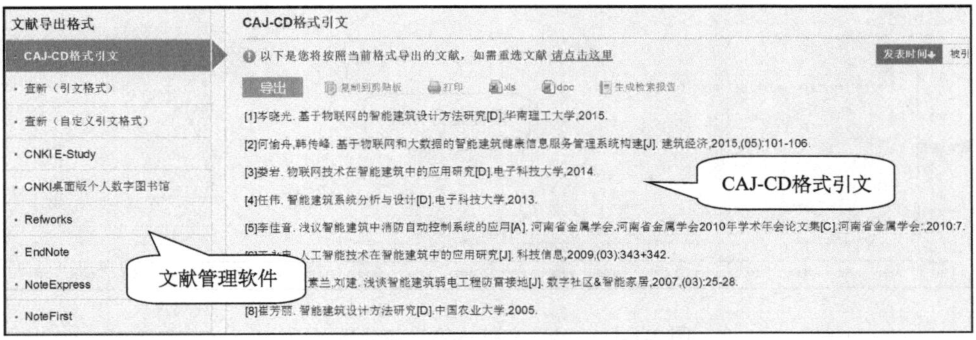

图 2-1-15　CNKI 检索结果导出格式选择页面

（2）检索结果可视化分析

可视化分析功能是平台新增的一大亮点，针对检索结果用户可从多维度分析已选的文献或者全部文献，帮助用户深入了解检索结果文献之间的互引关系（页面中以球形表示被引关系）、参考文献、引证文献、文献共被引分析、检索词文献分析、读者推荐分析、*H* 指数分析、文献分布分析等。

在检索结果页面勾选需要导出的文献，如图 2-1-16 所示，选择“计量可视化分析”→“已选文献分析”选项，进入可视化分析页面，从多维度了解检索主题的研究热度、预测发展趋势。

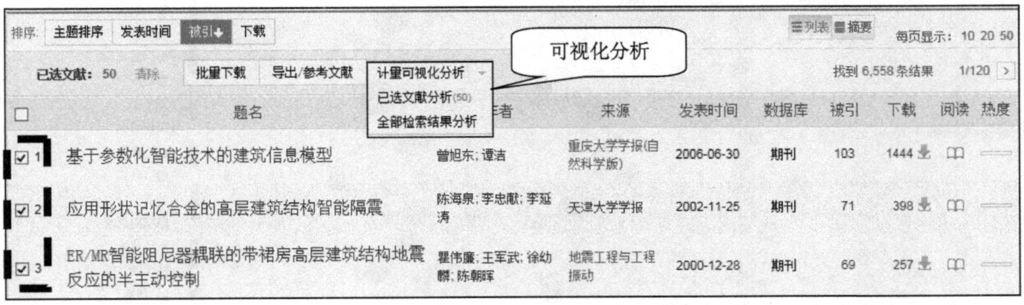

图 2-1-16　已选文献可视化分析页面

①指标分析：针对已选的文献，统计其总参考数、总被引数、总下载数、篇均参考数、篇均被引数、篇均下载数、下载被引比，如图 2-1-17 所示。

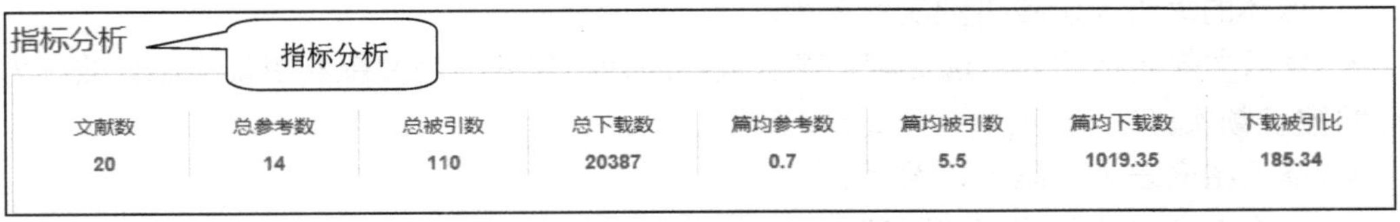

图 2-1-17　已选文献指标分析页面

②总体趋势分析：以年度为单位展示所选文献、参考文献、引证文献的发文趋势变化图，如图 2-1-18 所示。

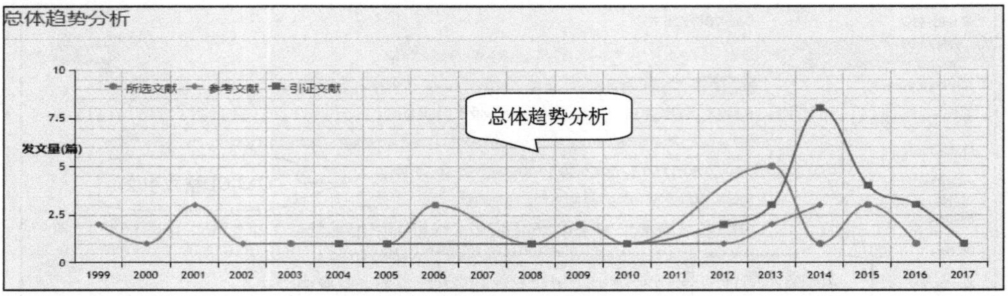

图 2-1-18　已选文献总体趋势分析页面

③文献互引网络分析：通过可视化的方式分析文献之间的关联关系，快速发现有价值的文献。文献分析中不仅包含选择的文献，还将扩展与该文献相关的参考文献和引证文献，如图 2-1-19 所示。

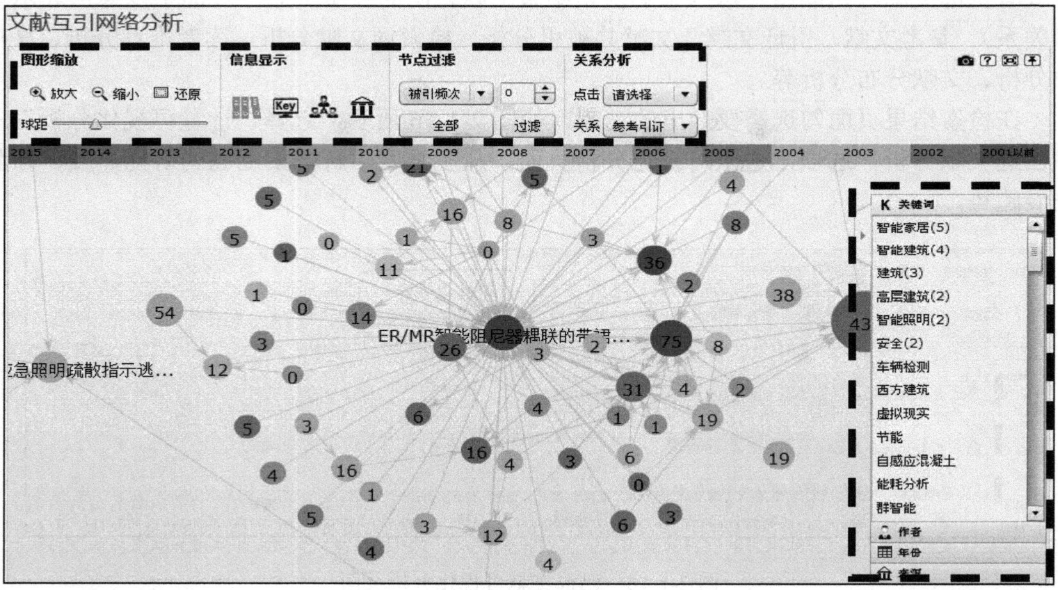

图 2-1-19　已选文献互引网络分析页面

- 通过时间轴的颜色来区分年代。
- 球体的大小表示被引频次的多少。
- 表示文献名称的为所选文献，表示数字的为扩展的参考文献和引证文献，数字为该节点的被引频次。
- 箭头指向表示文献引用关系。
- 双击节点可跳到相应知网节。
- 图形缩放：通过图形大小和节点距离调整图形；缩放 0.2～1.8，当距离小于 1 时按节点大小显示节点内容。
- 信息显示：可分别显示文献名、检索词、作者、来源，查看不同的文献关系。

• 节点过滤：通过节点本身被引频次，图形中关系强度、参考节点数、引证节点数过滤节点。

• 关系分析：通过单层或多层的方式查看参考文献、引证关系或者二者关系。

• 检索词：按照检索词出现频率分组倒序排列，单击显示与该词组相关文献。

• 年份：按照年份分组排列，单击显示与该年份相关节点文献。

• 来源：按照来源出现频率分组倒序排列，单击显示与该来源相关节点文献。

（3）CAJ 阅读器的使用

第一次使用 CNKI 的产品，需要下载并安装 CAJ 阅读器才能看到文献全文。CNKI 的所有文献都提供 CAJ 文件格式，期刊、报纸、会议论文等文献还同时提供 PDF 文件格式。CAJ 浏览器针对学术文献的各种扩展功能比 Acrobat 浏览器更强，建议使用 CAJ 全文浏览器（在 CNKI 主页下载）。

CAJ 阅读器如图 2-1-20 所示，可以帮助用户方便快捷地进行文字、图像编辑、打印与部分文字和图表公式的保存，也可以直接阅读和编辑 CAJ 格式文件。如单击浏览器工具栏中的 T 图标，选中所需要的文章内容，可直接复制、粘贴到文本编辑器（如 Word 等）。

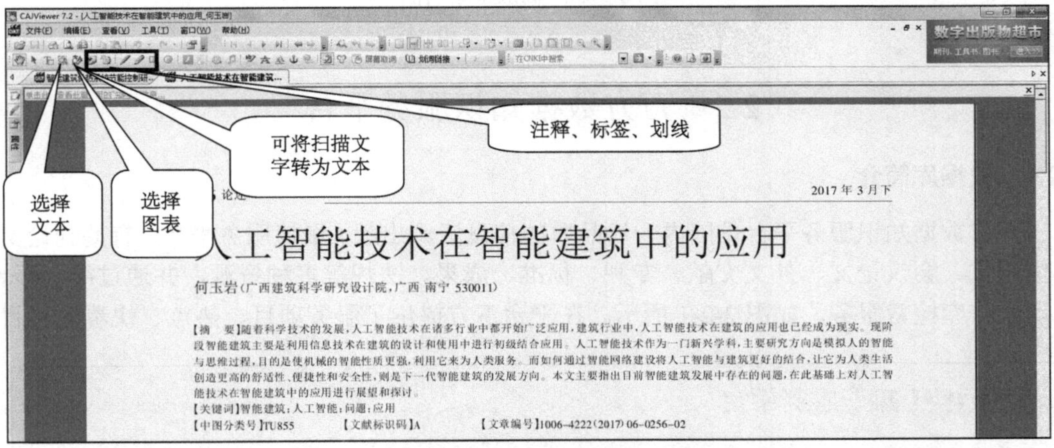

图 2-1-20　CAJ 阅读器打开文献页面

2.1.4　检索实例

检索课题　智能建筑系统集成设计

1）分析课题，提取检索词。

智能建筑；系统集成；设计

2）利用检索技术，构造检索式。

篇名=智能建筑 AND 主题=系统集成 AND 主题=设计

3）设置检索要求：①期刊范围不限；②学科不限；③时间为 2008 年至今。

4）登录中国知网，选择高级检索方式，输入检索式，设定限制条件，如图 2-1-21 所示。

5）单击“检索”按钮，得到检索结果 166 条。

6）查看检索结果，选择相关文献预览、下载全文以及查看知网节点文献。

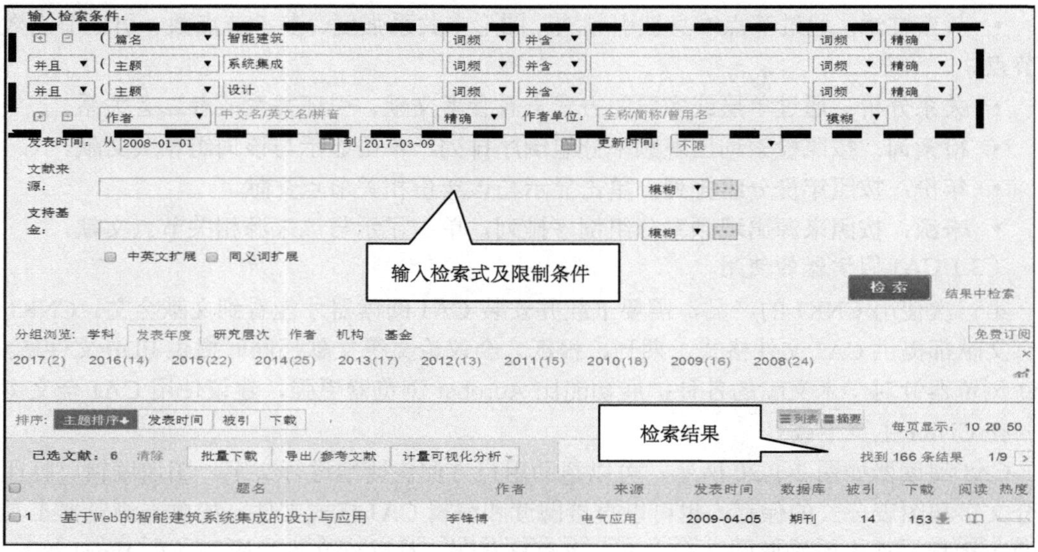

图 2-1-21　高级检索页面

2.2　万方数据知识服务平台

2.2.1　数据库简介

万方数据知识服务平台是国内一流品质的信息资源出版、增值服务平台，有期刊论文、学位论文、会议论文、外文文献、专利、标准、成果、法规等多种资源，并通过统一平台实现了跨库检索服务，如图 2-2-1 所示。在平台下方提供了服务项目、热点、快看等栏目。

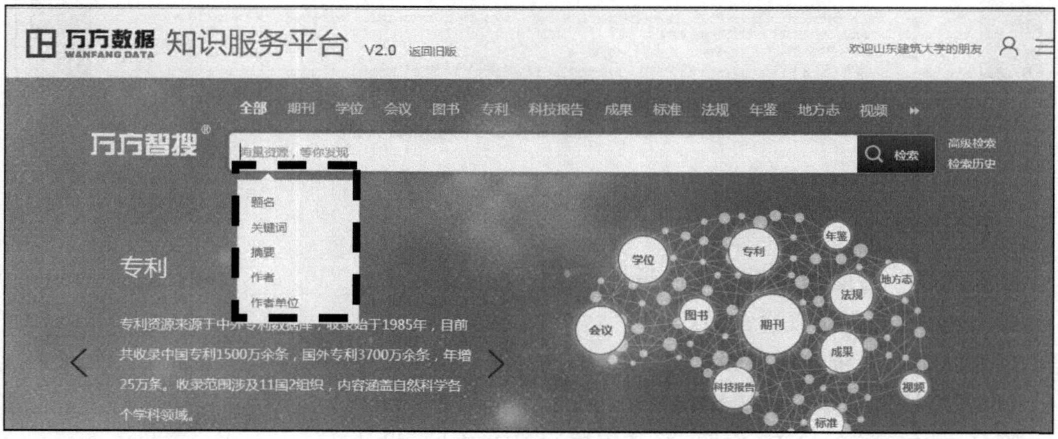

图 2-2-1　万方数据知识服务平台首页

万方智搜的特点如下。

（1）学术检索的强力入口

实现统一、高效、精准的中外文学术资源检索发现服务，打造信息总量多、内容质量优、服务方式全的学术检索发现基地，持续提升用户的资源获取与利用能力。

（2）多粒度的资源揭示

依托主题词表与引文库建设，构建多维度、多层次、内容深度关联的知识组织脉络；支持检索结果的细化分层和多维聚类，帮助用户在海量资源中快速定位最佳匹配结果。

（3）便捷无缝地获取保障

在知识产权许可下提供链接解析服务（与国家科技图书文献中心链接），帮助用户便捷地获取所需资源，实现快速、简便、易用、流畅的无缝检索体验与文献获取保障。

（4）智能化的检索推荐

提供跨语言检索、语义检索等多种智能检索方式。综合考虑用户使用情景、行为偏好、学科领域、教育背景等要素，实现智能排序调整与个性化推荐，帮助用户发现最具价值的资源。

（5）可视化的关联分析

利用引文分析、共词分析、社会网络分析等方法探索检索结果的隐性知识关联，实现前沿热点追踪、发展趋势预测以及各类知识关系的可视化呈现，帮助用户直观了解主题知识的全貌，快速筛选出高价值的内容。

（6）全新的学术评价体系

作为传统评价指标的有力补充，推出文献多维指标计量——万方指数（WFMetrics），增加使用率、关注度、社交媒体计量等测度类别，强调社会性、实时性、直观性，及时迅速地反映科研成果的社会与学术影响力。

（7）便捷无缝的交互体验

深入参与用户学习与科研过程，在资源检索和阅读过程中嵌接笔记批注、标签标引、分享交流、引用提醒、收藏导出、文献管理等多项服务，为用户提供学术资源深度利用的新型支撑模式。

（8）尊重与保护知识产权

严格遵守并保护知识产权，以期建立业内良好的知识产权保护环境。平台提供的文献资源和其他数字化作品包括资源元数据、文献全文等，均以获得资源提供者的版权许可为前提，最大可能地为用户提供安全、可靠、稳定的数据资源。

2.2.2 数据库检索

万方数据主要提供一框式检索、高级检索和专业检索 3 种方式。

（1）一框式检索

一框式检索是系统默认的检索方式，在检索框上方为数据库资源名称。万方采用一框式+逐步限定的检索方式，符合用户的检索行为模式。通过检索→发现→调整→再检索的检索流程，以及聚类、相关词等功能不断启发用户，如图 2-2-2 所示。

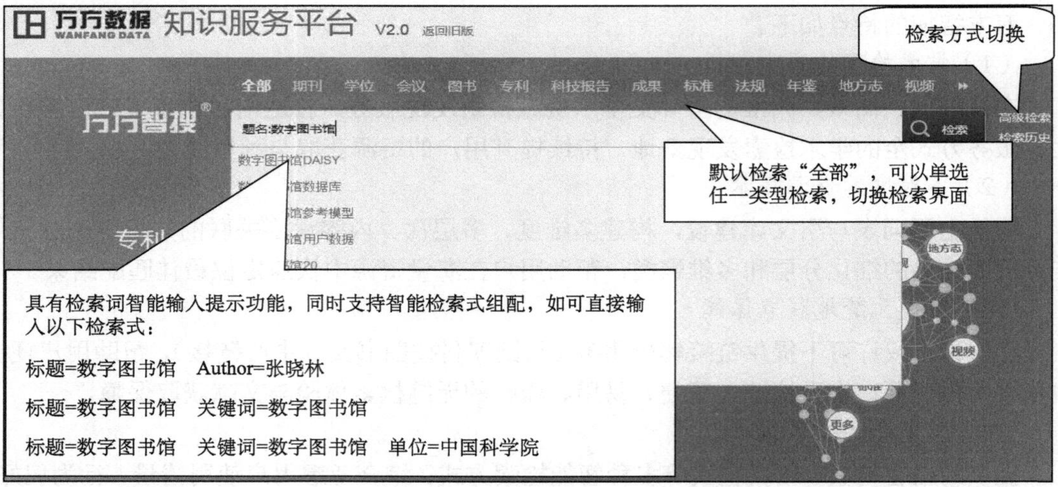

图 2-2-2 一框式检索页面

如果对检索结果不满意，可以进行二次检索，或者对检索结果进行进一步筛选，如图 2-2-3 所示。

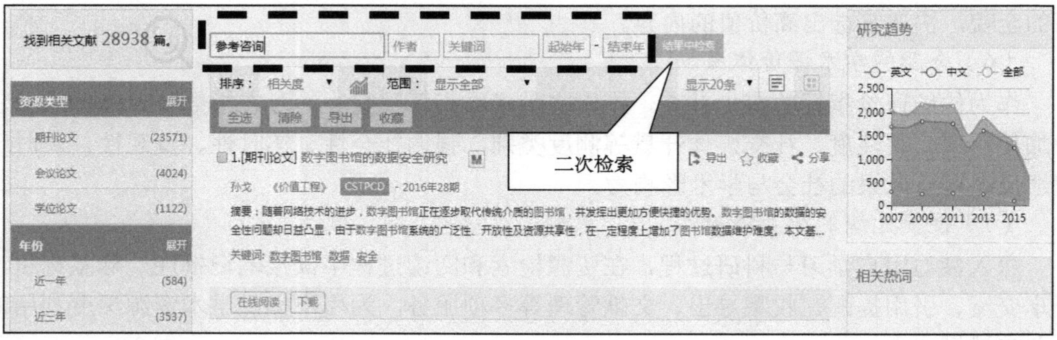

图 2-2-3 二次检索页面

（2）高级检索

高级检索页面如图 2-2-4 所示，可对文献类型、检索字段、年代进行选择限制。使用主题字段检索：主题字段包含标题、关键词、摘要。使用标题或关键词字段检索，即标题或者关键检索词进行与、或、非逻辑运算。在高级检索中构造检索条件，由系统生成表达式，查看检索结果的高频关键词，提供相关检索词。

（3）专业检索

单击图 2-2-4 中的“专业检索”按钮即可进入其检索页面，检索式的输入方法如图 2-2-5 所示。

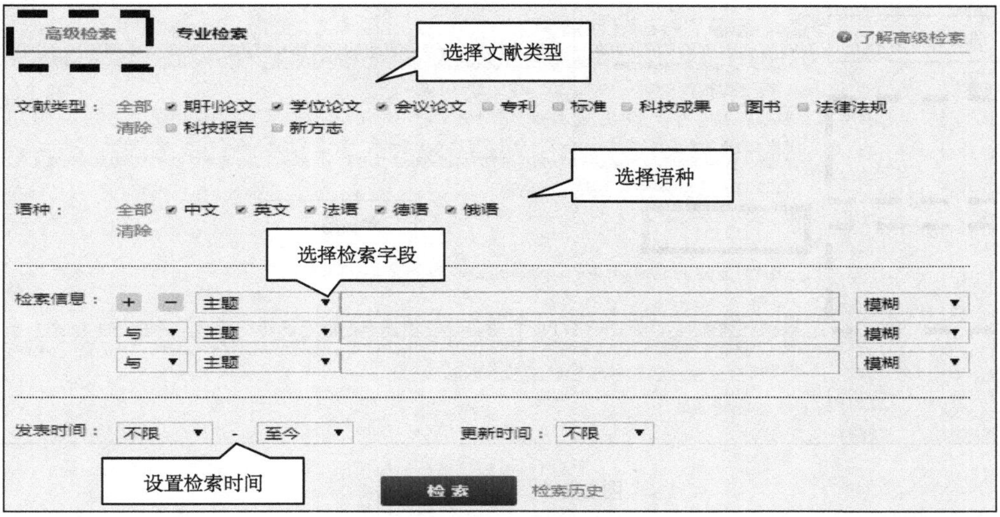

图 2-2-4　高级检索页面

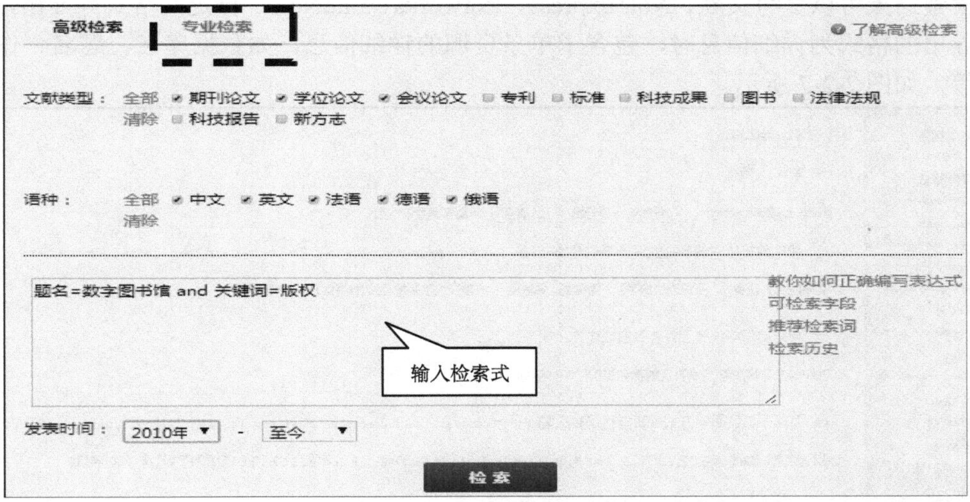

图 2-2-5　专业检索页面

2.2.3　检索结果处理

1. 检索结果显示

检索结果如图 2-2-6 所示，显示每条文献的在线阅读、下载链接、出处，标注核心期刊出处，提供聚类的检索结果统计与链接，包括出版状态、学科分类、论文类型、年份、相关学者的聚类统计，以及检索主题的趋势统计图表。检索结果可请求原文传递，若为 OA 期刊则可单击链接获取。检索结果可以按相关度、发表时间、热度、被引量排序显示。

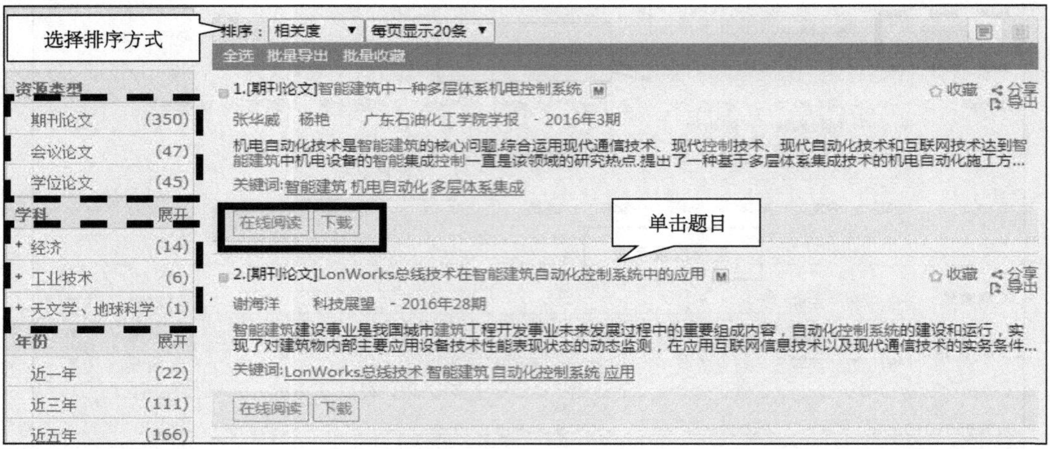

图 2-2-6　检索结果页面

2. 检索结果导出

检索结果可以参考文献、NoteExpress、Refworks、EndNote、自定义格式等导出，其显示和导出的格式为详细信息时，包含了单条资源的详细信息，如数据库名、题名、作者、刊名等，如图 2-2-7 所示。

图 2-2-7　检索结果导出页面

2.2.4　检索实例

检索课题　绿色建筑评价标准研究

1）分析课题，提取检索词。

绿色建筑；评价标准

2）利用检索技术，构造检索式。

绿色建筑/题名 AND 评价标准/题名

3）设置检索要求：①时间为 2007～2017 年；②文献类型为期刊论文、学位论文、会议论文、外文期刊、外文会议。

4）登录万方网址，访问万方数据知识服务平台，打开高级检索界面。输入检索信息，按要求设定检索条件，如图 2-2-8 所示。

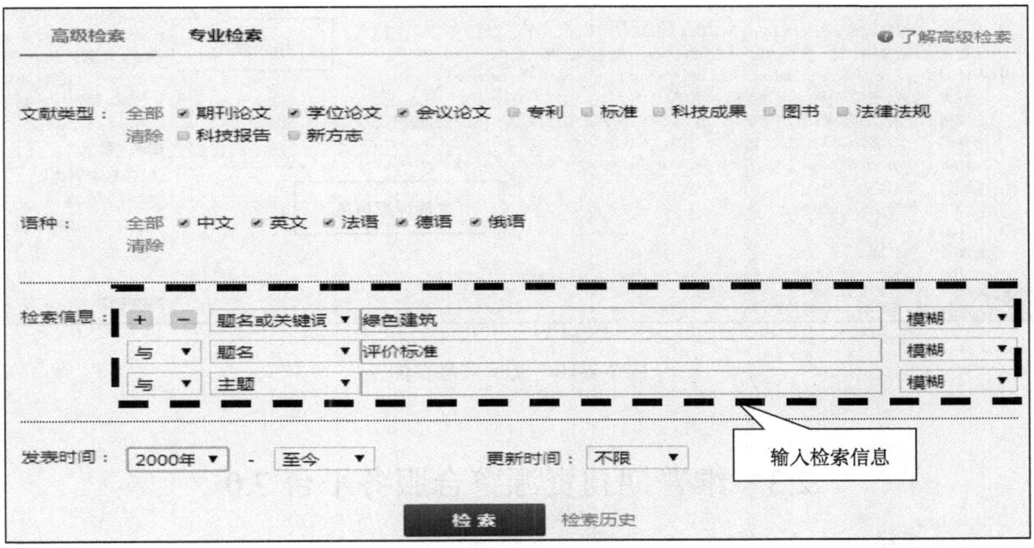

图 2-2-8　高级检索页面

5）单击“检索”按钮得到检索结果 508 条，如图 2-2-9 所示。

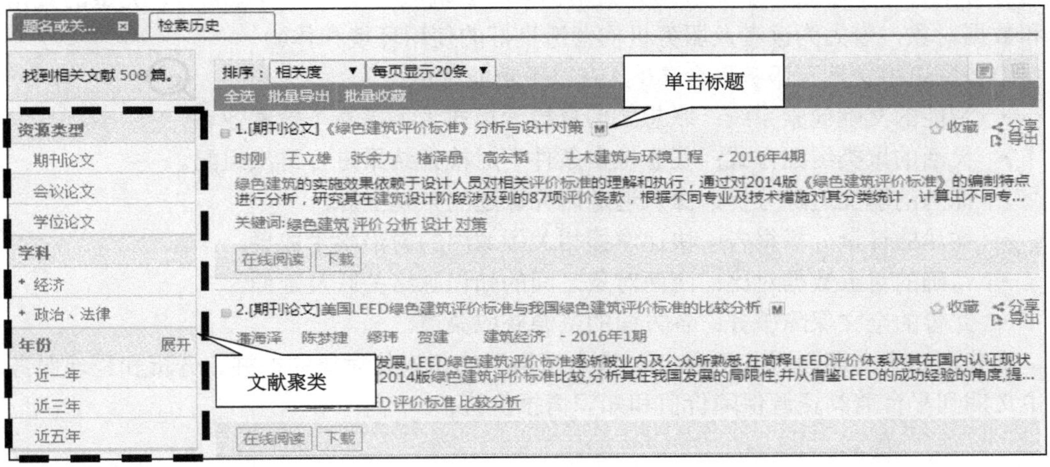

图 2-2-9　检索结果页面

6）查看检索结果。单击标题查看文摘及详细信息，如图 2-2-10 所示。用户可在线阅读或下载全文。

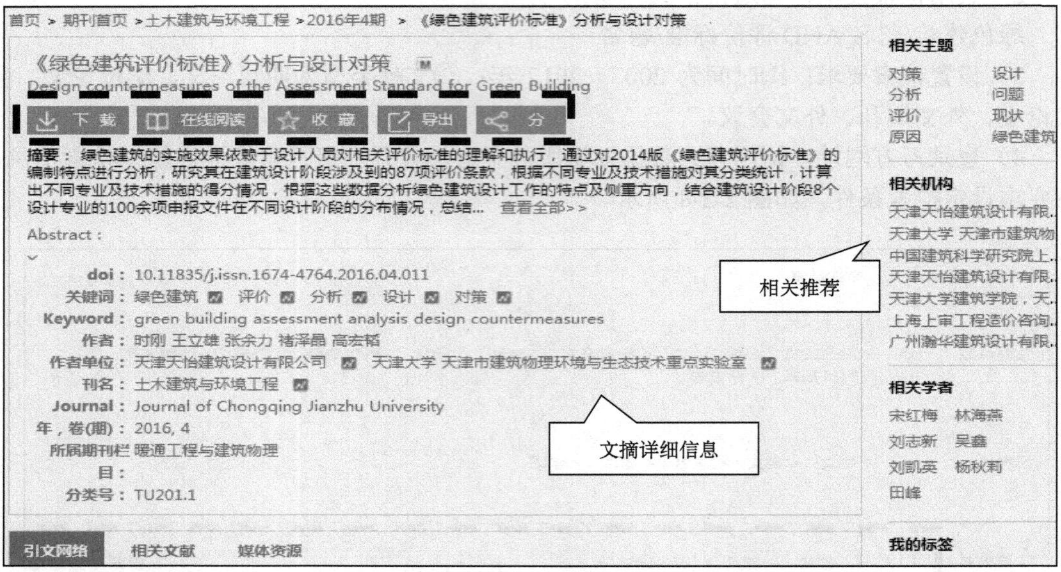

图 2-2-10　文摘信息页面

2.3　维普期刊资源整合服务平台 7.0

2.3.1　数据库简介

维普资讯中文期刊服务平台 7.0 如图 2-3-1 所示，平台以中文期刊资源保障为基础，以数据整理、信息挖掘、情报分析为路径，以数据对象化为核心，面向知识服务与应用的一体化服务平台。平台采用了先进的大数据构架与云端服务模式，通过准确、完整的数据索引和数据对象，着力为读者及服务机构营造良好的使用环境和体验。

维普资讯中文期刊服务平台 7.0 具有以下功能特色。

- 智能的文献检索系统：联想式信息检索模式大大提高了检索效率。
- 灵活的聚类组配方式：任意检索条件下对检索结果进行再次组配。
- 深入的引文追踪分析：深入追踪研究课题的来龙去脉。
- 详尽的计量分析报告：快速掌握相关领域内的前沿学术成果。
- 精确的对象数据对比：两两对象之间的知识脉络关联及延伸。
- 完善的全文保障服务：各方面的资源获取渠道。

维普资讯中文期刊服务平台 7.0 重点新增了知识本体对象的挖掘、分析和呈现服务。使中文期刊平台兼具资源保障价值和知识情报价值。

图 2-3-1　维普资讯中文期刊服务平台 7.0 主页

该平台提供了期刊文献检索、文献引证追踪、科学指标分析、高被引析出文献模块，各模块的具体功能如下。

1. 期刊文献检索

期刊文献检索提供基本检索、高级检索、期刊导航、学科导航等检索方式。

2. 文献引证追踪

文献引证追踪采用科学计量学中的引文分析方法，对文献之间的引证关系进行深度数据挖掘，除提供基本的引文检索功能外，还提供作者索引（关于作者的期刊文献产出及被引情况分析汇编，在作者层面作引文分析统计）、机构索引（关于机构的期刊文献产出及被引情况分析汇编，在机构层面作引文分析统计）、期刊索引（关于期刊的发文及被引情况分析汇编，在期刊层面作引文分析统计）。

3. 科学指标分析

①排名分析。针对国内各学科发展过程中有影响力的内容作科学指标定量分析。主要有：学者科学指标分析——展示各学科核心研究成员及其研究成果，提供各学科学者的科学指标查询；机构科学指标分析——展示各学科核心研究机构及其研究成果，提供各学科机构的科学指标查询；地区科学指标分析——展示地区发展对学科发展的贡献；期刊科学指标分析——展示各学科核心研究期刊及其研究成果，提供各学科期刊的科学指标查询。

②学科评估。反映 35 个一级学科、457 个二级学科近 10 年里按发文、被引、平均被引量的整体排名情况；主要有：学科排名——反映国内学术研究的发展历程和方向，展示学科之间发展的不平衡程度；学科基线——进入高影响力学者/机构/地区/期刊/论文的水平线；研究前沿——反映当前的学科研究方向；高被引及热点论文——各个学科被高度关注的论文集合，从这里可以了解一个学科的研究趋势和发展动态，找合学者、找投资项目、找开发机构，诸多要求都可以满足。

4. 高被引析出文献

高被引析出文献展示了高被引学科、高被引主题、高被引出处文献的被引量及相关信息。

2.3.2　数据库检索

平台提供一框式检索、高级检索、检索式检索、期刊导航等检索方式。

1. 一框式检索

一框式检索页面如图 2-3-2 所示，在平台首页的检索框直接输入检索条件进行检索，该检索条件可以是题名、刊名、关键词、作者名、机构名、基金名等字段信息。

输入检索词，通过检索词智能提示及主题词扩展功能反复修正检索策略，从而获得最佳检索结果。

图 2-3-2　一框式检索页面

2. 高级检索

高级检索运用逻辑关系，方便用户查找多个检索条件限制下的文献，如图 2-3-3 所示。

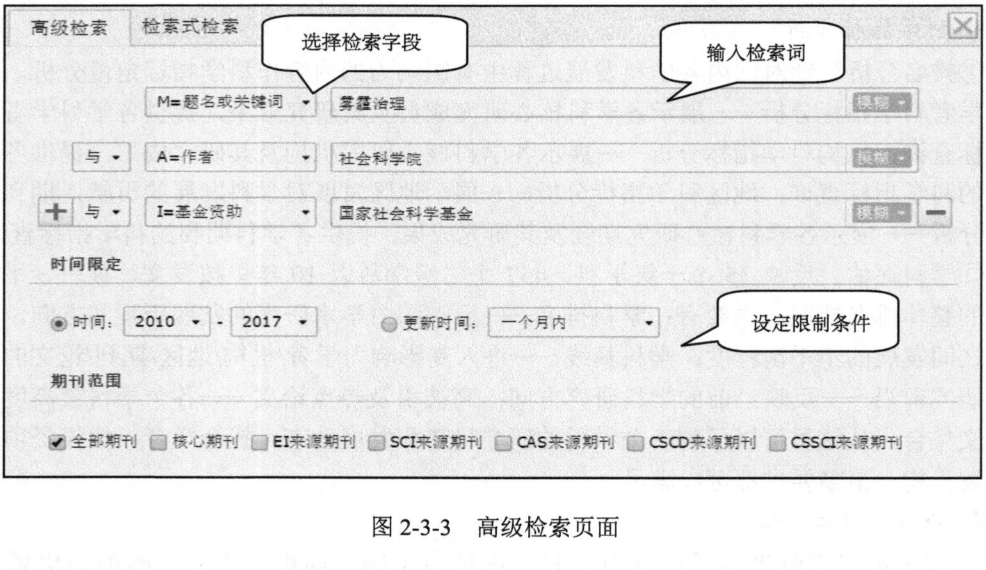

图 2-3-3　高级检索页面

如需检索有关“雾霾治理”方面的文献，作者所属机构为“社会科学院”，由“国家社会科学基金”赞助的期刊文献，则可以在高级检索-向导式检索页面作如下设置。

增加检索字段类型，并保持三个字段限制方式：

在“M=题名或关键词”类型的文本框内输入“雾霾治理”；

在“S=机构”类型的文本框内输入“社会科学院”；

在“I=基金资助”类型的文本框内输入“国家社会科学基金”。

3. 检索式检索

读者可在检索框中直接输入字段标识和逻辑运算符检索，若系统显示未找到结果，则表示输入的检索式有错或者在该条件检索下无结果，请返回检索页面重新输入正确的检索表达式或切换到其他方式获得检索内容。检索规则说明：AND 代表“并且”；OR 代表“或者”；NOT 代表“不包含”（注意必须大写，运算符两边需各空一格）。检索式范例：（K=图书馆学 OR K=情报学）AND A=范并思，如图 2-3-4 所示。

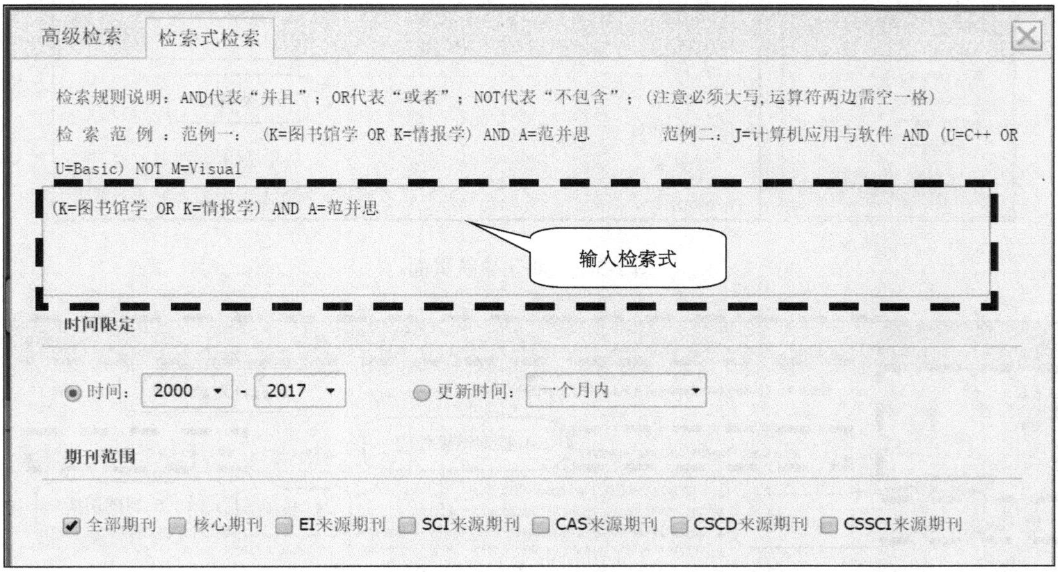

图 2-3-4　检索式检索页面

4. 期刊导航

打开“维普资讯中文期刊服务平台 7.0”首页，单击“期刊导航”按钮进入期刊导航页面，如图 2-3-5 所示。平台提供了期刊检索、聚类筛选、按首字母查找、分类浏览等方式。

期刊检索：如图 2-3-5 所示，可以切换刊名、ISSN、CN、主办单位、主编、邮发代号检索入口，实现期刊资源的检索。

聚类筛选：系统提供核心期刊导航、国内外数据库收录导航、地区导航、主题导航等多种期刊聚类方式，方便按需进行切换。

按首字母查找：可以通过首字母查找期刊。

分类浏览：可以通过学科类别浏览期刊。

2.3.3　检索结果处理

维普资讯中文期刊服务平台 7.0 提供了基于检索结果的发文被引分析、分面聚类筛选、多种排序方式等检索优化服务，方便用户快速找到目标期刊文献，如图 2-3-6 所示。

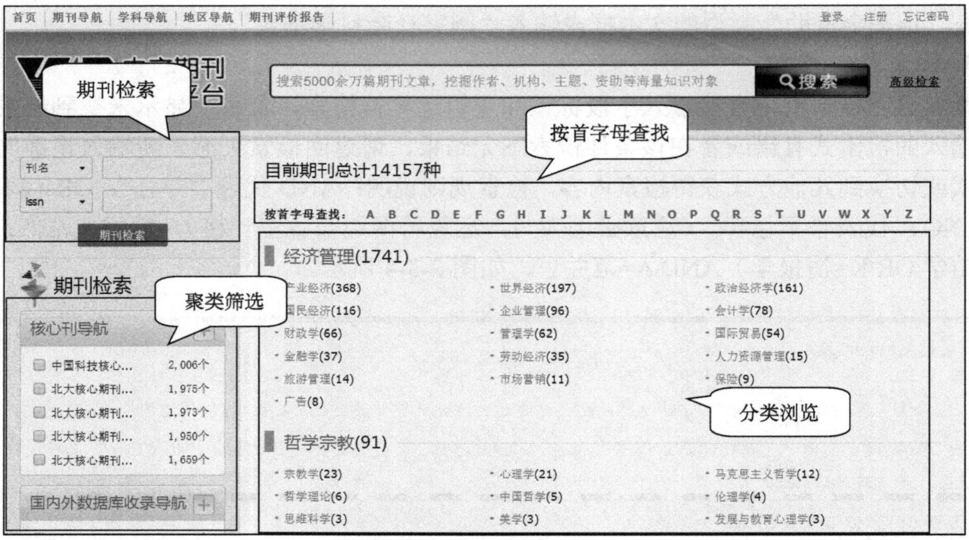

图 2-3-5　期刊导航页面

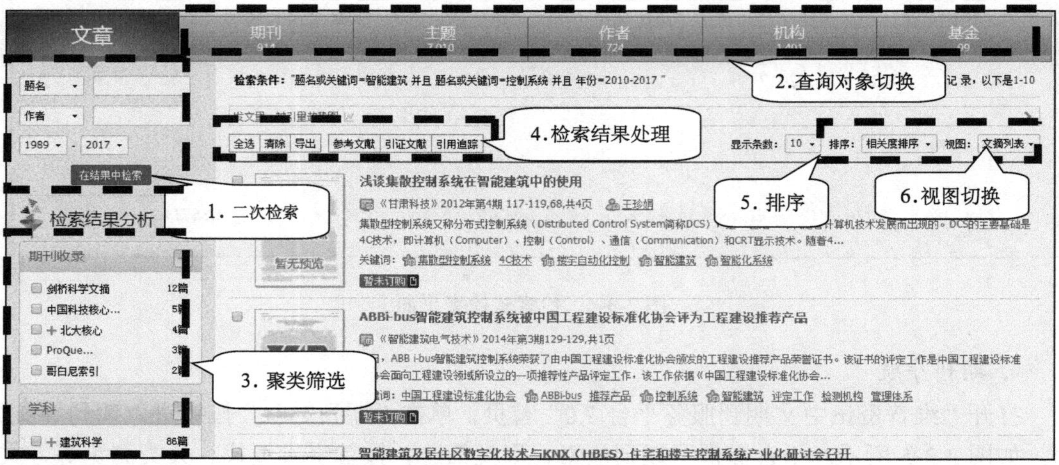

图 2-3-6　检索结果处理页面的导出等

1. 在结果中检索（二次检索）

系统提供基于本次检索结果下的二次检索功能，先选择检索类型并输入检索词，单击“在结果中检索”按钮，实现按需缩小或扩大检索范围，精练检索结果。

2. 查询对象切换

系统提供“文章”“期刊”“主题”“作者”“机构”“基金”对象切换，可单击不同的对象模块按需查看。

3. 检索结果聚类筛选

系统提供基于检索结果的期刊范围、所属学科、相关主题、相关机构、发文作者等聚类功能，通过左聚类面板浏览并勾选目标分类，然后在聚类工具中查看并确定所选分类，单击“执行”按钮后即可筛选出需要的文献资料，达到自由组配查看资源的目的。

4. 检索结果导出等

（1）导出

系统支持文献题录信息的导出功能，支持的导出格式为 TEXT、XML、NoteExpress、Refworks、EndNote。勾选目标文献，单击“导出”按钮后选择适当的导出格式实现此功能。

（2）参考文献

系统支持单篇或多篇文献的参考文献查看，在文献列表页勾选目标文献，单击“参考文献”按钮后实现相应信息浏览。

（3）引证文献

系统支持单篇或多篇文献的引证文献查看，在文献列表页勾选目标文献，单击“引证文献”按钮后实现相应信息浏览。

（4）引用追踪

系统支持单篇或多篇文献的引用分析报告查看，在文献列表页勾选目标文献，单击“引用追踪”按钮后实现相应信息浏览。

5. 检索结果排序

系统提供相关度排序、被引量排序和时效性排序等多种排序方式，从不同侧重点对检索结果进行梳理。

6. 查看视图切换

系统支持文摘列表、标题列表、详细列表三种文献查看方式，可按需切换视图。

2.3.4　检索实例

检索课题　智能建筑控制系统研究

1）分析课题，提取检索词。

智能建筑；控制系统

2）利用检索技术，构建检索式

智能建筑/题名或关键词 AND 控制系统/题名或关键词

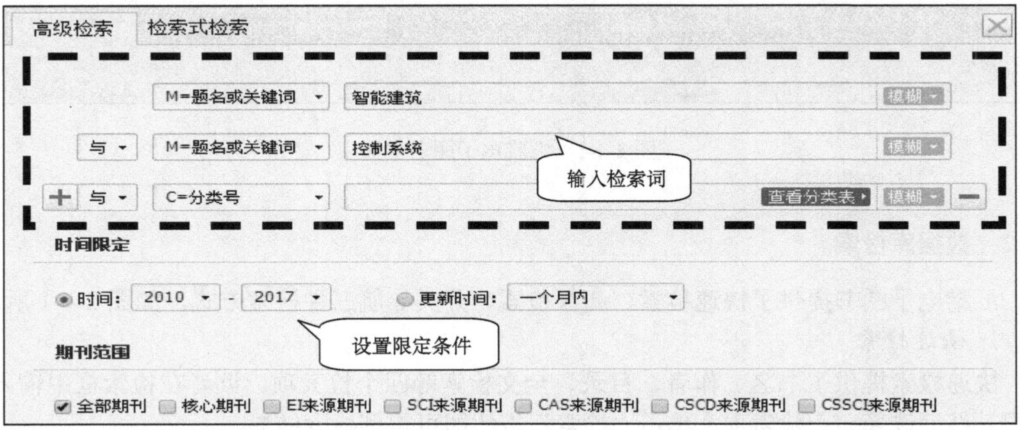

图 2-3-7　高级检索页面

3）设置检索要求：①期刊范围不限；②学科不限；③时间为 2010～2017 年。

4）登录维普期刊数据库的期刊文献检索界面，选择高级检索方式，输入检索词，按检索要求设置检索条件，如图 2-3-7 所示。

5）单击“检索”按钮，得到检索结果 120 篇，如图 2-3-6 所示。

6）勾选或全选题名前的复选框，导出保存；单击题名得到详细信息，导出保存；阅读或下载全文。

2.4　汇雅电子图书

2.4.1　数据库简介

汇雅电子图书数据库（http://www.sslibrary.com）是由北京超星公司推出的新一代电子图书数据库的管理和使用服务平台，国家 863 计划中国数字图书馆示范工程项目。2000 年 1 月，在互联网上正式开通。汇雅电子图书按照中图法分为文学、历史、法律、军事、经济、科学、医药、工程、建筑、交通、计算机、环保等 22 大类，拥有 100 余万种数字图书全文，是全球最大的中文电子图书资源库。汇雅电子图书主页如图 2-4-1 所示。

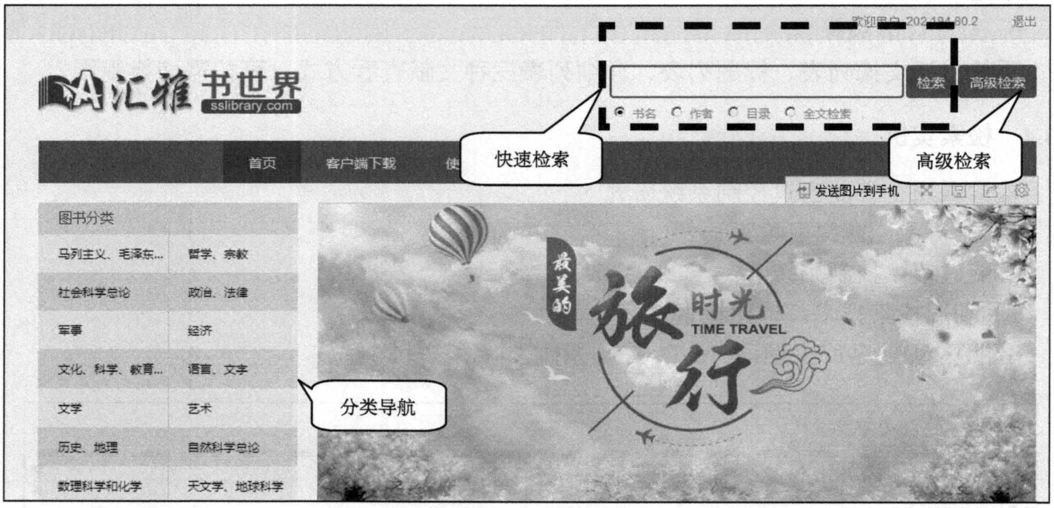

图 2-4-1　汇雅电子图书主页

2.4.2　数据库检索

汇雅电子图书提供了快速检索、高级检索、分类导航三种检索方式，如图 2-4-1 所示。

1. 快速检索

快速检索提供了书名、作者、目录、全文检索等四个检索项。读者在检索框中输入检索词，然后选择一个检索项，单击“检索”按钮即可得到检索结果。

2. 高级检索

高级检索可以实现图书的多条件查询，对于目的性较强的读者建议使用这种检索方式，如图 2-4-2 所示。

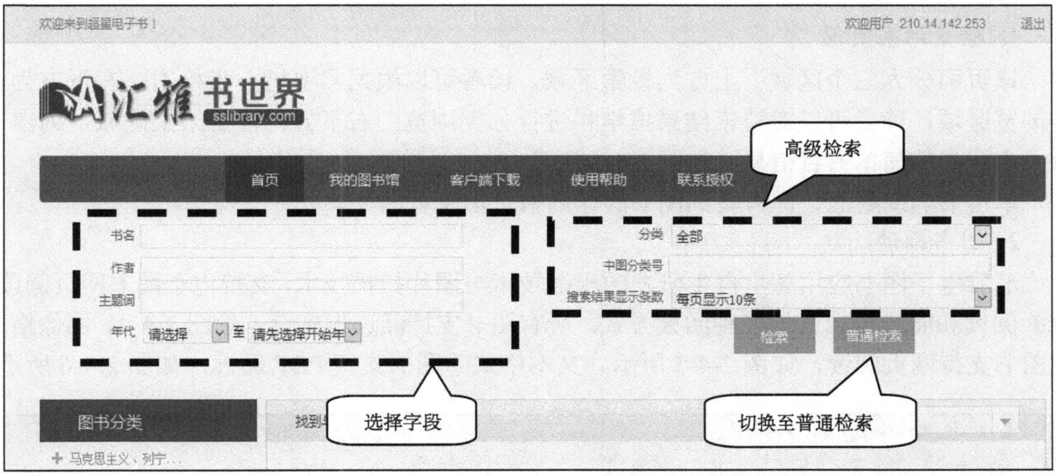

图 2-4-2　高级检索页面

3. 分类导航

检索页面左侧区域的图书分类如图 2-4-1 所示，可实现图书的分类浏览，单击可逐级打开各个分类。在有关类目下选择所需图书，确定后单击所需书名下的“阅读器阅读”或“网页阅读”按钮，即可进行阅读。

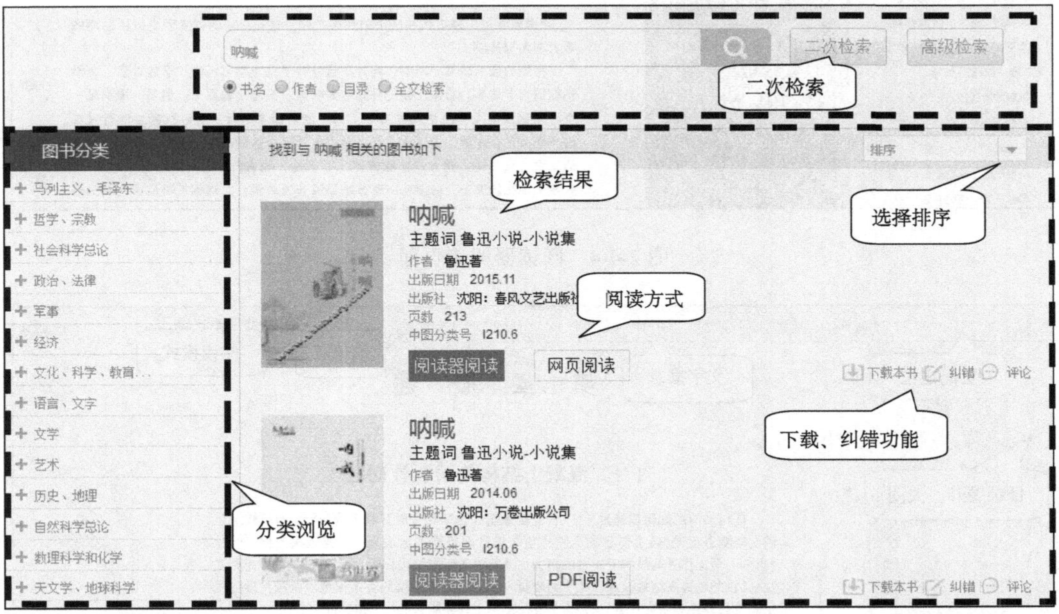

图 2-4-3　检索结果页面

2.4.3　检索结果处理

1. 检索结果页面

该页面分为三个区域：上方为检索区域，读者可以根据需要进一步检索；左下方为分类浏览区域，读者可以对检索结果按学科进行分类浏览；右下方为检索结果区域，列出了每一本图书的简单书目信息，如图 2-4-3 所示。

单击书名或封面，即可转到图书的详细书目信息页面。

2. 图书阅读

汇雅电子图书应用超星自主研发的压缩技术与图片扫描技术，支持电子图书网页阅读、PDF 阅读和阅读器阅读等三种阅读方式。所有图书支持阅读器阅读，见图 2-4-4。图像格式的图书支持网页阅读，如图 2-4-5 所示。文本格式的图书支持 PDF 阅读，如图 2-4-6 所示。

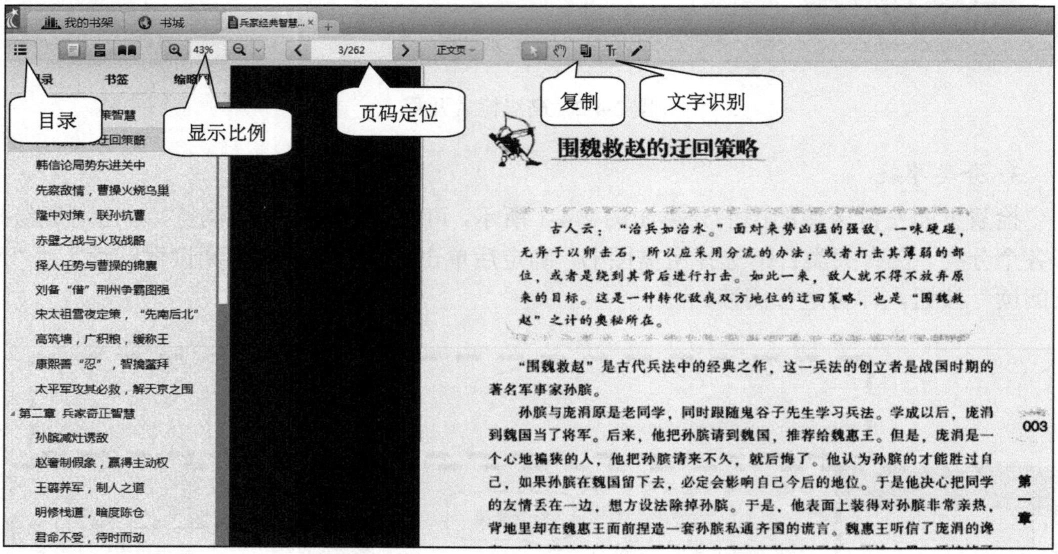

图 2-4-4　阅读器阅读页面

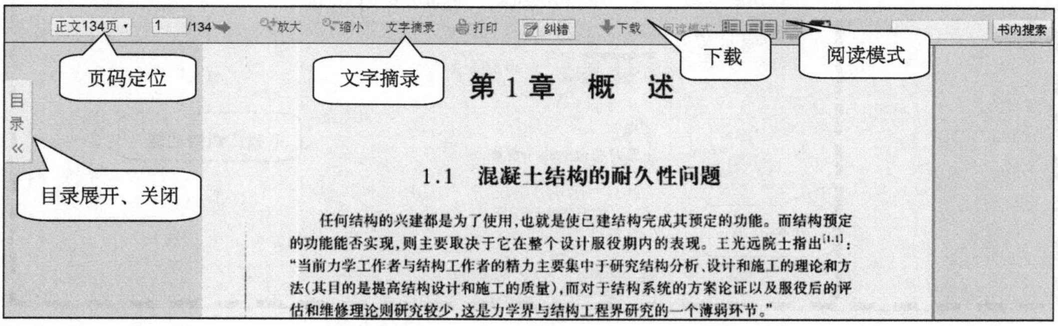

图 2-4-5　网页阅读页面

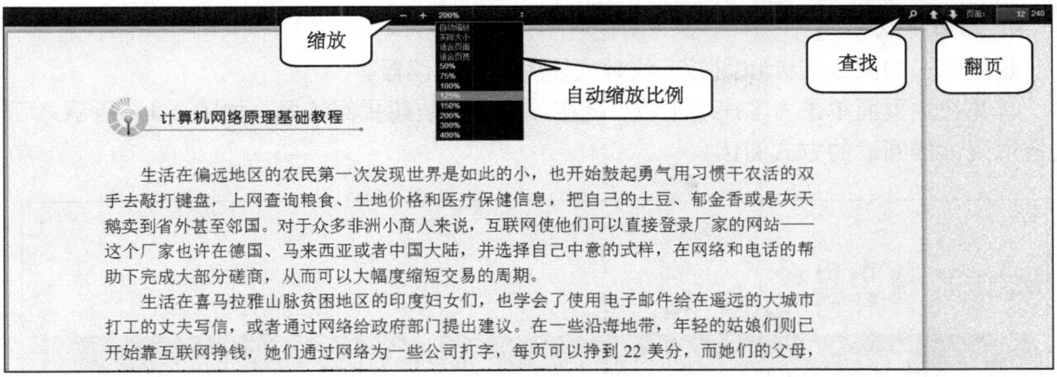

图 2-4-6　PDF 阅读页面

3. 文字提取

为了方便读者收集整理，汇雅电子图书支持“文字摘录”“打印”“下载”等功能。

网页阅读中的“文字摘录”和阅读器阅读中的复制、 按钮都可以为读者提供文字提取的功能。以网页阅读为例，单击 按钮，选取需要摘录的文字，页面会弹出文字摘录窗口，单击“复制”按钮，将其粘贴到目标文档即可。值得注意的是，系统会在每一段识别的文字后面自动显示该段文字的出处，这为读者保存图书信息提供了极大方便，如图 2-4-7 所示。

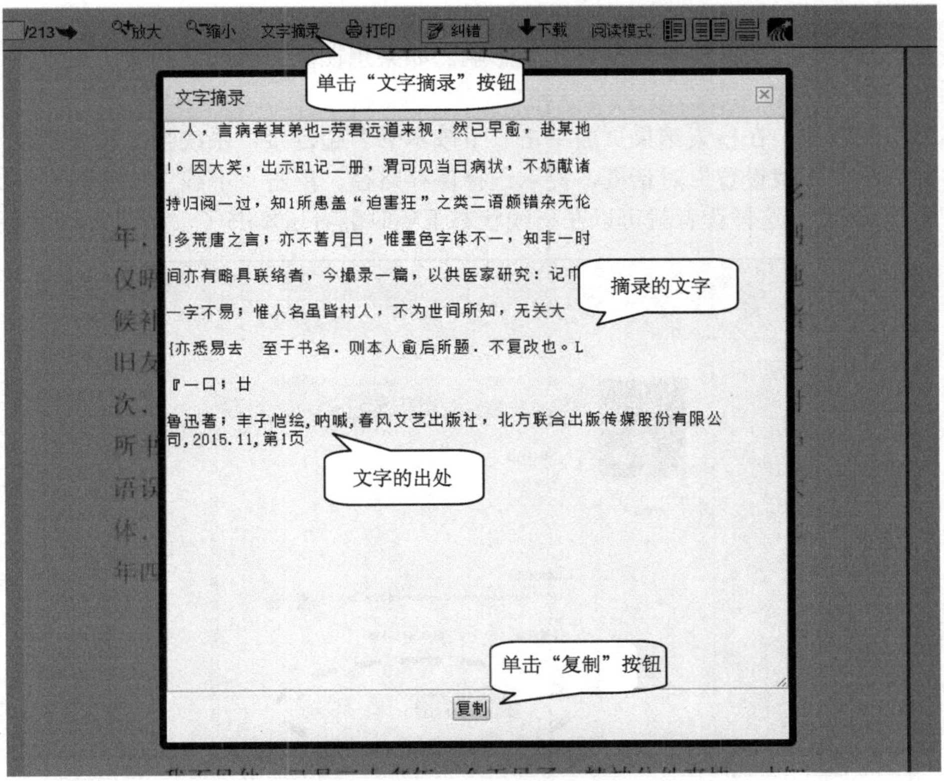

图 2-4-7　网页阅读中的文字摘录

4. 图书下载

超星图书的离线阅读和图书下载必须使用超星阅读器。

首先在主页面单击“客户端下载”链接，下载安装超星阅读器，如图 2-4-8 所示，可以选择用阅读器阅读的方式阅读。

图 2-4-8　阅读器下载页面

在线阅读时，翻页速度会受网络速度影响。如果想在离线状态下阅读，可以使用“下载”功能。

图书下载方法：在检索结果页面单击“下载本书”超链接，系统会跳转至超星阅读器页面，并弹出“下载设置”对话框，提示选择保存路径。单击“下载”按钮即可将此书下载至“本地书架”。这样读者就可以在离线状态下随时翻看这本书了，如图 2-4-9 所示。

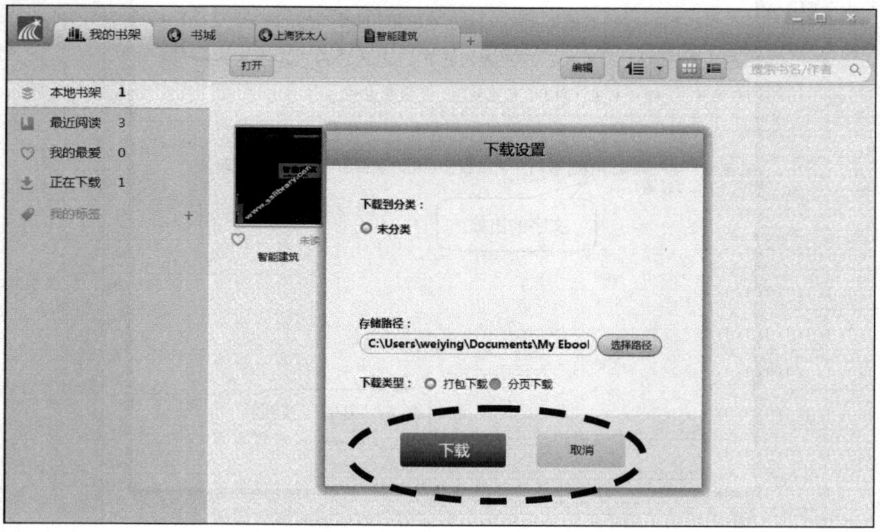

图 2-4-9　图书下载页面

通过以上操作下载的图书只能在本地计算机上阅读。如果想要在其他设备上阅读此书，必须注册个人账号，先登录账号，再下载图书。这样就可以使用账号随时随地阅读该图书了，如图 2-4-10 所示。

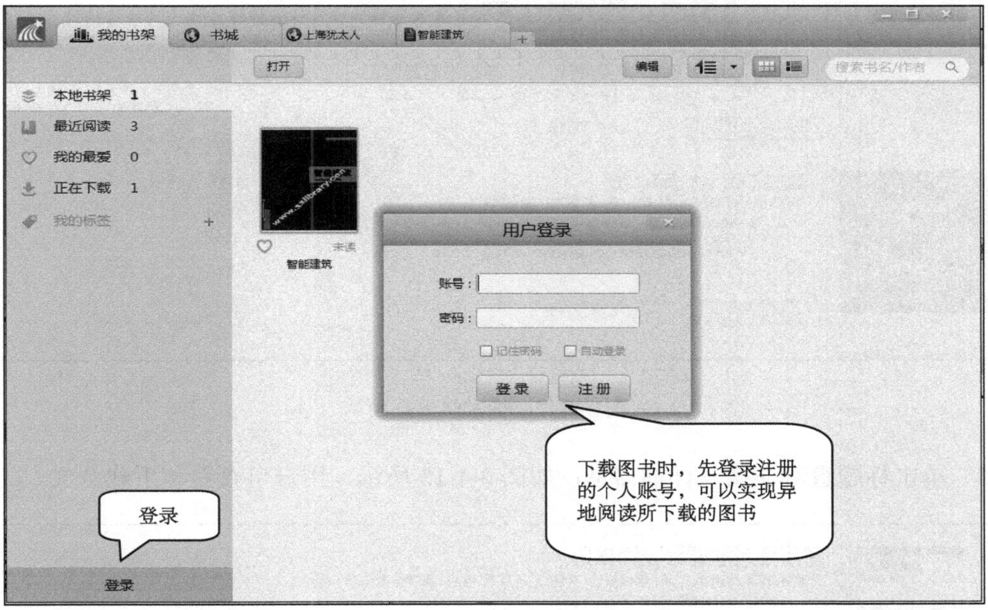

图 2-4-10　账号登录

2.4.4　检索实例

检索课题　查询“崔艳秋编写的建筑类的图书”

1）分析课题，提取检索词。

建筑；崔艳秋

2）利用检索技术，构造检索式。

建筑/书名　AND　崔艳秋/作者

3）登录汇雅电子图书数据库，打开高级检索界面；输入检索式，按要求设定检索条件，如图 2-4-11 所示。

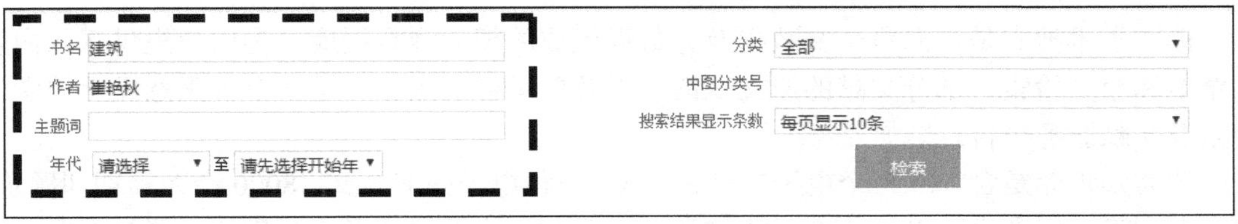

图 2-4-11　高级检索页面

4）单击“检索”按钮，得到检索结果 3 条，如图 2-4-12 所示。

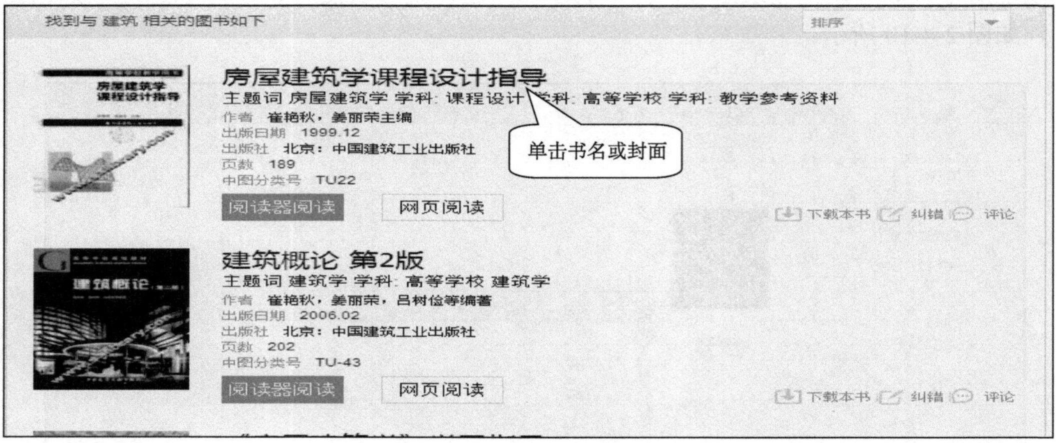

图 2-4-12　检索结果页面

5）单击标题查看文摘及详细信息，如图 2-4-13 所示，用户可查看和下载全文。

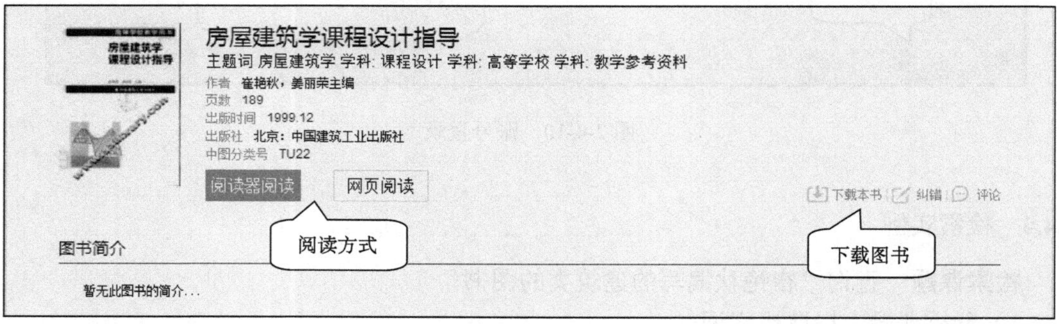

图 2-4-13　图书的详细信息页面

2.5　读秀学术搜索

2.5.1　数据库简介

读秀学术搜索是由海量全文数据及元数据组成的超大型数据库，为用户提供深入内容的章节和全文检索、部分文献的原文试读，以及参考咨询服务，是一个真正意义上的学术搜索及文献服务平台。

读秀知识库是含 540 万个电子书书目、300 万种电子图书全文、8000 余万篇期刊题录、国家专利库、标准库，以及 120 万人物库，并且与馆内各种资源为基础的大型数据库。将图书馆纸质图书、电子图书、期刊、报纸、学位论文、会议论文等各种学术资源整合于同一数据库中，统一检索，使读者在读秀平台上获取所有学术信息，如图 2-5-1 所示。

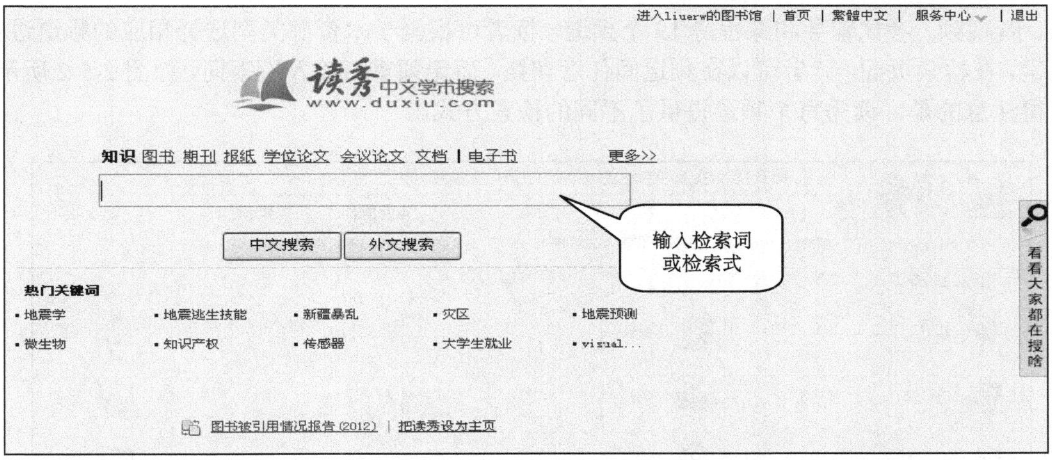

图 2-5-1　读秀学术搜索页面

读秀的特点如下。

（1）整合馆藏纸质书、电子资源

①整合图书馆现有的纸质图书。读者检索时可直接试读图书的部分原文，通过试读判断、选择借阅图书。

②整合电子图书。将图书馆自有电子图书与读秀知识库数据进行对接，整合后实现馆内电子图书资源、纸质图书联合查询。

③整合电子期刊、各种论文。将图书馆自有电子期刊（主要包括中国期刊全文数据库、中文科技期刊数据库、万方数据、IEEE、EBSCO、NSTL 订购电子期刊、WorldSciNet、Springer Link、Elsevier、JSTOR）论文与读秀知识库期刊、论文进行对接，读者在对一个检索词进行检索的同时，获得该知识点来源于期刊、论文的所有内容。

（2）深度、多面检索（全文检索、目录检索等）

不论读者搜索图书、期刊还是查找论文，读秀将显示与之相关的图书、期刊、报纸、论文、人物、工具书解释、网页等多维信息，真正实现多面多角度的搜索功能。

（3）阅读途径

读秀提供部分原文试读功能。封面、版权页、前言页、正文部分页全面揭示图书内容；其他途径包括阅读馆内电子全文、借阅馆内纸质图书、文献传递获取资料、馆际互借图书。

（4）读者互动

读秀提供用户交流平台，主要有历史记录、我的收藏、网友收藏，利于读者进行学术交流。

（5）图书推荐系统

为图书馆与读者间建立沟通的渠道，实现图书馆真正意义上的按需采购。

2.5.2　数据库检索

1. 一框式检索

读秀中文学术搜索分为知识、图书、期刊、报纸、学位论文、会议论文、文档、电子书、音视频、考试辅导和课程等 19 个频道，读者可根据学术资源类型选择相应的频道进行检索。在检索页面，读者可以在频道间任意切换，而无须重新输入检索词，如图 2-5-2 所示。值得注意的是，读秀每个频道提供了不同的检索方式。

图 2-5-2　读秀资源页面

2. 中外文搜索

读秀提供了中文搜索和外文搜索功能。单击“中文搜索”按钮访问的是“读秀”，它是最大的中文文献搜索平台；单击“外文搜索”按钮访问的是“百链”。百链是超星公司开发的另一个搜索平台，它作为读秀的补充，主要提供外文期刊文献的搜索，以超链接的方式帮助读者寻找获取资源。使用方法与读秀相似，在此不再赘述，如图 2-5-3 所示。

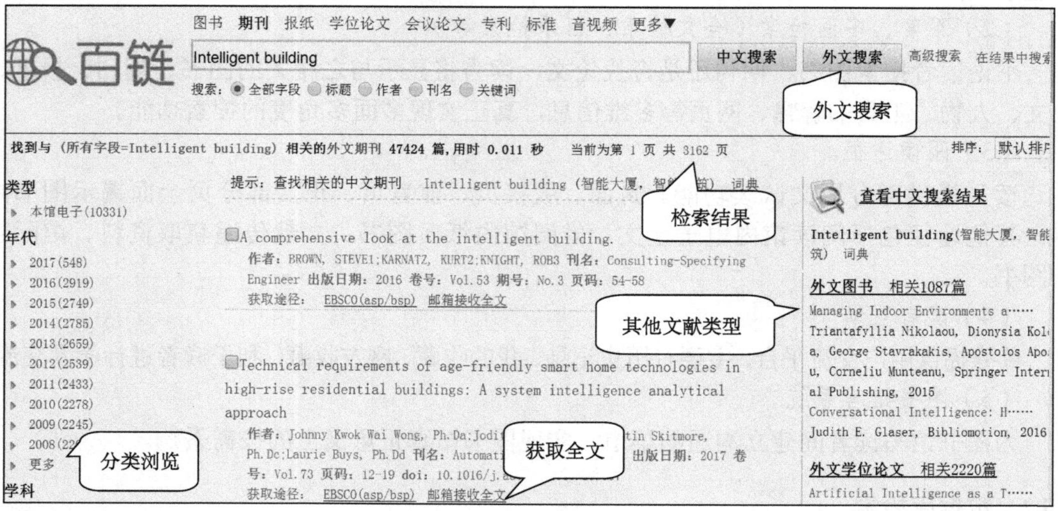

图 2-5-3　百链检索页面

3. 知识搜索

知识搜索是在图书资料的章节、内容中搜索包含检索词内容的知识点，为读者提供突破原有一本本图书翻找知识点的新的搜索体验，更有利于资料的收集和查找。

在读秀首页选择知识频道，输入检索词，单击“中文搜索”按钮进入搜索结果页面。知识搜索只有快速检索一种方式，检索途径默认为全字段检索。在此建议输入多个检索词进行检索，以便快速准确地命中目标，如图 2-5-4 所示。

图 2-5-4　知识搜索页面

4. 图书搜索

读秀的“图书”频道支持快速检索、高级检索、专业检索和分类导航等检索方式，提供全部字段、书名、作者、主题词、丛书名和目次等检索途径。

（1）快速检索

在读秀首页选择“图书”频道，输入检索词，选择检索途径，单击“中文搜索”按钮即可得到检索结果，如图 2-5-5 所示。

图 2-5-5　图书快速检索页面

（2）高级检索

单击“图书”频道首页检索框右侧的“高级搜索”链接进入图书高级检索页面，如图

2-5-6 所示。这里提供了书名、作者、主题词、出版社、ISBN、分类、年代等多个检索项，读者根据需要完成一个或多个检索项的填写，还可以对检索结果显示的条数进行选择。完成之后单击“高级搜索”按钮即可，如图 2-5-6 所示。

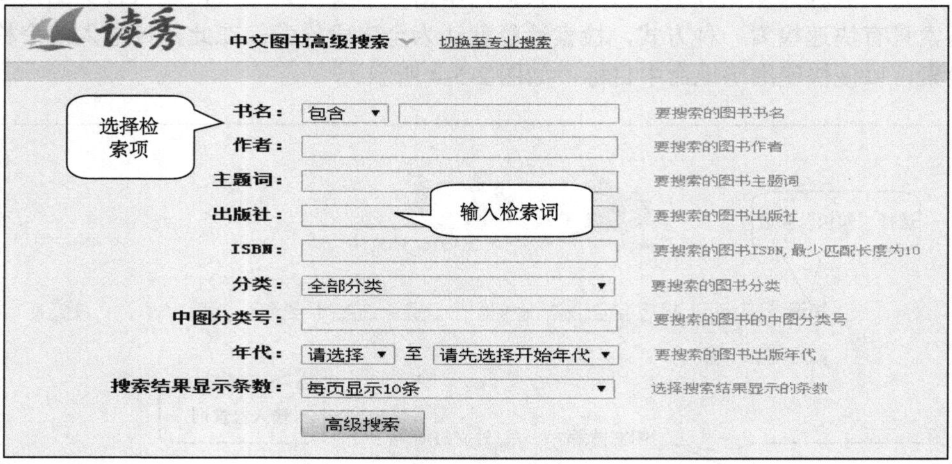

图 2-5-6　图书高级检索页面

（3）专业检索

单击“高级搜索”页面上方的“切换至专业搜索”链接进入图书专业搜索页面。按照检索框下方的说明操作即可，如图 2-5-7 所示。

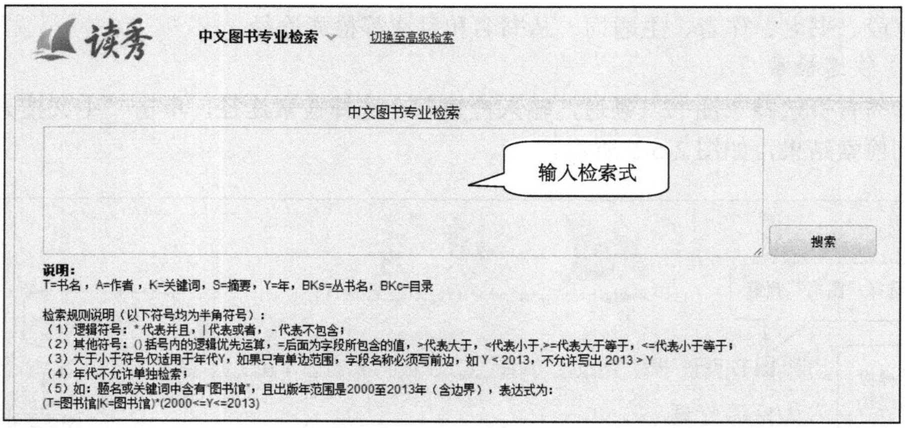

图 2-5-7　图书专业检索页面

（4）分类导航

打开“图书”频道首页，在检索框后方设置了图书“分类导航”链接，单击“分类导航”链接进入图书分类导航页面，可以看到按照中国图书馆图书分类法设置的分类。逐级选择分类即可获得检索结果，如图 2-5-8 所示。

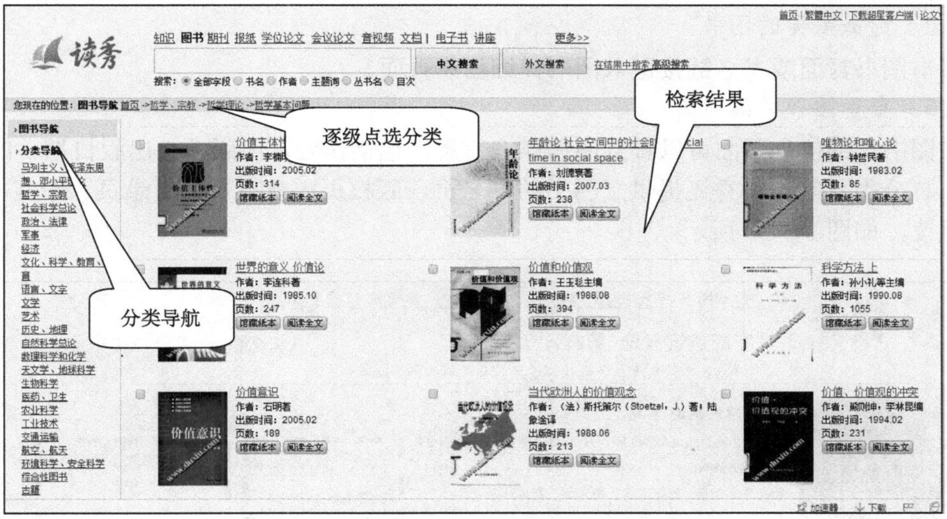

图 2-5-8　图书分类导航页面

2.5.3　检索结果处理

进入图书检索结果页面，可以看到页面采用三栏式设计，中间一栏就是检索到的图书列表，如图 2-5-9 所示，可通过以下步骤获取想要的图书。

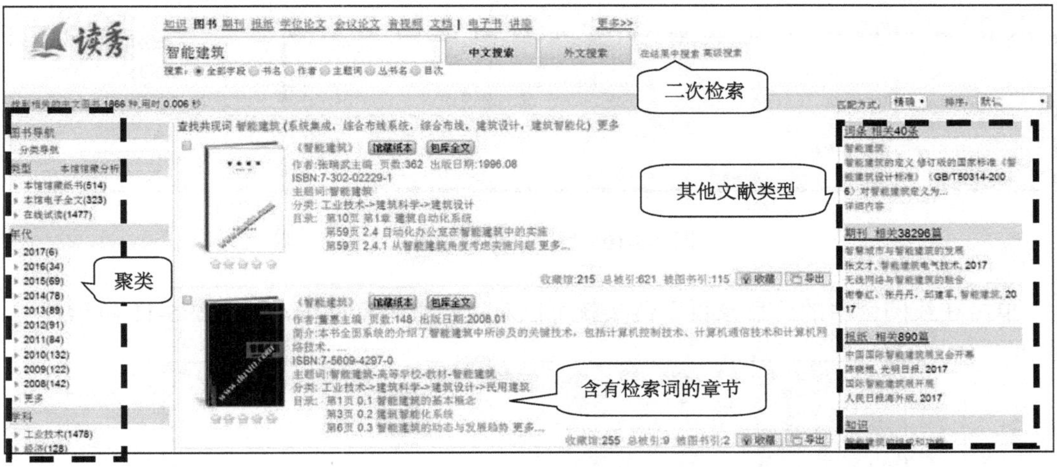

图 2-5-9　图书检索结果页面

（1）在检索到的众多图书中进一步筛选图书

在搜索框中输入关键词，单击“搜索”按钮后方的“在结果中搜索”按钮进行二次检索，也可以使用左侧的聚类按照图书类型、年代、学科、作者显示图书，还可以在右侧选择将图书按照书名、作者、时间降序、时间升序、访问量、收藏量、引用量、点评量、电子馆藏排序。

（2）选择需要的图书

单击图书封面或书名链接进入图书详细信息页面。

（3）查看图书详细信息

在图书详细信息页面可以看到图书详细信息，包括作者、出版社、出版日期、ISBN、主题词、分类号等。读秀还提供了图书的书名页、版权页、前言页、目录页、正文部分页在线试读，如图 2-5-10 所示。

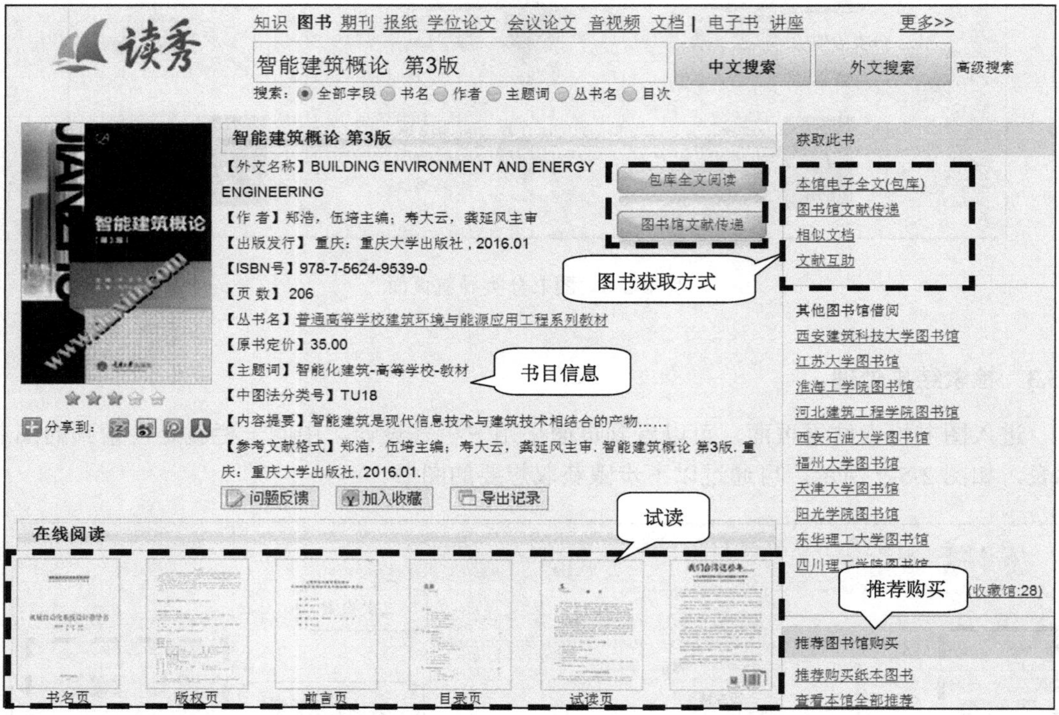

图 2-5-10　图书的详细信息页面

单击在线阅读中的“目录页”链接就可以对目录页进行试读，如图 2-5-11 所示。

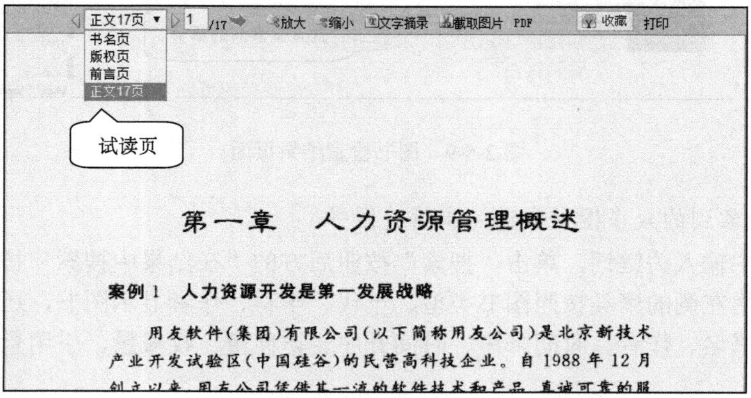

图 2-5-11　图书试读页面

（4）获得图书

由于文献来源和版权限制不同，针对不同的图书读秀提供了不同的阅读和获取方式。全文的获取方式有馆藏纸书借阅、阅读电子全文、图书馆文献传递、网上书店购买等多种。另外，还提供了推荐图书馆购买功能。

单击“本馆馆藏纸书”项可以获得图书的馆藏信息。读者可根据馆藏信息到馆借书。

单击“本馆电子全文包库”或“包库全文阅读”项可以进行图书全文阅读和下载操作。其阅读和下载方式与汇雅电子图书数据库相同，参见本书 2.4 节。

单击“图书馆文献传递”链接进入图书馆文献参考咨询服务中心。填写需要的页码（不超过 50 页）、邮箱、验证码，确认提交，通过电子邮件获得文献。每本图书单次咨询不超过 50 页，同一图书每周的咨询量不超过全书的 20%，所有咨询内容有效期为 20 天，如图 2-5-12 所示。

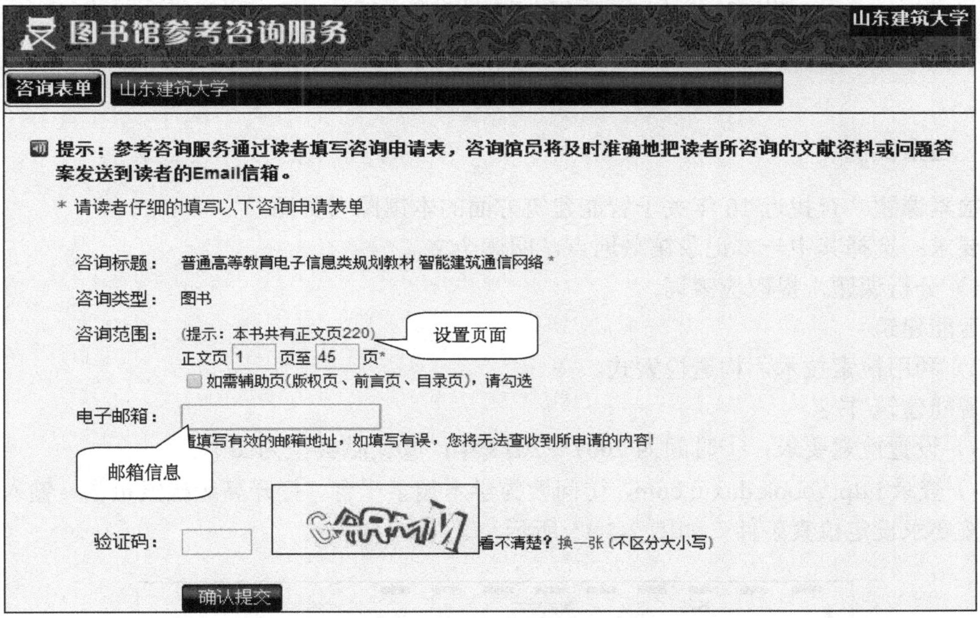

图 2-5-12　图书文献传递表单页面

咨询表单确认提交后，系统显示咨询提交成功，如图 2-5-13 所示。

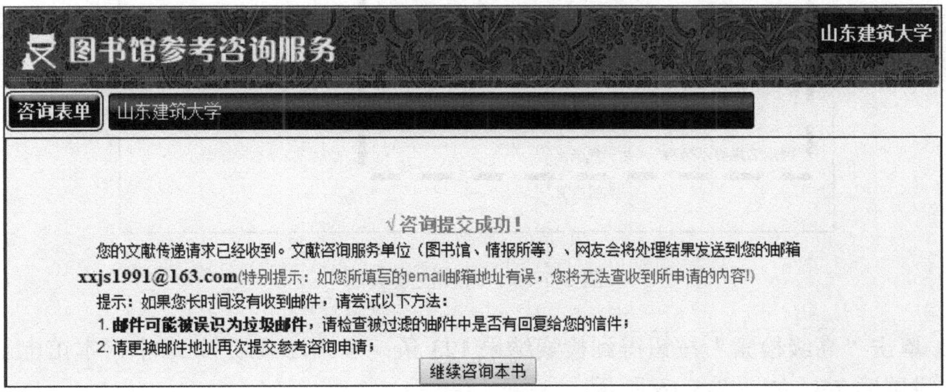

图 2-5-13　咨询提交成功页面

登录你的信箱，查收咨询的内容。单击链接，打开图书的内容阅读即可。回复邮件可能会被当作未知邮件或垃圾邮件，若没有收到回信，请查看订阅邮件或垃圾邮件，如图 2-5-14 所示。

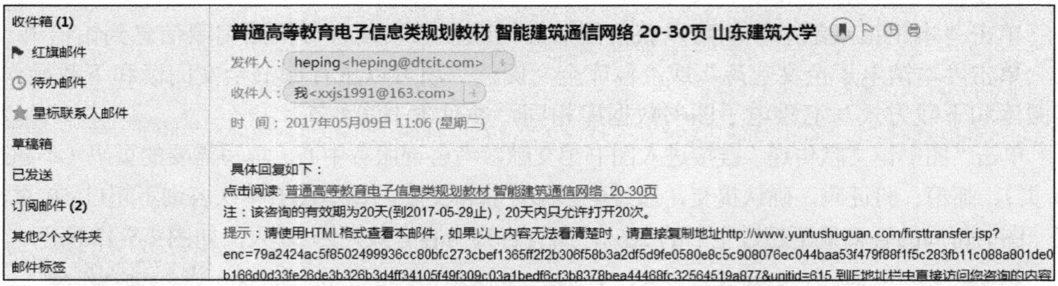

图 2-5-14　查看邮件页面

2.5.4　检索实例

检索课题　查找近 10 年关于智能建筑方面的本馆图书资源

要求：选择其中一本记录馆藏地点，阅读全文。

1）分析课题，提取检索词。

智能建筑

2）利用检索技术，构造检索式。

智能建筑/书名

3）设置检索要求：①时间为 2007～2017 年；②文献类型为图书。

4）登录 http://book.duxiu.com，访问读秀学术搜索平台，打开高级检索页面；输入检索式，按要求设定检索条件，如图 2-5-15 所示。

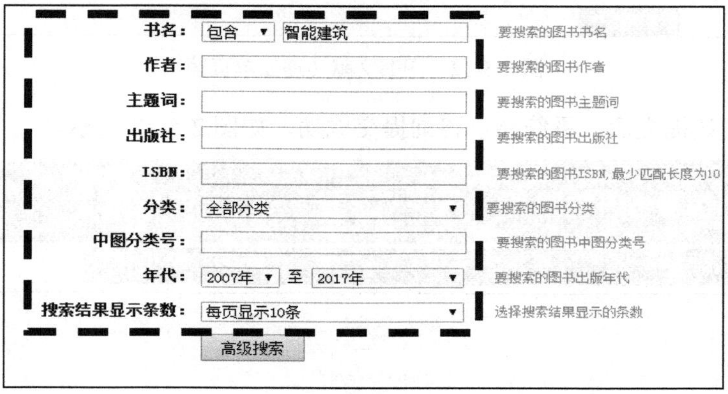

图 2-5-15　高级检索页面

5）单击“高级检索”按钮得到检索结果 123 条：本馆馆藏纸书 20 本，本馆电子图 22 本，在线试读 75，如图 2-5-16 所示。

6）单击“馆藏纸本”按钮可查看并记录该书馆藏信息；单击“包库全文”按钮可阅读全文。

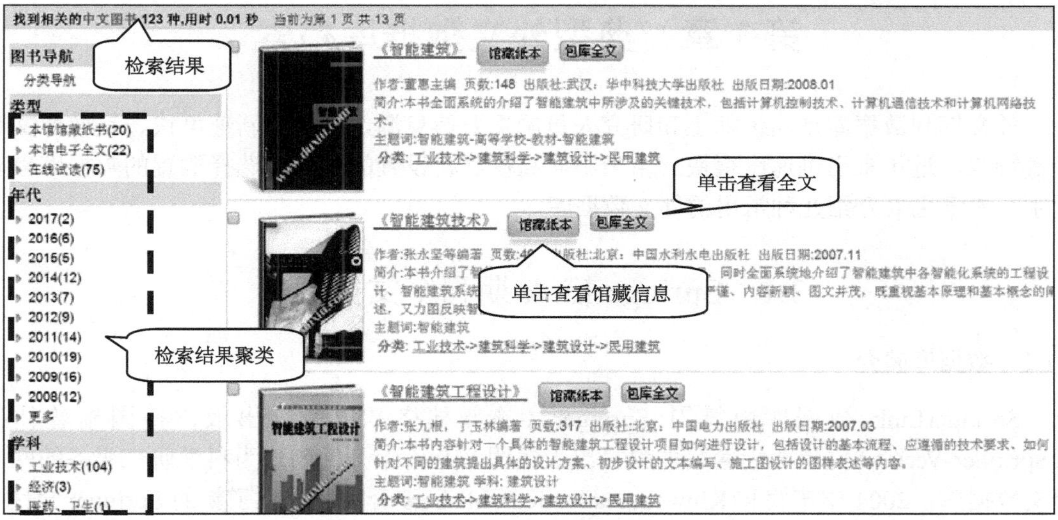

图 2-5-16　检索结果

第 3 章　典型外文数据库检索

外文期刊数据库是高校师生和研究人员的重要信息源，具有更新速度快、获取原文容易等特点，近年来引进速度很快。由于不同高校学科设置的差异，选择购置的数据库也有差别，本章主要介绍几种常用的外文数据库。

3.1　SpringerLink 期刊全文数据库

3.1.1　数据库简介

SpringerLink 数据库由德国 Springer（施普林格）出版社出版，德国施普林格（Springer-Verlag）是世界上著名的科技出版集团，1996 年开始创建为科学研究服务的网上全文数据库，2004 年年底和 Kluwer Academic Publishers 合并，成立了新的 Springer 集团，现将全部约 2400 多种期刊和其他图书、丛书、参考工具书等电子出版物通过 MetaPress 平台提供服务。SpringerLink 的全文电子期刊覆盖以下学科：建筑与设计、行为科学、生物医学与生命科学、商业和经济、化学和材料科学、计算机科学、地球科学和环境科学、工程学、人文、社科和法律、数学和统计学、医学、物理学与天文学、计算机职业技术与专业计算机应用。

新 SpringerLink（http://www.springerlink.com）全球网站功能升级，提供全新界面和更强大的检索服务，SpringerLink 新增加的功能如下：

- 全新功能强大的搜索引擎，搜索结果全面综合，分类清晰。
- 提供中文（简体/繁体）/英文/德文/韩文多语种界面。
- 导航功能提供搜索、导航、缩减和精确搜索等多种检索方式，实现对内容的交叉检索，并把不同学科和不同出版形式的内容真正整合起来。
- 个性化功能，如速报/个人爱好/使用全文记录/书签/RSS。

3.1.2　数据库检索

通过内部网（如校园网）进入已购买资源的图书馆主页，查找相应的链接，单击“SpringerLink 电子期刊”链接进入检索页面，如图 3-1-1 所示。SpringerLink 提供浏览和检索两种方式，即内容类型浏览、学科分类浏览以及关键词检索。下面以学科分类浏览和关键词检索为例介绍 SpringerLink 的使用方法。

1. 学科分类浏览

在主页左侧的 Browse by discipline 栏目中选择相关学科及分支学科，层层单击，浏览相关文献。例如，Engineering 的相关文献有 94287 条记录，如图 3-1-2 所示。

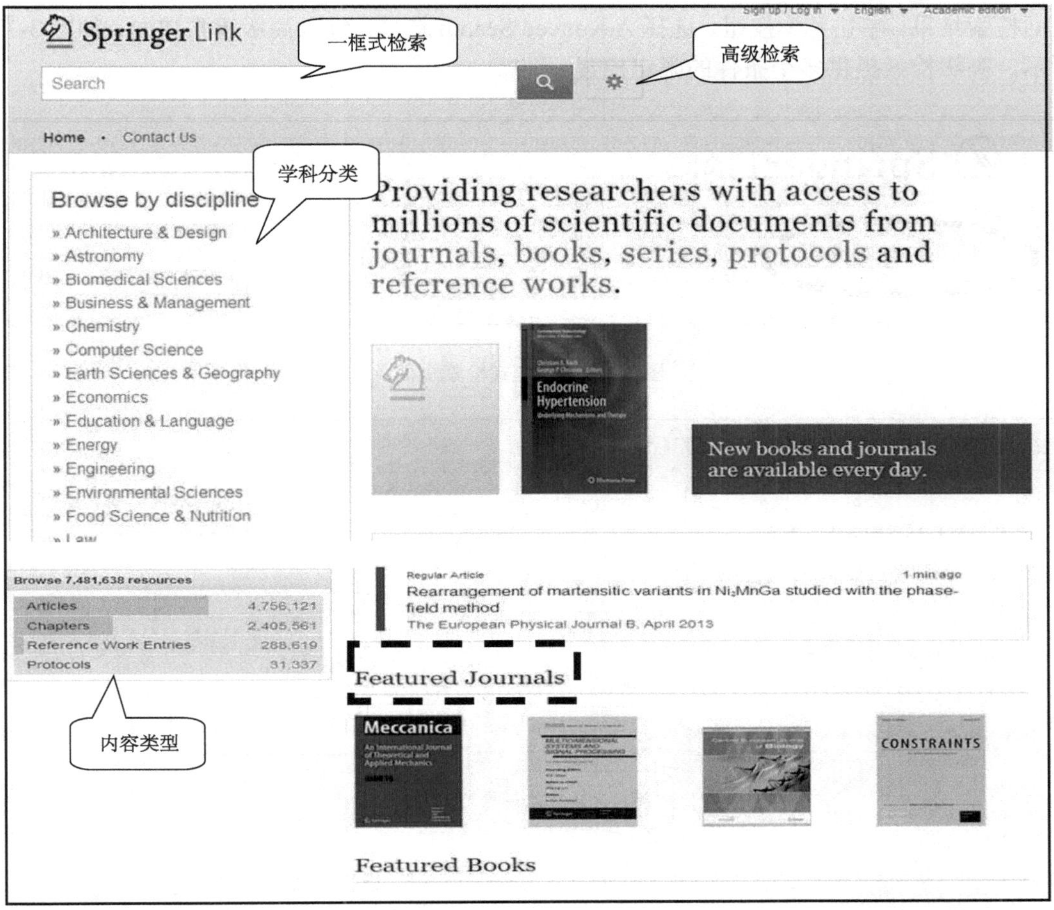

图 3-1-1　SpringerLink 首页

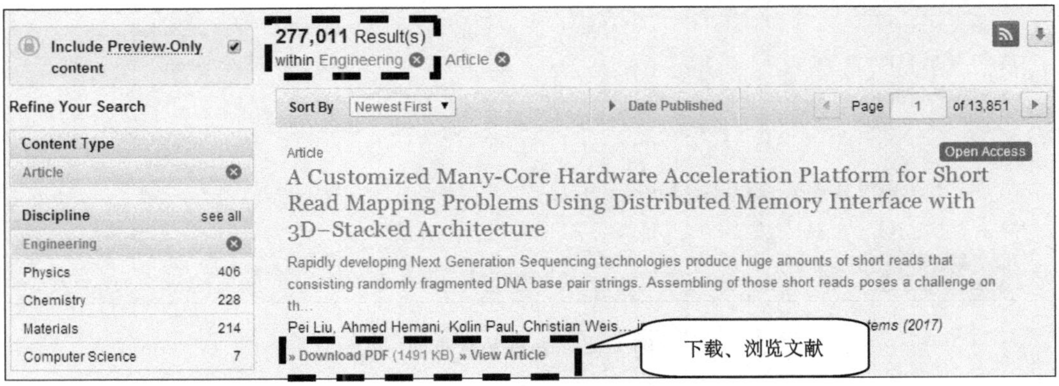

图 3-1-2　学科分类浏览

2. 关键词检索

关键词检索提供一框式检索和高级检索两种方式。

在一框式检索中，直接输入检索词检索，如图 3-1-3 所示，然后单击“检索”按钮即可返回检索结果。单击 按钮，选择 Advanced Search 选项，进入高级检索页面，如图 3-1-4 所示。高级检索提供多个条件的限定检索。

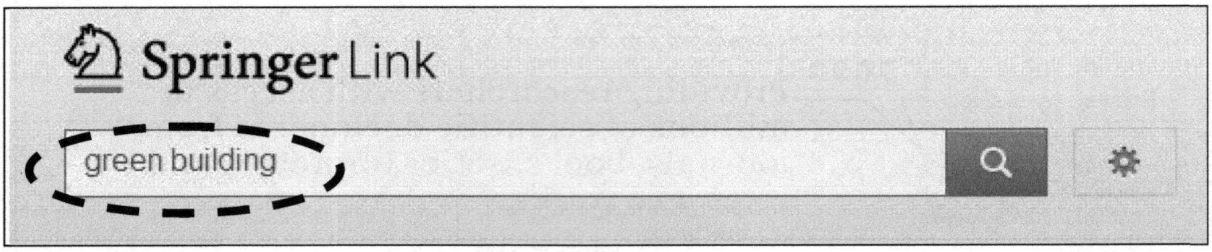

图 3-1-3　一框式检索页面

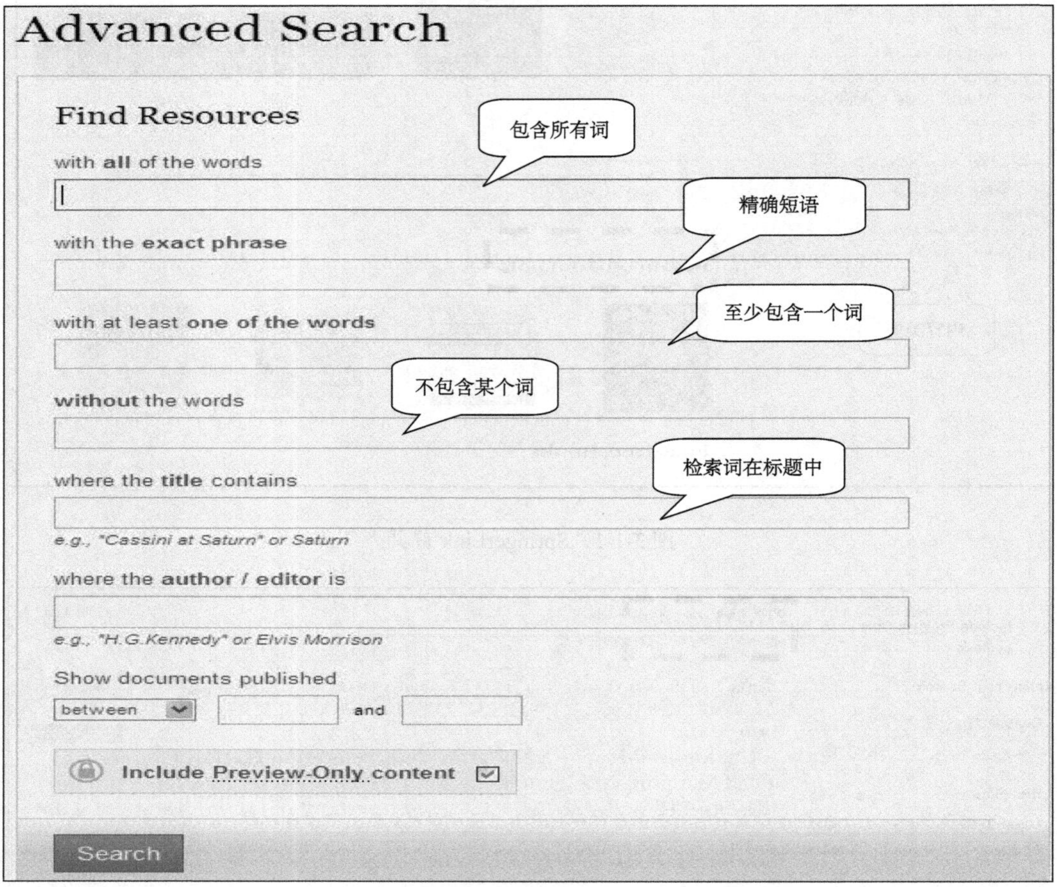

图 3-1-4　高级检索页面

此外，无论是浏览结果页面还是检索结果页面，在检索结果页面都有一个检索框，可以开启一个新的检索（在所有内容之内检索），或针对浏览或检索结果进行二次检索（在检索结果之内检索）。

3.1.3　检索结果处理

在基本检索框中输入检索词“green building”，得到的检索结果如图 3-1-5 所示。页面的左侧是对检索结果的分类，右侧上方对检索结果可以进行 RSS 订阅和下载。每条记录的下方有全文 PDF 下载和在线浏览链接。图 3-1-6 为 PDF 原文显示。

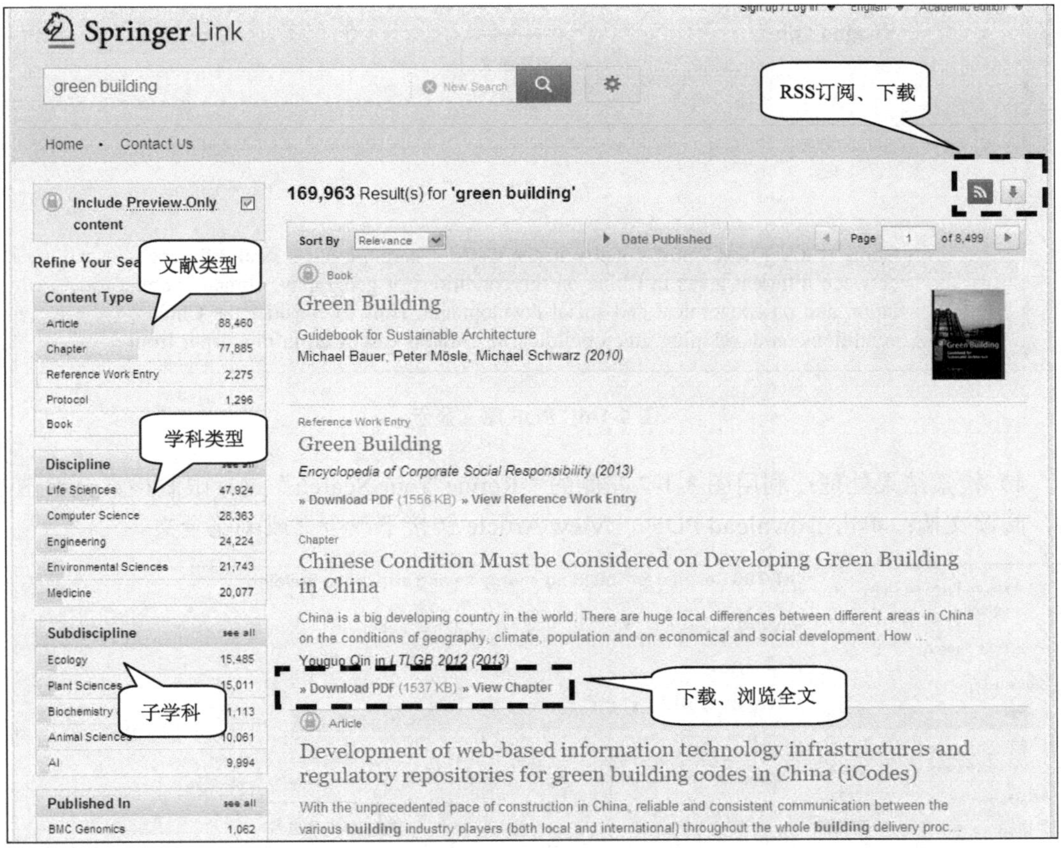

图 3-1-5　检索结果页面

3.1.4　检索实例

检索课题　建筑节能与绿色建筑技术的应用研究

1）分析课题，提取检索词。

建筑节能——building energy saving；绿色建筑——green building

2）利用检索技术，构造检索式。

building energy saving and green building

3）登录 SpringerLink 主页，选择一框式检索，输入检索式检索，得到检索结果 47706 条，如图 3-1-7 所示。

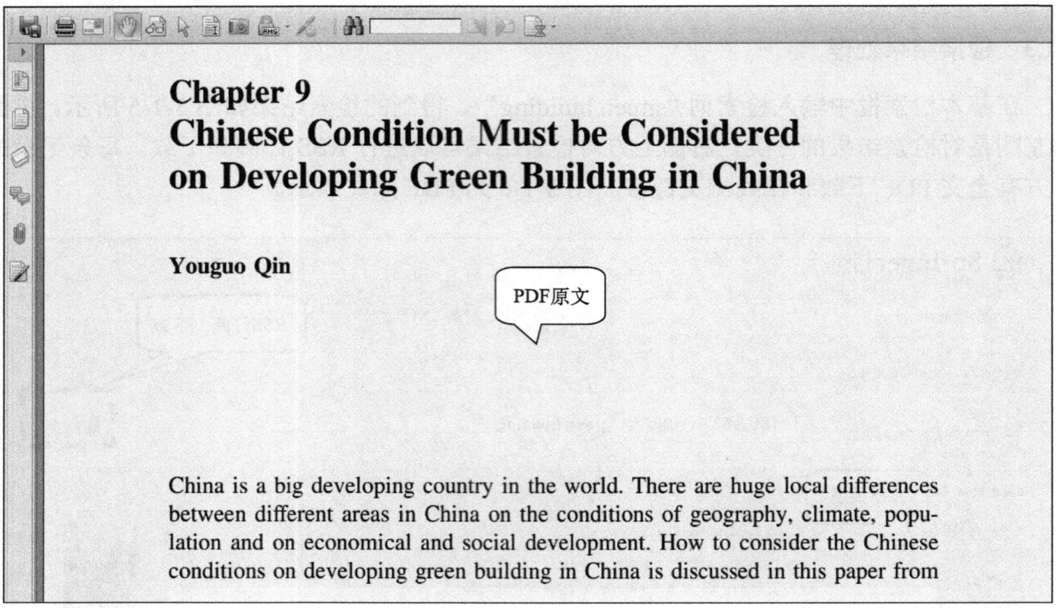

图 3-1-6　PDF 原文显示

4）检索结果处理：利用图 3-1-7 左侧的“Refine Your Search”进行限制检索。单击题名，阅读文摘；单击 Download PDF、 View Article 链接下载全文或浏览全文。

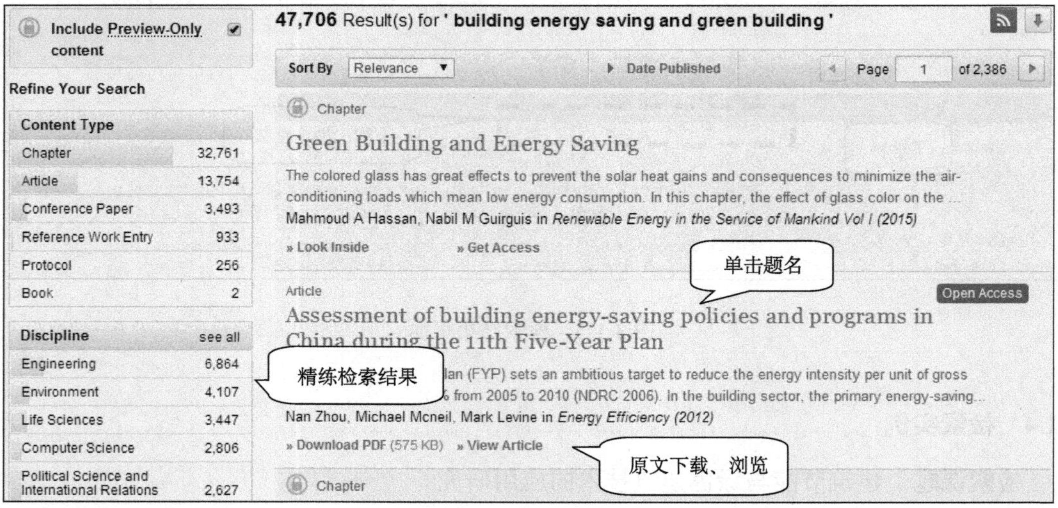

图 3-1-7　检索结果页面

3.2　EBSCO 期刊全文数据库

3.2.1　数据库简介

EBSCO 公司是专门经营纸质期刊、电子期刊发行和电子文献数据库出版发行业务的集团公司，是世界上收录学科比较齐全的全文期刊联机数据库。收录范围涉及自然科学、社会科学、人文和艺术科学等各类学科领域，其中有很多是 SCI、SSCI 的来源期刊，包含多个数据库，主要数据库如下。

学术期刊集成全文数据库（Academic Search Premier，ASP）：内容覆盖社会科学、人文科学、教育、计算机科学、工程技术、语言学、艺术与文化、医学、种族研究等 50 多个学科，4700 多种全文期刊，其中包括 3600 多种同行评价的学术期刊，是 EBSCOhost 的基础数据库。

商业资源集成全文数据库（Business Source Premier）是世界上最大的全文商业数据库，收录了 2630 种期刊的索引、文摘和 2080 种期刊全文，包括 SCI 收录的核心期刊 473 种。其中较著名的有《华尔街日报》(*The wall Street Journal*)、《每周商务》(*Business Week*)、《财富》(*Fortune*)、*American Banker*、*Forbes* 和 *The Economist* 等，涉及的主题有国际商务、经济学、经济管理、金融、会计、劳动人事、银行等。全文最早收录时间为 1990 年。

教育学全文数据库（Education Research Complete）是世界上最大和最完善的全文教育期刊数据库之一，涵盖了从儿童教育到更高层次教育的研究内容，以及一些专业领域，如多语教育、健康教育和考试。该数据库共收录了超过 1500 种期刊的目录和摘要，其中全文期刊超过 750 种（近 160 种全文期刊收录在 SSCI 及 A&HCI 中），还有超过 100 种书籍、专论，以及大量的全文会议论文。每周更新，部分期刊全文回溯至 1930 年。

MEDLINE：美国国家医学图书馆编辑出版的国际综合生物医学信息书目数据库，是当今世界上最大最权威的生物医学文献数据库，学科范围包括医学、护理、牙医、兽医、医疗信息、医疗制度、临床科学等。它收录了 1966 年以来世界上 70 多个国家和地区出版的 4800 种生物医学核心期刊文献，并以每年 50 多万条的记录递增。

Newspaper Source 提供美国及 45 个国家、国际报纸的完整全文，收录美国及 398 个地区报纸、电视和广播新闻稿的精选全文。

地区商业新闻（Regional Business News）提供了地区商业出版物的详尽全文收录，将美国所有城市和乡村地区的 75 种商业期刊、报纸和新闻专线合并在一起。

图书馆、信息科学与技术数据库（Library，Information Science & Technology Abstracts）是在信息科学领域内收录信息回溯时间最长、持续时间最长的数据库。该全球范围的书目数据库提供的内容涵盖了图书馆分类、编目、书目学、在线信息检索、信息管理等主题。通过 EBSCOhost 平台，LISTA 提供超过 600 份的期刊、图书、研究报告和会议录的索引，最早的记录回溯到 1960 年。

绿色环保文摘数据库（GreenFILE）提供人类对环境所产生的各方面影响的深入研究信息。其学术、政府及关系公众利益的标题包括全球变暖、绿色建筑、污染、可持续农业、再生能源、资源回收等。本数据库提供近 384000 条记录的索引与摘要，以及 4700 多条记录的开放存取全文。

教师参考中心（Teacher Reference Center）提供 280 多本最畅销的教师和管理员期刊的索引和摘要，旨在为职业教育者提供帮助。

此外，EBSCOhost 数据库还有“Environment Complete”“Garden，Landscape&Horticulture Index”“Food Science Source”“Waters&Oceans Worldwide”“Hospitality&Tourism Complete”等数据库。

通过图书馆主页 EBSCO 数据库链接进入图 3-2-1 的界面。选择“ASP&BSP 自然&社会学科全文数据库”，单击进入其检索页面。

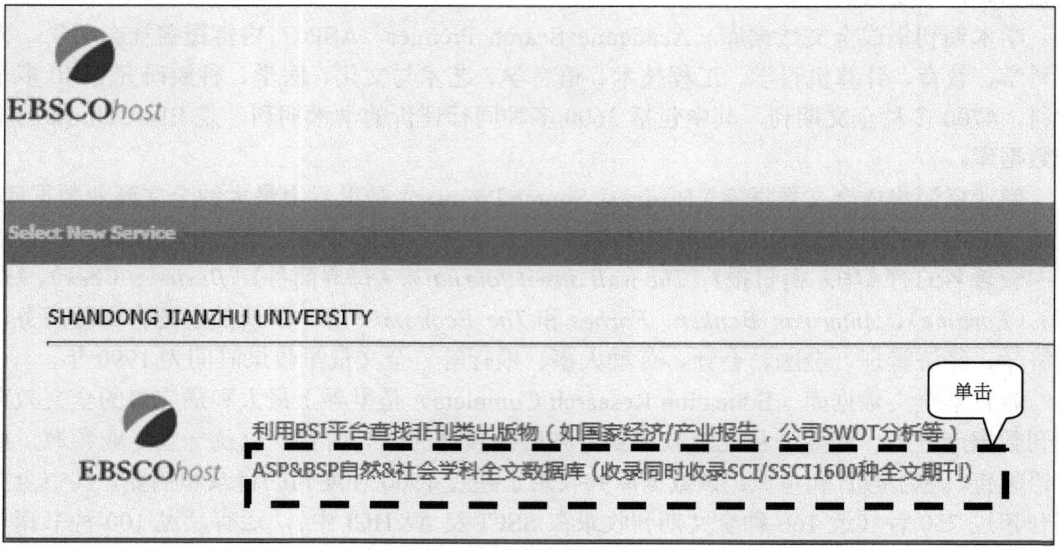

图 3-2-1 EBSCO 页面

3.2.2 数据库检索

EBSCO 提供基本检索（Basic Search）、高级检索（Advanced Search）方式，还提供主题词检索、出版物检索、图像检索三种辅助检索方式。

1. 基本检索

基本检索即一框式检索，输入检索词或检索式，单击“检索”按钮即可，如图 3-2-2 所示。

图 3-2-2 EBSCO 的基本检索页面

2. 高级检索

高级检索是多条件组合检索，提供更多的检索限制、更精确的检索结果，如图 3-2-3 所示。检索时，输入检索词，选择检索字段，选择限定选项，单击“搜索”按钮，即可返回检索结果。

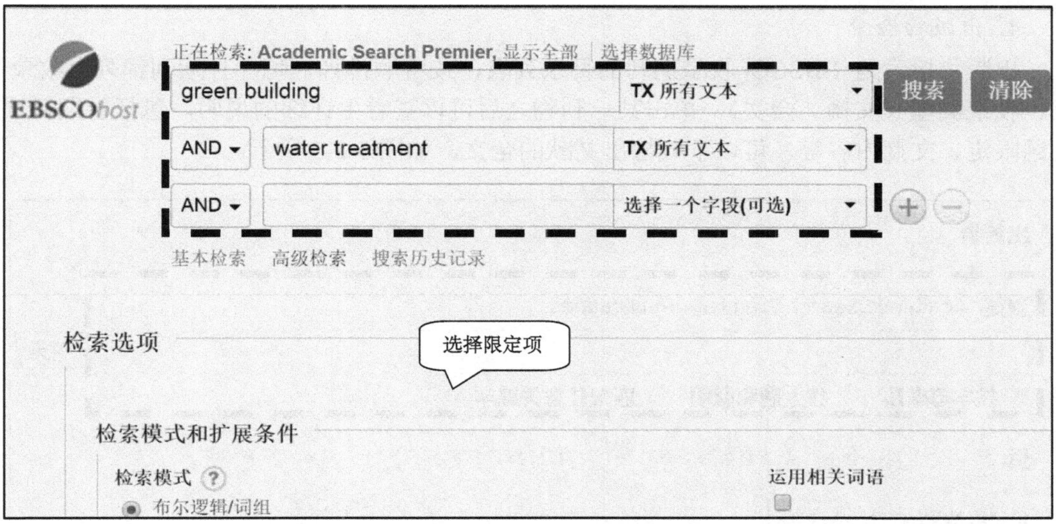

图 3-2-3　EBSCO 高级检索页面

3. 主题词检索

主题词检索通过 EBSCO 自建的 Subject 词表来检索，提供分类的结果供进一步浏览，如图 3-2-4 所示。检索时先查找主题词，勾选需要的正式主题词，选择逻辑运算符，单击“添加”按钮把选定的主题词添加到检索框中检索。

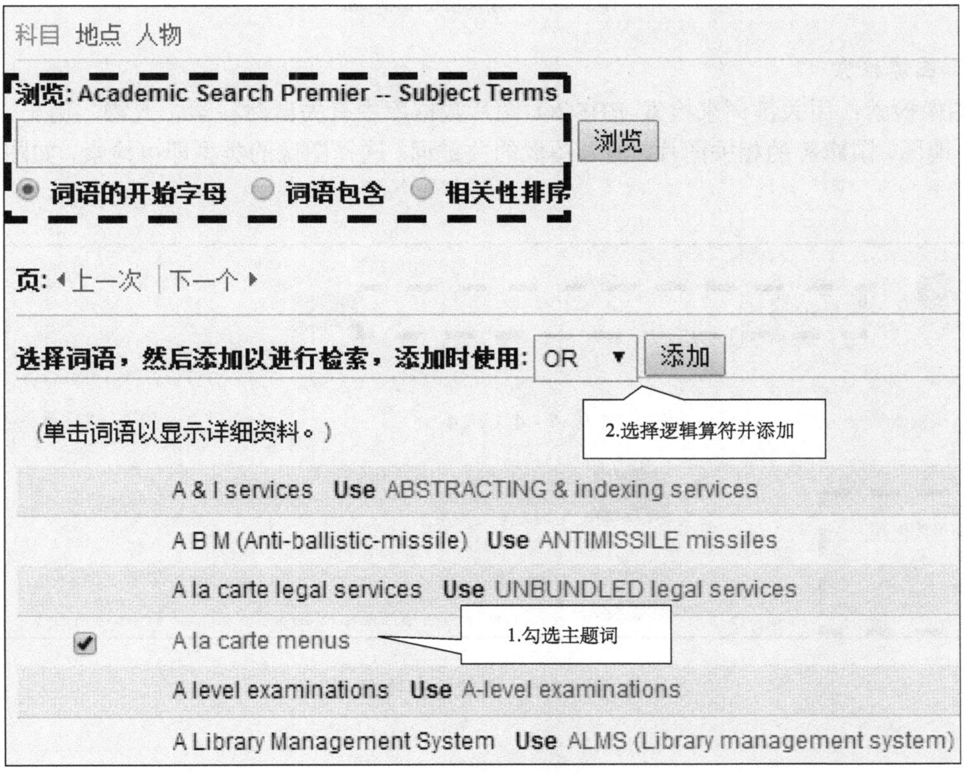

图 3-2-4　主题词检索页面

4. 出版物检索

出版物检索是 EBSCO 收录期刊的目录列表，按字顺排列，每一种期刊都列出收录年代、收录类型（文摘 / 全文），单击某一刊物之后可以查看更详细的说明，包括卷期目次、主题限定、文摘内容等，可以下载检出文献的全文，如图 3-2-5 所示。

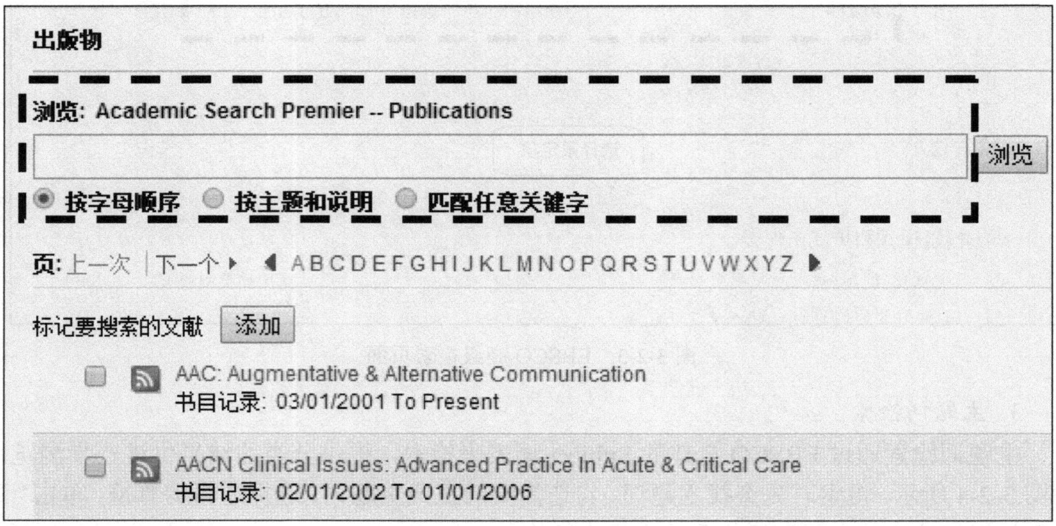

图 3-2-5　出版物检索页面

5. 图像检索

图像检索：用关键词来检索 EBSCO 图片数据库中有关自然科学、人物、历史、某个地点、地图、国旗等的相关图片，输入图像的关键词。选择图像的类型即可检索，如图 3-2-6 所示。

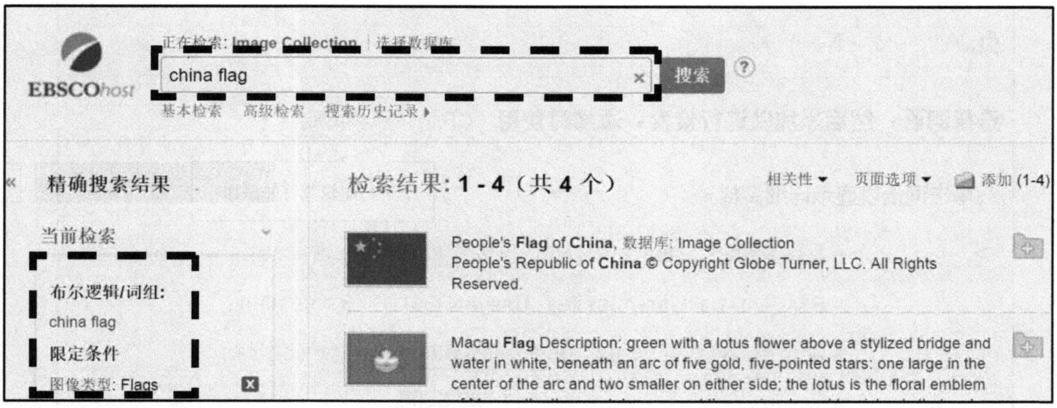

图 3-2-6　图像检索页面

3.2.3　检索结果处理

1. 检索结果的显示

在检索结果的题录显示页面，如图 3-2-7 所示，每条记录包含标题、作者、来源刊名、出版日期、卷期、起始页码、文章页数及文章中所包含的图表等相关信息。看到有“PDF 全文”图标时，说明这篇文章在其 EBSCO 数据库（指当前检索者拥有使用权的数据库）中有全文。

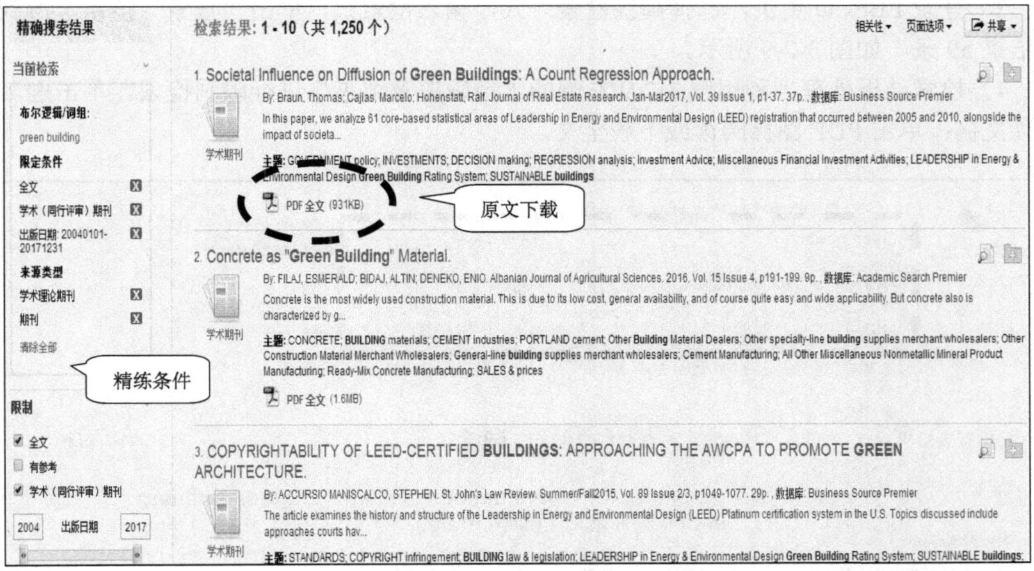

图 3-2-7　检索结果页面

2. 检索结果的输出

如果想实现记录的题录信息批量下载，可以在图 3-2-7 的页面单击所需记录后面的“添加文件夹”按钮，在页面的右侧显示“文件夹中有对象”，单击“文件夹视图”按钮，打开文件夹中的内容。可对存放在文件夹中的记录进行选择输出（打印 / 电子邮件 / 另存为文件 / 导出）的操作。此外，单击文章标题可进入文摘显示页面，如图 3-2-8 所示。

图 3-2-8　文摘显示页面

3.2.4　检索实例

检索课题　绿色建筑评价方法研究

1）分析课题，提取检索词。

绿色建筑——green building；评价方法——evaluation method

2）利用检索技术，构造检索式。

green building/TX and evaluation method/AB

3）登录 EBSCO 主页，选择高级检索方式，输入检索式，单击“搜索”按钮，得到检索结果 59 条，如图 3-2-9 所示。

4）检索结果处理：利用图 3-2-9 左侧的“精确搜索结果”进行限制检索。单击题名，阅读文摘；单击 PDF 图标阅读或下载全文。

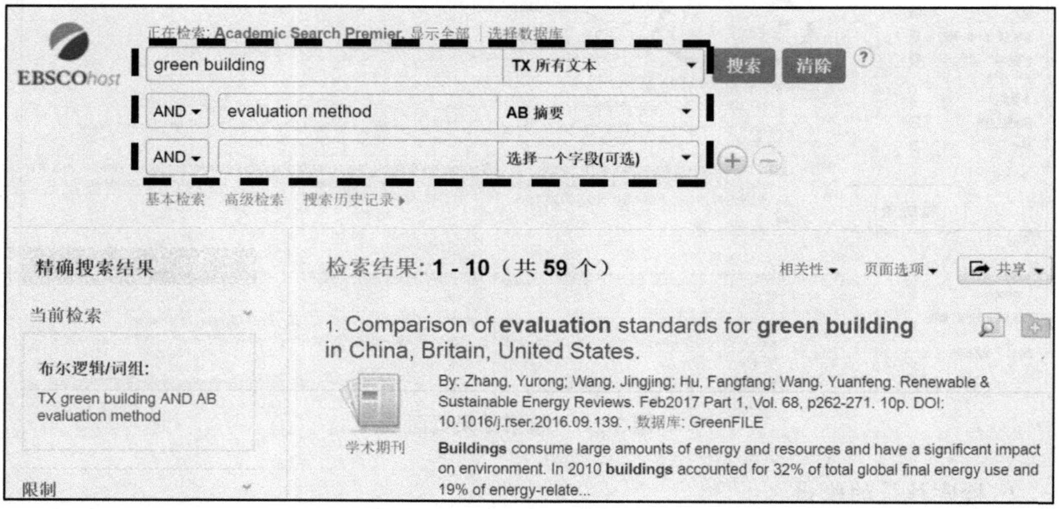

图 3-2-9　检索结果页面

3.3　ScienceDirect 期刊全文数据库

3.3.1　数据库简介

荷兰 Elsevier Science 公司是世界著名的电子出版商，所出版的期刊是国际公认的高水平的学术期刊，大多数都被 SCI、EI 所收录，属国际核心期刊。ScienceDirect（SDOS）是最全面的全文文献数据库，涵盖了 Elsevier Science 公司出版的所有期刊，收录 Elsevier Science 出版集团所属的各出版社出版的期刊 2500 种，共 900 多万篇文献。该数据库涵盖了农学和生物学、工程技术、材料科学、免疫学和微生物学、物理学和天文学、数学、化学和化学工程、毒理学和制药学、基因学和分子生物学、计算机科学、医学、地球和行星学、经济学、能源学、神经学、心理学、社会科学等各个学科。

3.3.2　数据库检索

通过校园网进入已购买资源的图书馆主页，查找相应的链接。也可以通过 http://www.sciencedirect.com 进入数据库网站免费检索题录。

该数据库提供快速检索、高级检索和专家检索三种检索方式，浏览检索为图书或期刊题名浏览。

数据库首页上方导航条包含以下按钮：①Journals-进入期刊浏览界面，如图 3-3-1 所示；②Books-进入图书浏览界面；③Register-注册个人账户；④Sign in-登录。

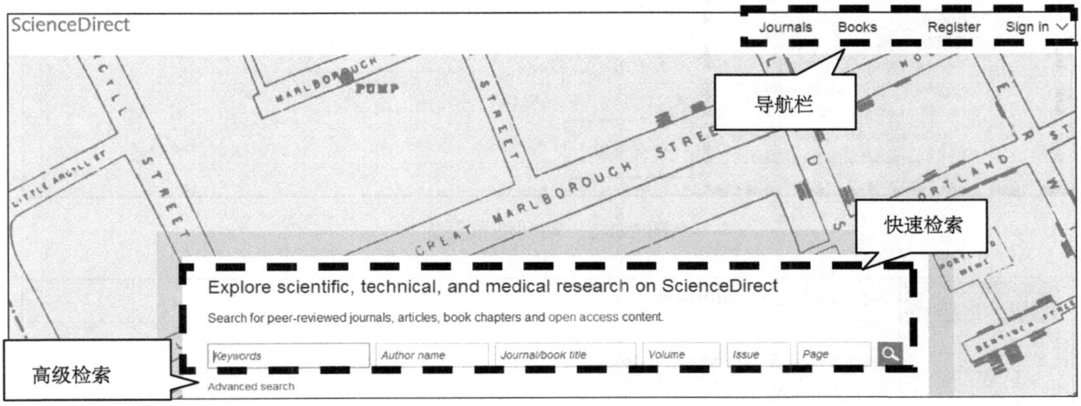

图 3-3-1　ScienceDirect 全文电子期刊数据库首页

通过注册个人账户，登录后可启用 My Settings（我的配置文件）和 Alerts 最新资料提醒等个性化服务。

My Settings 提供以下个性化功能：添加或删除我喜爱的期刊或图书系列、添加或删除提示信息（Alerts）链接、修改个人信息和首选项、改变密码、ScienceDirect 电子连续出版物馆藏报告。

Alerts 最新资料提醒包括以下三种：①Search Alerts（检索提示），当 ScienceDirect 上有满足检索条件的新文章出现时，用户将会得到电子邮件提示服务；②Volume/Issue Alerts（期刊新卷册提示），当某期刊或图书系列的新卷册出版时，用户会得到电子邮件提示服务；③Citation Alerts（引文提示），当被关注的文章被 ScienceDirect 中最新文献所引用时，用户会得到电子邮件提示服务。

用户可以通过浏览和检索两种途径获取论文。

1. 浏览

系统提供了两种浏览期刊的途径：按字顺浏览、按分类浏览。单击首页导航条中的 Journals 按钮进入期刊浏览页面：单击蓝色链接的字母就会出现按刊名字顺排列的期刊列表，如图 3-3-2 所示；页面左边为分类浏览，Elsevier 期刊共分为 4 大类（自然科学与工程、生命科学、卫生科学、人文和社会科学），24 个小类。依照大类/小类级阶式顺序单击，逐级展开浏览期刊，可看到相应类别下的期刊列表。单击刊名链接进入该期刊所有卷期列表，进而逐期浏览，如图 3-3-3 所示。

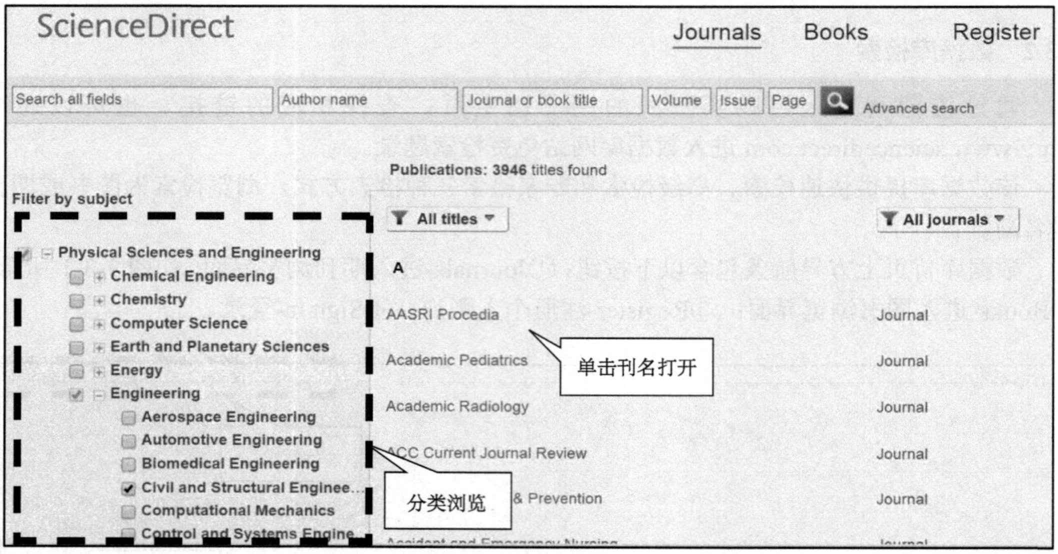

图 3-3-2　期刊浏览页面

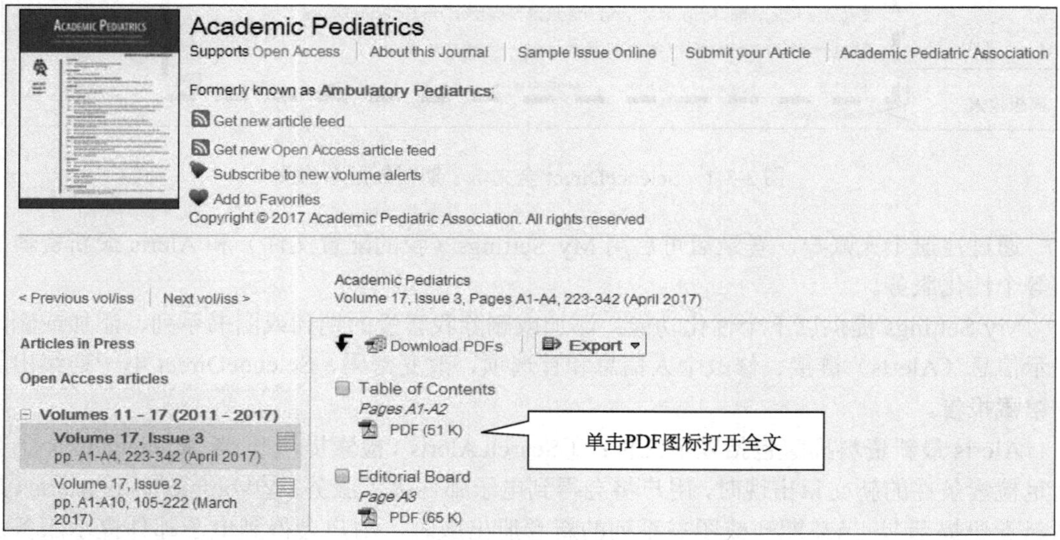

图 3-3-3　期刊收录文献页面

2. 检索

（1）快速检索

快速检索即简单检索，是为不熟悉该数据库的用户设置的一种检索方式，只设置了主题、作者、刊/书名、卷期页等检索途径，如图 3-3-4 所示。

图 3-3-4　快速检索页面

（2）高级检索

单击快速检索框右侧的 Advanced Search 按钮，进入高级检索界面。如前所述，Elsevier 有不同类型的资源，每种资源的检索界面不尽相同。默认的是 All Sources（所有资源）的 Advanced 检索界面，如图 3-3-5 所示。

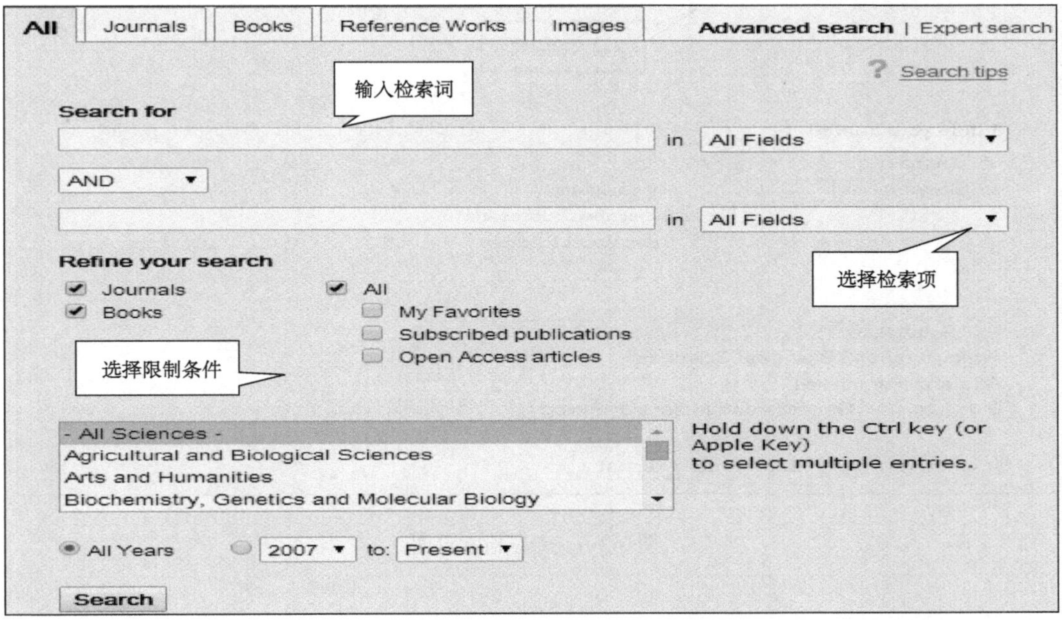

图 3-3-5　高级检索页面

检索步骤如下。

①输入检索词：在检索框中输入检索词，可以是词、短语，也可输入一个逻辑表达式。

②选择检索字段：系统提供 Abstract / Title（主题）/ Keywords、Authors（作者）、Specific Author（某一具体作者）、Source Title（来源标题）、Title（论文标题）、Keywords（关键词）、Abstract（摘要）、References（参考文献）、ISSN、ISBN、Affiliation（作者单位）11 个字段。

③选择资源类型：在所有资源检索界面，系统提供在 Journals 和 Books 资源中检索，同时用户可以在 All 下面选择 Subscribed Publications、My Favorite Sources、Open Access Articles 资源类型。

④选择学科（All Sciences）和时间（All Years）。

（3）专家检索

单击图 3-3-5 页面右上方的 Expert search 链接，打开专家检索界面，如图 3-3-6 所示，没有下拉菜单式的字段选择，需要输入字段名来指定检索途径，需要用户根据检索要求建立一个完整的检索表达式，这就要求用户熟悉该数据库的逻辑算符、位置算符、通配符等检索算符的使用规则。

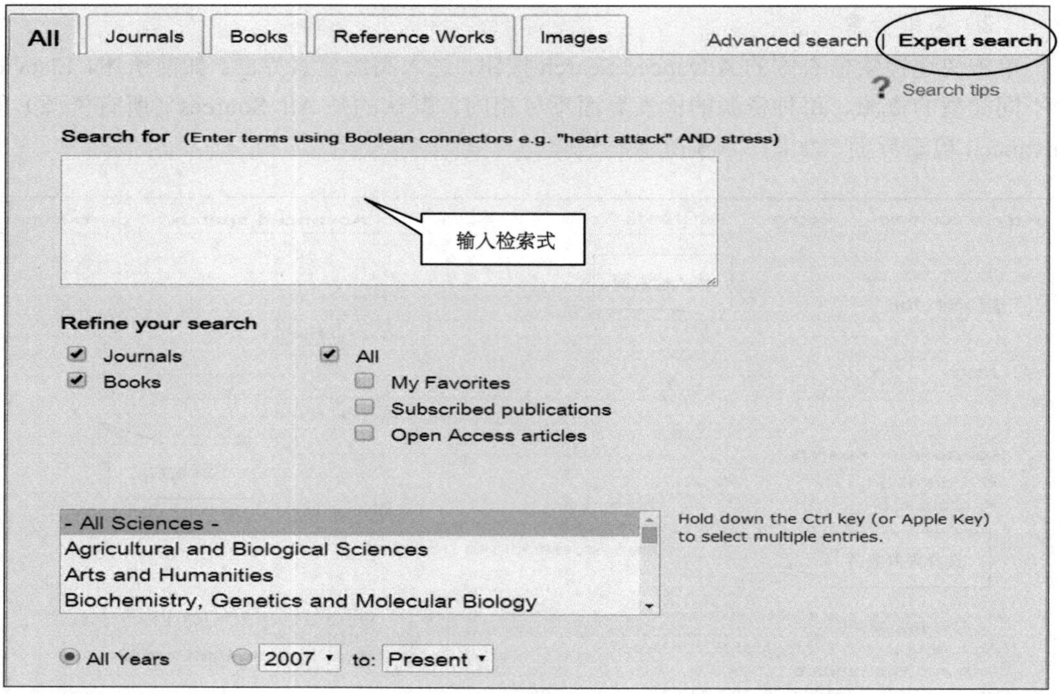

图 3-3-6　专家检索页面

3.3.3　检索结果处理

结果显示页面显示的是按时间排序（默认）的记录列表，如图 3-3-7 所示，每条记录只有标题、刊物信息、作者等项；每条记录下方一般有 Abstract、Research Highlights、PDF 等链接，单击则显示相应格式的文献记录：摘要、研究热点、PDF 格式全文。

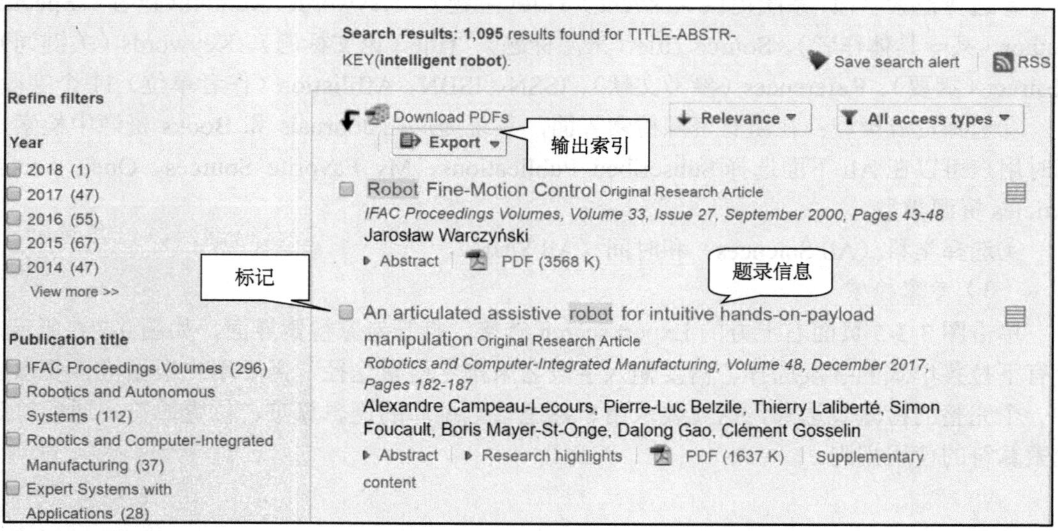

图 3-3-7　检索结果显示页面

对需要保存的记录可以标记，然后单击 Export 按钮即可输出。单击 Export 按钮会弹出一个对话框，提示需要选择输出的记录、输出的格式（RIS/Bib TeX/Text），选择 Text 格式后书目信息将会在浏览器中显示，存盘或打印也只要在浏览器的文件菜单下选择即可。需要注意的是，在该页面输出的文献记录没有全文。若要输出全文，需打开每条记录的全文格式显示页面，如图 3-3-8 所示，再作存盘、打印等处理。

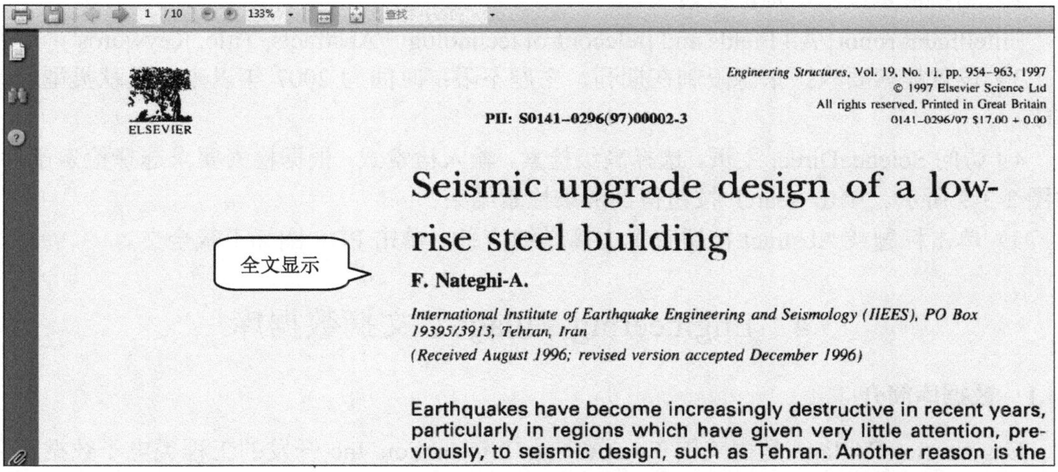

图 3-3-8　检索结果的全文显示

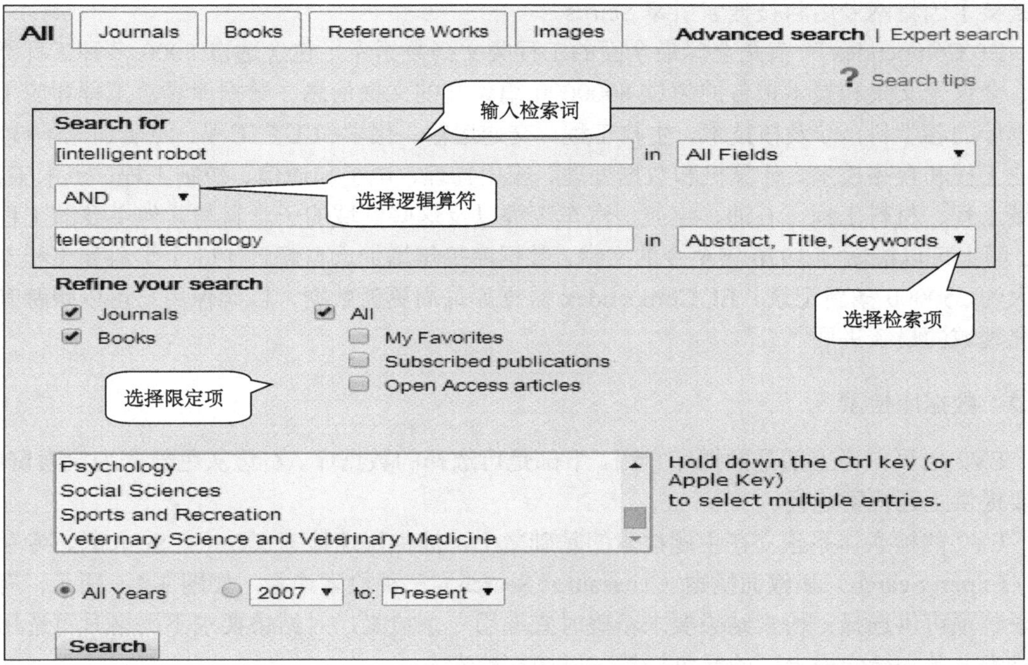

图 3-3-9　高级检索页面

3.3.4 检索实例

检索课题 智能机器人遥控技术研究

1）分析课题，提取检索词。

智能机器人——intelligent robot；遥控技术——telecontrol technology

2）利用检索技术，构造检索式。

[intelligent robot]/All Fields and [telecontrol technology]/Abstracts, Title, Keywords

3）设置检索要求：来源限制在期刊，主题不限；时间为 2007 年以来；文献类型选择 All。

4）访问 ScienceDirect 主页，选择高级检索，输入检索式，根据检索要求选择检索条件，如图 3-3-9 所示。单击 Search 按钮得到两条检索结果。

5）单击标题或 Abstract 按钮查看文摘详细信息，单击 PDF 图标下载全文。

3.4 Engineering Village 2 文摘数据库

3.4.1 数据库简介

Engineering Village 是由美国 Engineering Information Inc 开发的工程类电子数据库，Engineering Village 2（简称 EV2）是其第二版。EV2 在原有工程索引数据库（EI Compendex）的基础上，增加了美国专利数据库（USPTO Patents）、欧洲专利数据库（esp@cenet）等，又链接了因特网专用科技搜索引擎 Scirus。

EI Compendex 一直是全球最全面的工程类文摘数据库，包含选自 5000 多种工程类期刊、会议论文集和技术报告的超过 8000000 篇论文的文摘信息。数据库涵盖工程和应用科学领域的各学科，涉及核技术、生物工程、交通运输、化学和工艺工程、照明和光学技术、农业工程和食品技术、计算机和数据处理、应用物理、电子和通信、控制工程、土木工程、机械工程、材料工程、石油、宇航、汽车工程以及这些领域的子学科与其他主要的工程领域。网上可以检索到 1970 年至今的文献，数据库每年增加选自超过 175 个学科和工程专业的大约 250000 条新记录。EI Compendex 数据库每周更新数据，以确保用户可以跟踪其所研究领域的最新进展。

3.4.2 数据库检索

EV2 主页左栏上部是数据库介绍，下部是可选择的数据库。右边灰色部分为检索窗口，主要提供主题检索途径。

EV2 的检索体系建立在主题检索的基础之上，提供快速检索（Quick Search）、专家检索（Expert Search）和叙词检索（Thesaurus Search）三种检索途径，如图 3-4-1 所示，有多种限制项可供选择；检索结果要求精确时宜选用专家检索，对结果要求不严格时可选用叙词检索。单击检索框上面的绿色标签可以切换检索方式。

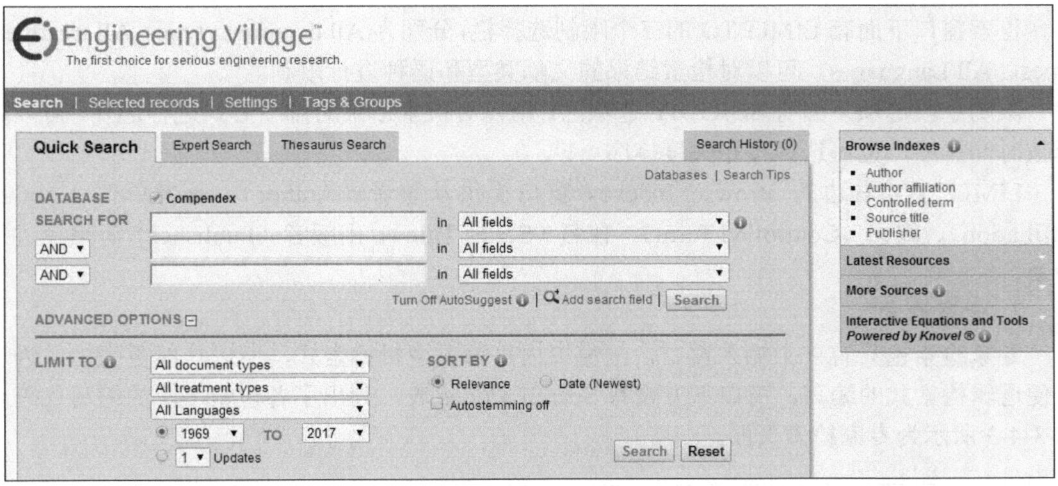

图 3-4-1　EV2 主页

1. 快速检索

快速检索页面 SEARCH FOR 提供了 3 个主题词输入窗口，后两个检索词左边提供了逻辑算符 AND、OR 和 NOT；每个主题词右边的下拉菜单提供了检索词的限制字段，如图 3-4-2 所示。

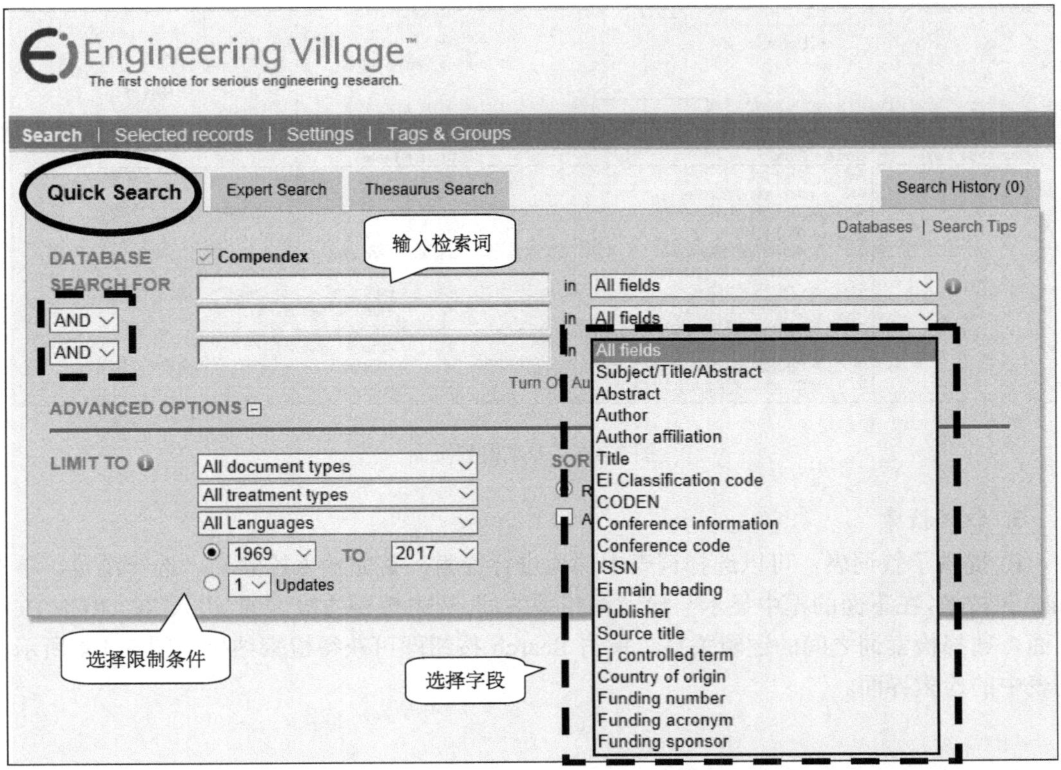

图 3-4-2　快速检索的逻辑算符和限制项

检索窗口下面有 LIMIT TO 的三个限制选择栏，分别为 All document types、All treatment types、All Languages，可以对检索结果的文献类型和语种进行限制。

限制字段选项下面有 SORT BY 选项区，用以对检索结果的排序方式进行选择，可以选择按时间排序，也可选择按相关度排序。

LIMIT TO 右边的 Browse Indexes 窗口提供从著者（Author）、著者单位（Author Affiliation）、叙词（Controlled Term）、刊名（Series Title）、出版者（Publisher）等途径进行检索。

2. 专家检索

专家检索也只有一个输入窗口，但窗口内可输入逻辑检索式，所以功能更强大。为了方便逻辑检索式的编写，窗口下方设有 Search Codes 表，列出了各检索字段的缩写代码，图 3-4-3 所示为专家检索页面。

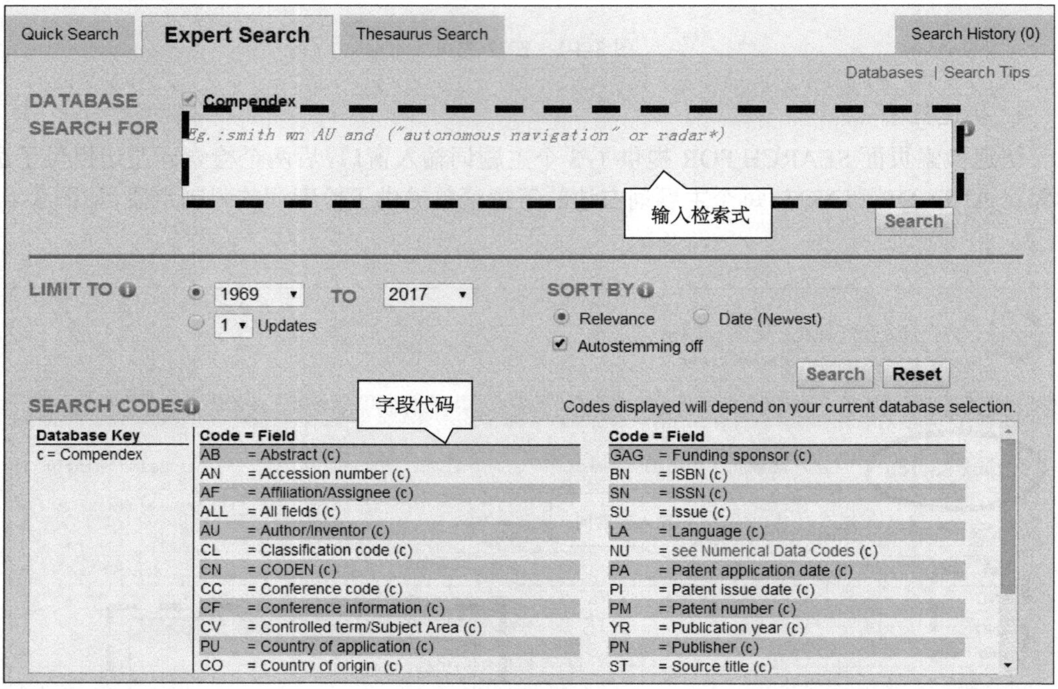

图 3-4-3　专家检索页面

3. 叙词检索

EI 提供了叙词表，可以选择词表中的词进行检索，首先输入检索词，选择浏览，单击 Submit 按钮，在下面的框中显示与检索词相关的词，选中想要的检索词，进入 SEARCH BOX 页面，选择检索词之间的逻辑关系，单击 Search 按钮即可获得检索结果，图 3-4-4 所示为词表中的检索界面。

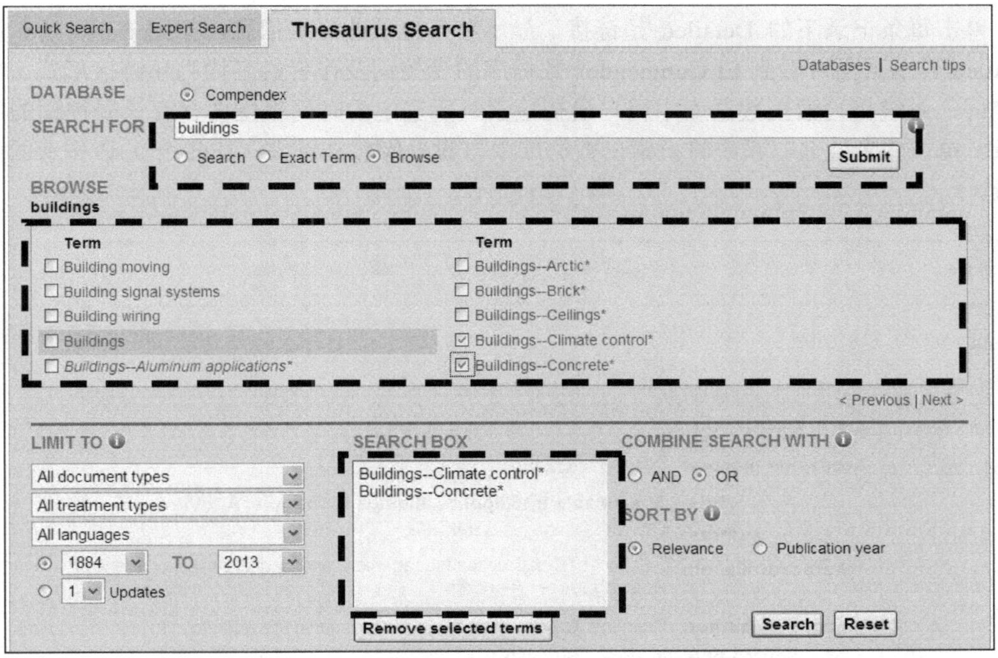

图 3-4-4　叙词检索页面

3.4.3　检索结果处理

1. 显示检索结果

检索结果首先以列表的形式显示（每条记录以 Citation 的形式显示）。每个页面上可显示 25 或 50 或 100 条记录，在检索结果页面中，系统显示了本次检索的检索策略和命中记录数，如图 3-4-5 所示。在页面左侧 Refine results 窗格可以对检索结果进一步筛选和精练，检索结果的上方链接有 E-mail、Print、Download 等方式，可对结果进行处理。

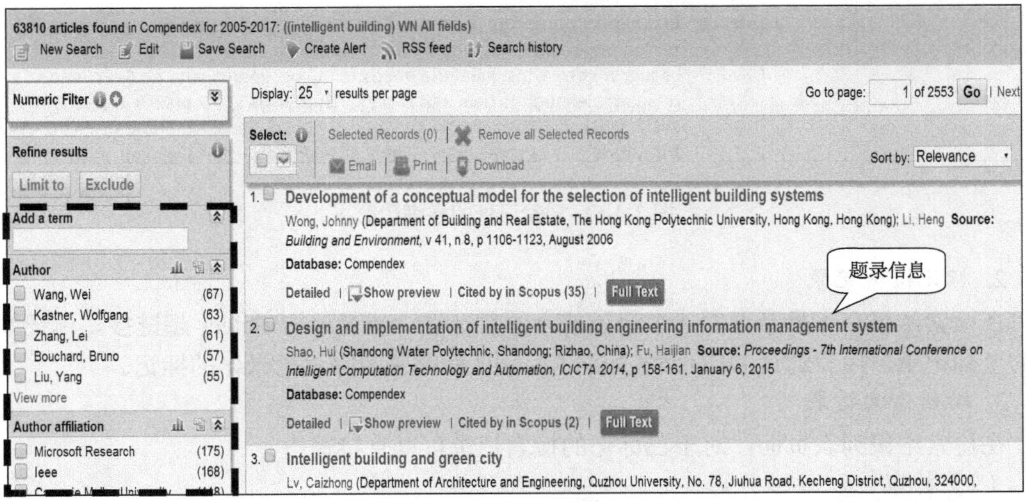

图 3-4-5　检索结果显示页面

单击每条记录下的 Detailed 超链接，显示单条记录的详细信息，如图 3-4-6 所示；在 Detailed 显示页面可看到 EI Compendex 数据库的受控词及作者姓名均为超链接形式。单击受控词，系统将检索出数据库中用户最初检索时所选定的时间范围内含有该受控词的所有记录。单击作者姓名，系统将检索出数据库中自数据库建立以来（1969 年）该作者的所有记录。

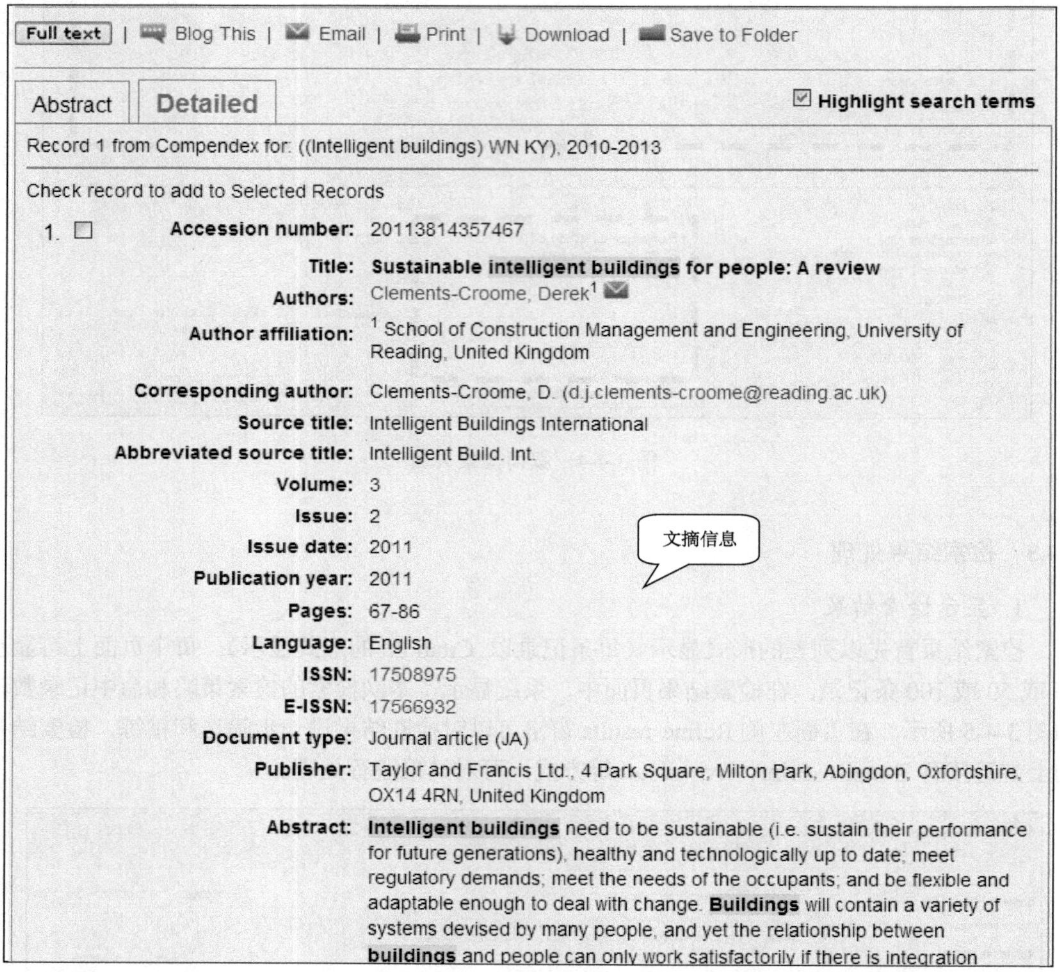

图 3-4-6　文献记录的详细信息

2. 标记检索记录

在检索结果列表显示页面选中记录前方的复选框，或者单击 Select 超链接，标记本页中的全部记录。用户通过 Delete Selected Records 命令来清除对记录作的标记。

3. 输出检索结果

在检索结果列表页面，对于已标记的检索记录可以直接输出。

（1）打印

单击界面工具栏中的 Print 图标可以打印检索结果。

（2）存盘

利用界面工具栏中的 Download 图标可以将选定的记录以 RIS 格式或 ASCH 格式下载。

（3）E-mail

利用界面工具栏中的电子邮件图标可以将其检索结果用电子邮件发送给自己或他人。

（4）保存选定的记录到个人文件夹

如果用户已经申请了个人账户，就可以单击 Save to Folder 按钮创建一个文件夹保存用户的检索结果。

（5）检索策略的保存和查看

开始一个检索时，Engineering Village 将跟踪用户在本次检索中所输入的检索式，为用户自动建立一个检索历史（Search History）记录，记录所进行的每一次检索。检索结束后，用户可以保存检索式和检索结果，否则退出系统（Log Out）后，本次检索的检索式和检索结果都将丢失。要保存检索策略需先登录个人账户，然后可以通过以下两种途径保存：

①在检索结果显示页面单击 Search results 右边的 Save Search 按钮即可。

②单击导航条右上方的 Search History 超链接进入检索历史页面，默认设置为显示最近三次检索，如果想查看前面的所有检索，单击 View Complete Search History（浏览全部的检索历史）项。单击检索式，则重新执行检索；单击检索式右侧的 Save 按钮可保存检索策略，已保存的会显示 Saved。

若想查看保存的检索式，执行 My Profile（我的配置文件）→View→Update Saved Search 命令可查看\调用\删除保存的检索式。

3.4.4 检索实例

检索课题 高层建筑防火与疏散设计研究

1）课题分析，提取检索词。

高层建筑——high-rise building；防火设计——fire protection design；疏散设计——evacuation design

2）利用检索技术，构造检索式。

high-rise building / Title and（fire protection design or evacuationdesign）/Abstracts, Title, Keywords

3）设置检索要求：来源限制在期刊；时间限制在 2005 年以来；文献类型选择期刊论文。

4）访问 Engineering Village 主页，选择高级检索，输入检索式，根据检索要求选择检索条件，如图 3-4-7 所示。单击 Search 按钮，得到 54 条检索结果。

5）单击标题或 Detailed 超链接查看文摘详细信息，单击 Full Text 超链接可下载全文。

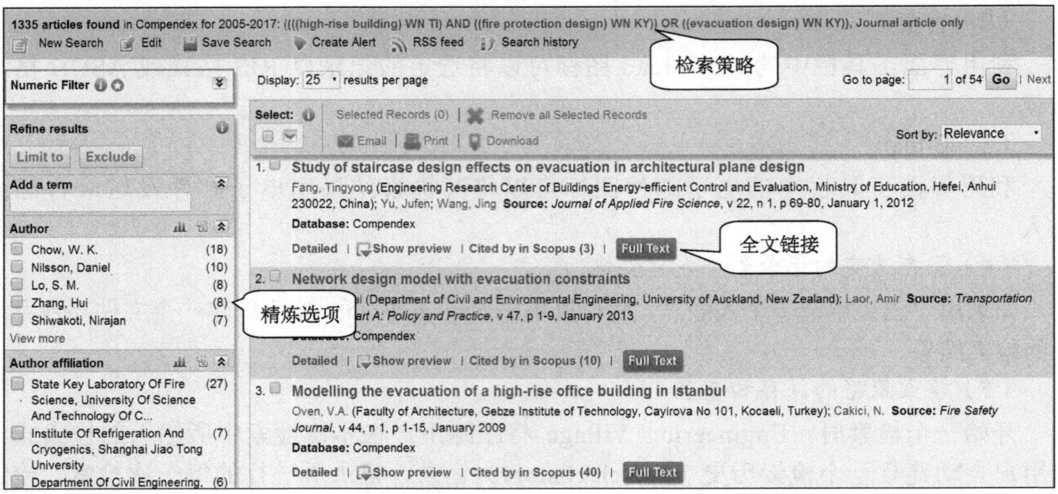

图 3-4-7　快速检索页面

3.5　Web of Science 数据库

3.5.1　数据库简介

1. Web of Science 检索平台

Web of Science 是 Thomson Scientific 公司开发的一个基于 Web 而构建的全球一流的整合学术研究平台，于 2016 年 10 月被 Clarivate Analytics 公司收购。通过这个平台用户可以检索关于自然科学、社会科学、艺术与人文科学的文献信息，包括国际期刊、免费开放资源、图书、专利、会议录、网络资源等，其强大的检索技术和基于内容的连接能力，将高质量的信息资源、独特的信息分析工具和专业的信息管理软件无缝地整合在一起，兼具知识的检索、提取、分析、评价、管理与发表等多项功能，是加速科学发现与创新的进程中不可或缺的科研利器。Web of Science 为世界 100 多个国家、地区和主要基金组织提供科研绩效评估和决策支持，是世界上许多国家制定科技决策和定量评估科研产出和影响力的重要数据源。

2. Web of Science 核心集合数据库

以 Web of Science 作为检索平台的 Web of Science 核心集合数据库是美国科学情报研究所（Institute for Scientific Information，ISI）基于 Web 开发的大型网络数据库，包括三大引文数据库（SCI、SSCI 和 A&HCl）和两个会议录文献引文数据库（CPCI-S、CPCI-SSH）以及两个化学数据库（CCR、IC）。

①SCI（Science Citation Index Expanded），即《科学引文索引》，是自然科学领域基础理论学科方面的重要的期刊文摘索引数据库。它创建于 1961 年，收录全球自然科学、工程技术等领域内 8500 多种核心期刊的内容。其独特的引文索引有效地揭示了科学研究之间的内在联系，协助研究人员深入了解科学研究课题的过去、现在与将来，同时揭示了各种不同学科、不同研究领域的交叉与互动，从而为科学研究的立项、规划、发展与深入提供了

最有价值的信息资源。

利用 SCI 通过对论文的被引频次等的统计，对学术期刊和科研成果进行多方面的评价研究，可以从一定层面上较客观地评判一个国家（地区）、某单位或个人的科研产出绩效，反映其在国际上的学术水平。由于所收录的文献质量高且检索功能强大而健全，与 ISTP（CPCI-S）、EI 一起被我国许多高校、科研机构作为学术水平评价系统之一，受到极大的重视。

②ISTP（Index to Scientific & Technical Proceedings），即《科学技术会议录索引》，创刊于 1978 年，由美国科学情报研究所编制，主要收录国际上著名的科技会议文献。它所收录的数据包括农业、环境科学、生物化学、分子生物学、生物技术、医学、工程、计算机科学、化学、物理学等学科。CPCI-S（Conference Proceedings Citation Index - Science）是 ISTP 的网络版。

③ISSHP（Index to Social Sciences & Humanities Proceedings），即《社会科学和人文会议录索引》，创刊于 1979 年，涵盖了社会科学、艺术与人文科学领域的会议文献。这些学科包括哲学、心理学、社会学、经济学、管理学、艺术、文学、历史学、公共卫生等领域。CPCI-SSH（Conference Proceedings Citation Index - Social Sciences & Humanities）是 ISSHP 的网络版。

④SSCI（Social Sciences Citation Index），即《社会科学引文索引》，创刊于 1969 年，收录从 1900 年至今的数据；是社会科学领域重要的期刊文摘索引数据库。它涵盖了 55 个社会科学学科的 3000 多种期刊索引。同时为从 3500 多种世界一流科技期刊中单独挑选的相关项目编制了索引。数据覆盖了历史学、政治学、法学、语言学、哲学、心理学、图书情报学、公共卫生等社会科学领域。

⑤A&HCI（Arts & Humanities Citation Index），即《艺术与人文科学引文索引》，创刊于 1976 年，收录从 1975 年至今的数据；是艺术与人文科学领域重要的期刊文摘索引数据库。它完整收录了 1700 多种世界一流的艺术和人文期刊，同时为从 6800 多种主要自然科学和社会科学期刊中单独挑选的相关项目编制了索引。数据覆盖了考古学、建筑学、艺术、文学、哲学、宗教、历史等社会科学领域。

⑥IC（Index Chemicus），包含国际一流期刊所报告的最新有机化合物的结构和关键支持数据。许多记录显示了从原始材料到最终产物的反应流程。Index Chemicus 是有关生物活性化合物和天然产物最新信息的重要来源。

⑦CCR（Current Chemical Reactions），包含从 39 个发行机构的一流期刊和专利摘录的全新单步和多步合成方法。每种方法都提供总体反应流程，以及每个反应的步骤详细、准确示意图。

3.5.2　数据库检索

用户通过认证后，即可进入 Web of Science 检索平台，首先可以进行界面语言的选择，单击页面右上角的按钮，根据需要选择适合自己的界面语言，如图 3-5-1 所示。

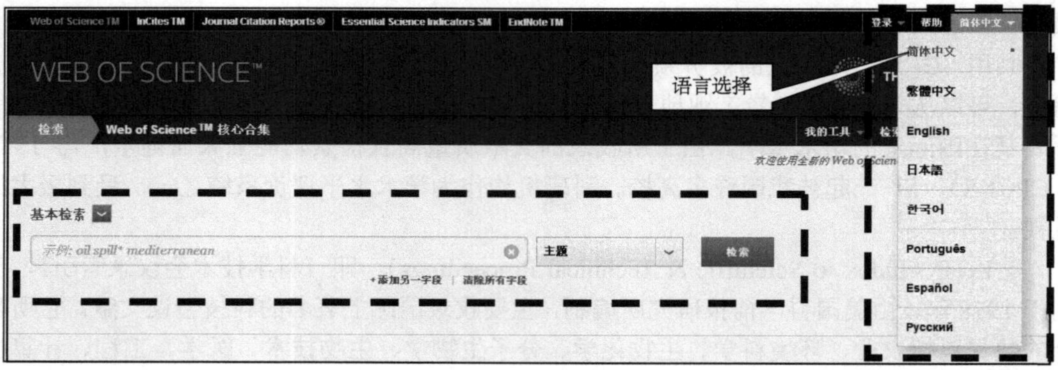

图 3-5-1　Web of Science 数据库主页语言选择

Web of Science 检索平台既可以单库检索，也可以跨库检索。单击“更多设置”按钮，用户单位订购的数据库会出现在页面的下半部分，用户可根据需要选中数据库前的复选框，如图 3-5-2 所示。

Web of Science 数据库为用户提供了四种检索方法：基本检索、作者检索、被引参考文献检索和高级检索。另外在化学数据库中提供了化学结构检索方式，但查看和绘制化学结构需要安装一个专门的插件。系统默认采用基本检索方式，选择“基本检索”下拉列表框中的相应选项可进行检索方式的转换，如图 3-5-2 所示。

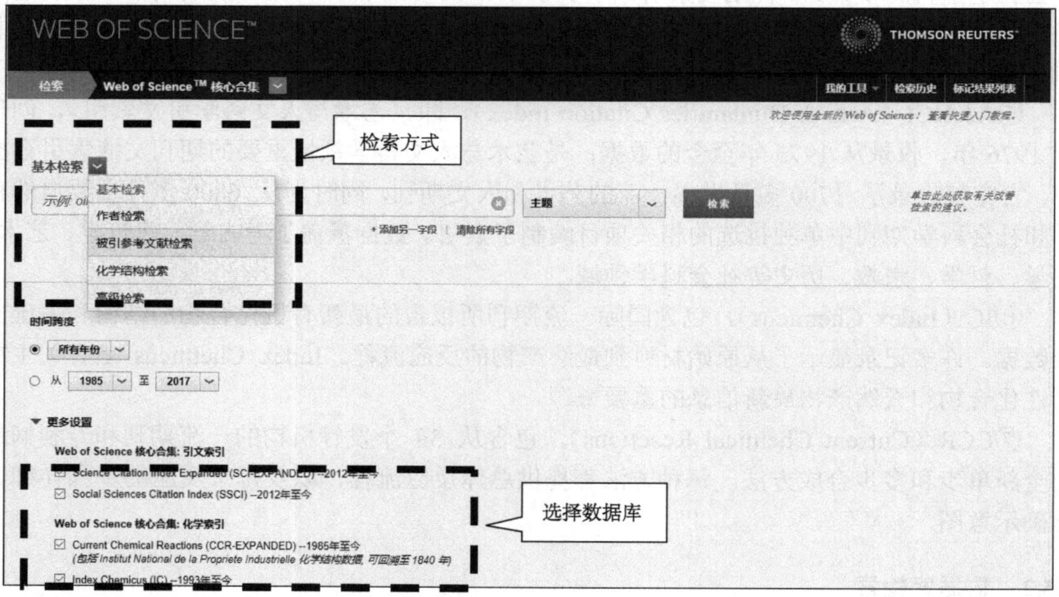

图 3-5-2　Web of Science 数据库选择及检索方式选择

1. 基本检索

在一个或多个检索框内输入检索词或检索表达式，单击字段右侧的下拉按钮以显示字段菜单，如图 3-5-3 所示，根据在检索框内输入的内容选择合适的字段。字段之间可用布尔逻辑字符 AND、OR、NOT 连接，系统默认连接为 AND。单击“添加另一字段”超链接可在“检索”页面中添加更多的检索框。

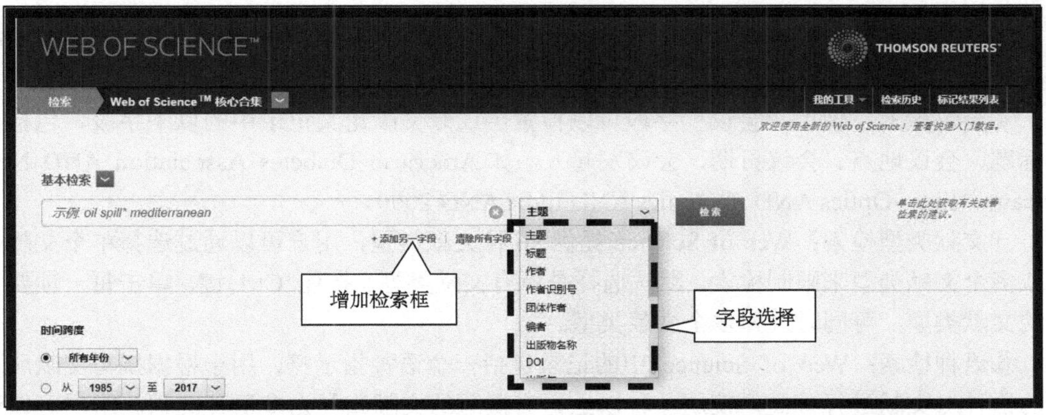

图 3-5-3　Web of Science 基本检索页面

（1）字段限定

基本检索提供主题、标题、作者、作者识别号、编者、团体作者、出版物名称、DOI、出版年、地址、机构扩展、会议、基金资助机构、授权号、入藏号、PubMed ID 等 16 个字段。

在进行字段限定时，需要特别注意以下几点。

①主题检索：输入主题词，检索记录命中以下字段：标题、摘要、作者关键字以及 Keywords Plus。

②作者检索：进行作者检索时，应当注意作者姓名的输入格式，首先输入姓氏，再输入空格和名字首字母（最多输入五个字母）。还可以只输入姓氏，不输入名字首字母。例如，输入 Driscoll C* 查找 Driscoll C、Driscoll CF、Driscoll CM、Driscoll CMH 等。

还可使用作者索引，如图 3-5-4 所示，使用作者索引可查找同一作者姓名的不同拼写形式，或根据研究领域或地址来区分作者。用户可以通过单击“作者”字段下方显示的“作者索引”链接来访问作者索引。

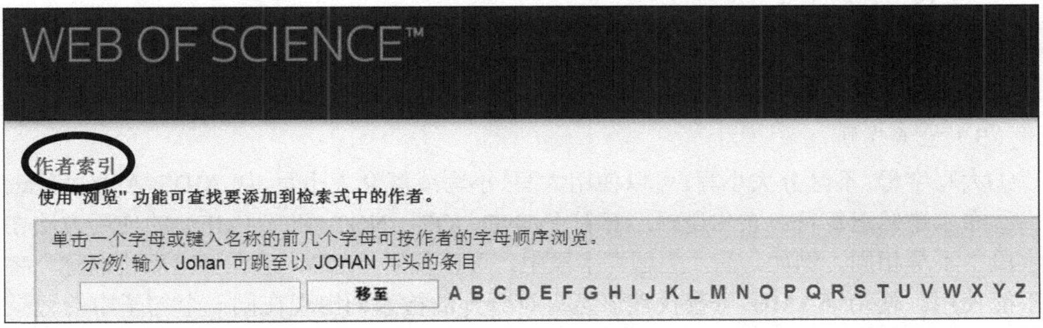

图 3-5-4　Web of Science 作者索引页面

③地址检索：在 Web of Science 中，常见地址检索词和许多机构名称都经过缩写。输入地址时可参见以下列表：地址缩写列表、美国各州及国家/地区缩写列表、公司和机构缩写列表。

Univ、Med 和 Phys 等常见地址缩写必须作为地址短语的一部分输入。例如，Penn State Univ 可以接受，但单独的 Univ 不可接受。

④会议检索：使用“会议”字段可以检索会议录文献论文记录中的以下字段，包括会议标题、会议地点、会议日期、会议发起人，如 American Diabetes Association AND New Orleans、Fiber Optics AND Photonics AND India AND 2000。

⑤文献类型检索：Web of Science 提供 36 种文献类型，用户可以通过选择单个文献类型或多个文献类型来限制检索。默认选择是所有文献类型。按住 Ctrl 键，单击每一项要选择的文献类型，可同时选择多个文献类型。

⑥语种检索：Web of Science 中的记录包括一个语种指示符，用于根据撰写文献所使用的语种对文献进行分类，使用一种以上语言撰写的文献归类为多语种文献。用户可以通过选择单语种或多语种来限制检索，默认选择所有语种。在 Windows 操作系统中，按住 Ctrl 键单击每一项需要的语种，可选择多语种检索。

（2）时间限定

选定一种检索方式之后，首先要对检索时间进行限定，如图 3-5-5 所示，按照文献的入库时间可以选择所有年份、最近 5 年、本年迄今、最近 4 周、最近 2 周、本周，还可以选择某个年份段（从…至…），系统默认检索时间为所有年份。

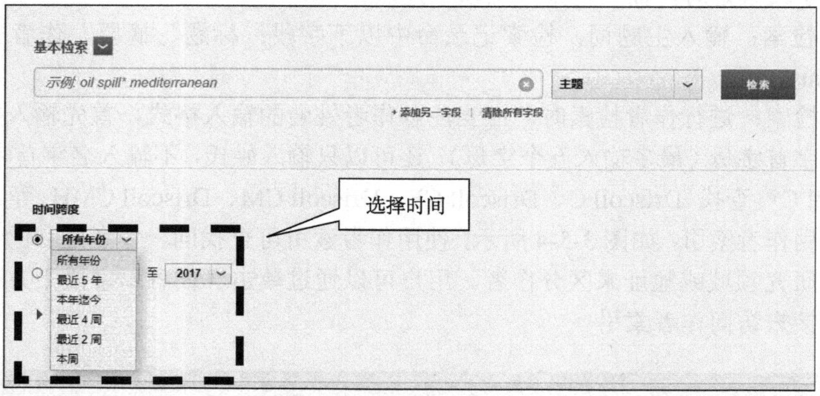

图 3-5-5　Web of Science 数据库检索时间限制页面

（3）检索规则

①大写字母：不区分大小写。可以使用大写、小写或混合大小写，如 AIDS、Aids 和 aids。

②布尔逻辑运算符：布尔逻辑运算符（AND、OR、NOT 和 SAME）的使用方法在每个字段中不尽相同。例如，在“主题”字段中，可以使用 AND，但在“出版物名称”字段中不能使用。使用 SAME 可查找被该运算符分开的检索词出现在同一个句子中的记录。句子是指文献题名、摘要中的句子或者单位地址。使用 SAME 运算符（而非 AND 运算符）是缩小检索范围的好方法。

③通配符：星号（*）表示任何字符组，包括空字符。截取出版物标题时，星号非常好用。例如，Cellular* 可查找 Cellular and Molecular Neurobiology 和 Cellular Signalling。

问号（?）表示任意一个字符。例如，Barthold? 可查找 Bartholdi 和 Bartholdy。

美元符号（$）表示零或一个字符。例如，flavo$r 可查找 flavor 和 flavour。

通配符可位于检索词的中间或结尾，但不能位于开头。例如，允许使用 sul*ur，但不允许使用 *ploid。

进行“主题”或“标题”检索时，星号、问号或美元符号之前必须至少有三个字符，否则检索会产生错误。

根据任何其他字段（“主题”和“标题”字段除外）检索时，星号、问号或美元符号之前必须至少有一个字符，否则检索会产生错误。

不能在特殊字符后面使用通配符，在出版年检索中也不能使用通配符。例如，可以使用 2007，但不能使用 200*。

④短语检索：若要精确查找短语，可以对短语加引号。例如，检索式 energy conservation 将检索包含精确短语 energy conservation 的记录。这仅适用于“主题”和“标题”检索。

如果输入以连字号、句号或逗号分隔的两个单词，则词语将视为精确短语。例如，检索词 waste-water 将查找包含精确短语 waste-water 或短语 waste water 的记录，而不会查找包含 water waste、waste in drinking water 或 water extracted from waste 的记录。

⑤括号( )：如果在检索式中使用不同的运算符，则会根据下面的优先顺序处理检索式，即 SAME>NOT>AND>OR。使用括号可以改变运算符优先级，括号内的表达式优先执行。例如，（Antibiotic OR Antiviral）AND（Alga* OR Seaweed）。

⑥禁用词：禁用词是指在 Web of Science 中出现频率高的某些词。不能在检索字段中单独输入禁用词进行查找，否则将返回零结果，如名词（LAB、MED、PHYS、RES、SCH、SCI、ST、UNIV 等）、冠词（如 a、an、the 等）、介词（如 of、in、for、through 等）、代词（如 it、their、his 等）和某些动词（如 do、put 等）。

2. 高级检索

高级检索只有一个检索框，用户可根据检索内容的需求，采用系统所规定的检索字段代码加等号加检索词并进行合理的逻辑组配检索，以实现既快又准的检索效果，如 TS=（epidem* AND West Nile virus）AND AU=Marra。

字段代码表在高级检索界面，如图 3-5-6 所示，系统提供主题、标题、作者、团体作者、编者、出版物名称等 26 种字段，在进行作者、团体作者、出版物名称检索时，可利用作者索引、团体作者索引、出版物名称索引导入所要检索的内容，使用方法同基本检索。

输入检索词后，进行检索时间限定以及文献语种和文献类型限定后，单击“检索”按钮即可。

检索历史位于图 3-5-6 检索页面下部，系统将自动保存每一次检索结果于检索历史中并顺序标号（如#1，#2，#3，…）。检索式按时间顺序倒序显示，即最近的检索式显示在表格顶部。可以对检索历史中的检索结果进行进一步的组配检索，以取得更准确的检索结果。组配检索可通过逻辑算符进行，如#1 AND #2 NOT #3。

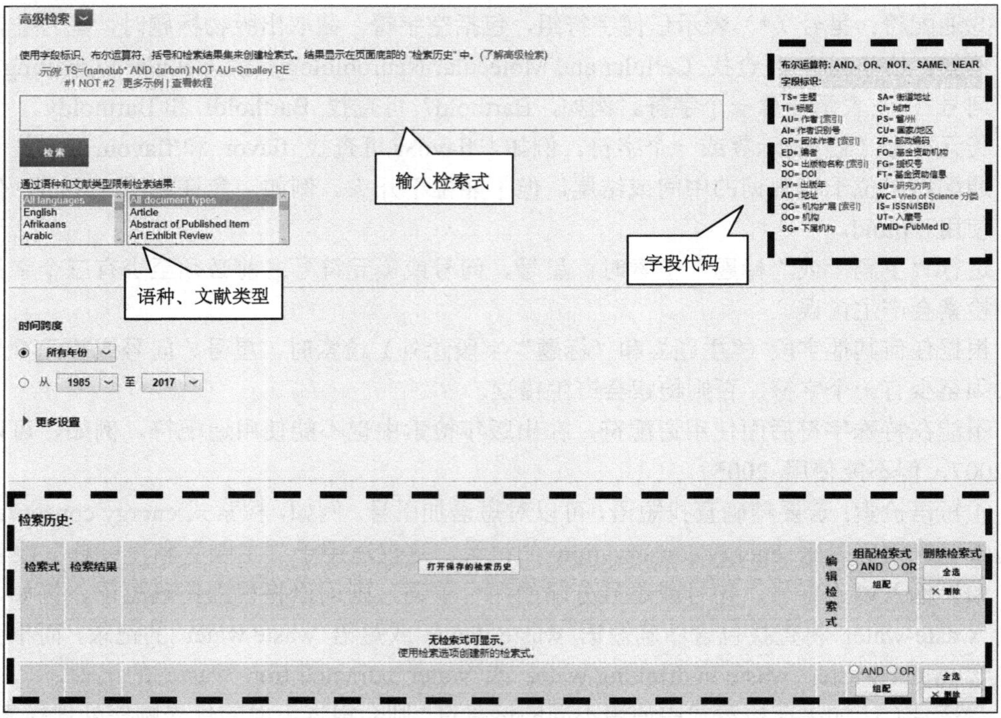

图 3-5-6　Web of Science 高级检索页面

3. *被引参考文献检索*

被引参考文献检索页面如图 3-5-7 所示，是 Web of Science 特有的检索功能，可以以一篇文献（期刊论文、会议文献、学术著作、专利、技术报告）作为检索对象，直接检索该文献被引用的情况。不受时间、主题词、学科、文献类型的限制，特别适用于检索一篇文献或一个课题的发展。

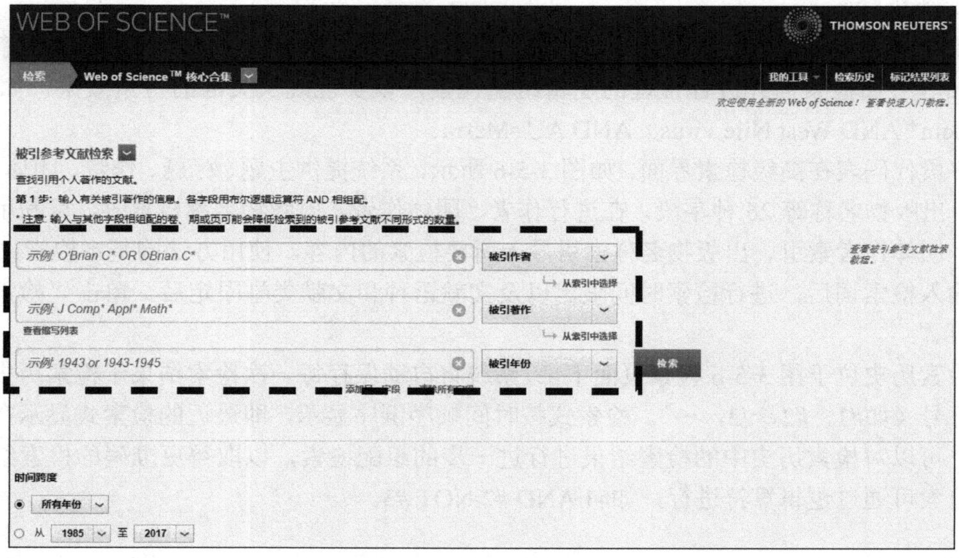

图 3-5-7　Web of Science 被引参考文献检索页面

引文检索提供了被引作者、被引著作、被引年份、被引标题、被引卷、被引期、被引页七个检索字段。其中被引作者和被引著作可以使用被引作者索引和期刊缩写列表，从中选择合适的检索词，导入检索框中。各字段之间默认以算符 AND 组配。

可在一个或多个字段中输入信息，单击“检索”按钮，出现引文选择页面，如图 3-5-8 所示，屏幕上列出了命中的引文文献，先按照引文著者排序，再按照引文著作排序。

图 3-5-8　Web of Science 引文选择页面

每篇引文文献右侧的施引文献列表显示该文献被引用的次数，被引著者前如有省略符号，则表示该著者不是来源文献的第一著者。

选中引文条目左侧的复选框（或者单击“全选”按钮将屏幕上显示的引文全部选中），单击 NEXT 按钮翻页，重复选择需要的条目，直到最后一页。完成选择后，单击“完成检索”按钮，查找所选引文文献的来源文献（引用文献）。

如果要限制文献语种、类型，可以通过引文选择界面下部的选项进行，具体限制和选择的步骤与前面基本检索方式基本相同。

4. 作者检索

作者检索页面如图 3-5-9 所示，可以简单方便地确认并检索出特定作者的所有作品，了解作者的相关信息，作者检索可将同名的不同作者所著的作品区分开来。

检索步骤如下。

①在“姓氏”字段中输入作者的姓氏。姓氏可以包含连字符、空格或括号，如 Wilson SE、O'Grady AP、Ruiz-Gomez M。

②在“姓名首字母”字段中输入最多 4 个名字首字母。

单击添加作者姓名的不同拼写形式链接以显示另一行的“姓氏”和“姓名首字母”字段。此功能允许检索作者姓名的多个不同拼写形式，可以检索作者姓名的最多 5 种不同拼写形式。

例如，第 1 行 = De La Rosa JM，而第 2 行 = DeLaRosa JM。系统查找所有记录，其

中该作者可能以这两种不同拼写形式发表论文。

③选中“仅限精确匹配”复选框。此步骤为可选操作，功能是将检索限定为与所输入的内容完全匹配的作者姓名。

④切换到“选择研究领域”选项卡转至“研究领域”页面。此步骤为可选操作。或者单击“完成检索”按钮直接转至“检索结果”页面。

⑤在“选择研究领域”页面中单击“选择组织”选项标签转至“选择组织”页面。此步骤为可选操作。或者单击“完成检索”按钮直接转至“检索结果”页面。

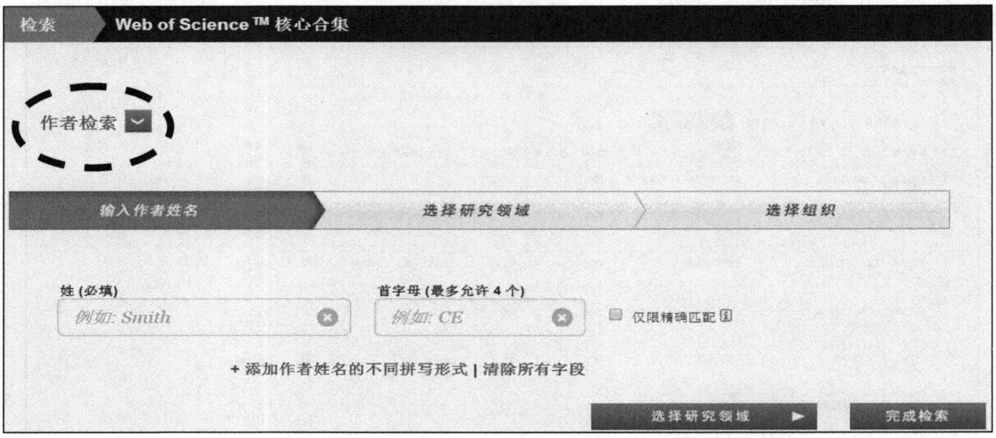

图 3-5-9 Web of Science 作者检索页面

3.5.3 检索结果处理

1. 检索结果的显示

检索结果以简短的记录格式显示，如图 3-5-10 所示。单击简单记录中的题名可以访问“全记录”格式。对于带有 JCR 数据的记录，可以通过结果页面上的来源出版物标题链接打开“期刊信息”覆盖对话框，查看期刊的影响因子和 SCI 分区。

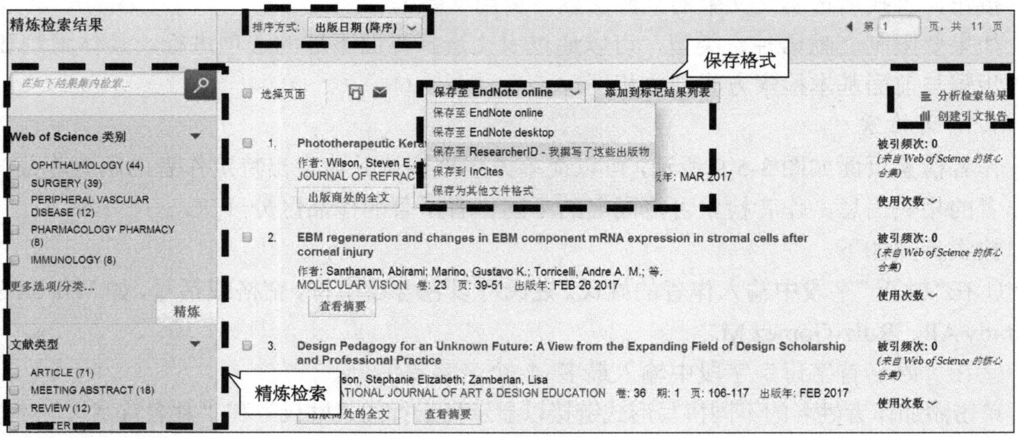

图 3-5-10 Web of Science 检索结果处理

页面左侧栏中显示检索出这些结果的检索式，同时会显示产品检索出的结果数量。单击更多链接将显示所选的时间跨度和所选的任何数据限制（如文献类型和语种）。

结果排序如图 3-5-10 所示，默认出版日期为降序的排序方式，选中右侧的复选框，可以进行其他排序方式的转换，系统提供 14 种排序方式。

2. 检索结果的精炼

检索结果的精炼如图 3-5-10 所示，在结果页面左侧的“精炼检索结果”选项区进行操作。选中一个或多个复选框，将结果限制在与所选标准匹配的记录范围内。例如，选中一个出版年份和研究领域后，将会生成包含其结果的列表。

要精炼特定的检索结果，可在列表中选中各项的复选框，然后单击“精炼”按钮仅查看这些检索结果。

所有精炼的检索都将与“检索”页面中进行的初始检索的结果一同添加至检索历史表。在“Web of Science 类别”选项区内单击“更多选项/分类”链接可显示该类别中的前 100 项。

3. 检索结果的分析

单击检索结果页面右上角显示的“分析检索结果”按钮，如图 3-5-10 所示，转至分析检索结果页面，可以分析检索的字段数据。从所选字段中提取数据值，生成分析报告，按顺序显示所提取的数据值。

单击检索结果页面右上角显示的“创建引文报告”按钮，如图 3-5-10 所示，可查看引文报告，如图 3-5-11 所示。

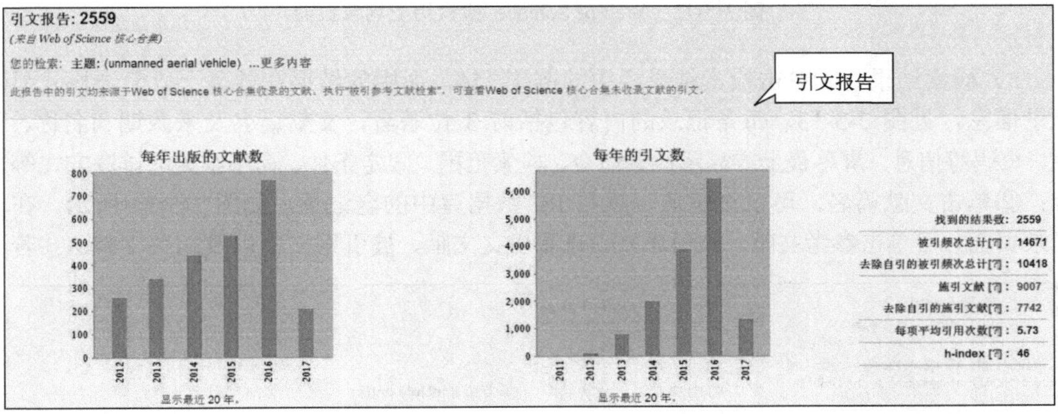

图 3-5-11　Web of Science 引文报告页面

4. 检索结果的保存

在“检索结果”“全记录”以及“标记结果列表”页面上均提供了输出记录的选项。可以将结果页面文献记录添加到标记结果列表中。将记录添加到“标记结果列表”中，以后即可在“标记结果列表”页面中对这些记录进行打印、保存、通过电子邮件发送、订购或导出操作。

也可以直接在检索结果页面选中记录，选择输出选项，如图 3-5-10 选项，例如，保存到 EndNote 在线、保存到 EndNote 桌面、保存到 ResearcherID-我撰写这些出版物、保存到 InCites、保存为其他文件格式等。

3.5.4 检索实例

检索课题　山东建筑大学 2016 年被 SCI 收录的论文

1）分析课题，提取检索词。

山东建筑大学——Shandong Jianzhu University；山东建筑大学——Shandong architecture University

2）利用检索技术，构造检索式。

AD=（Shandong jianzhuUniv*）OR AD =（Shandong Arch* Univ*）

3）设置检索要求：时间选择为 2016；来源限制在期刊；选中 SCI-EXPANDED 数据库；文献语种选择 All languages；文献类型选择 All document types。

4）访问 Web of Science 主页，选择高级检索，输入检索式，根据检索要求选择检索条件，单击 Search 按钮得到 156 条检索结果，如图 3-5-12 所示。

图 3-5-12　Web of Science 检索历史列表页面

5）检索结果：①单击检索结果栏中的链接 156，命中的结果在屏幕上以简洁格式显示题录信息，见图 3-5-13，每条记录的内容包括前 3 位著者，文献篇名及来源期刊名称、卷期、页码等信息。屏幕最上方显示检索命令、检索范围、限定条件、命中结果的排序方式等内容；②单击文献篇名，可以浏览该文献在 ISI 数据库中的全记录，如图 3-5-14 所示。在全记录页面，可单击参考文献、被引频次，查看引文文献、被引用文献以及相关文献。③若要

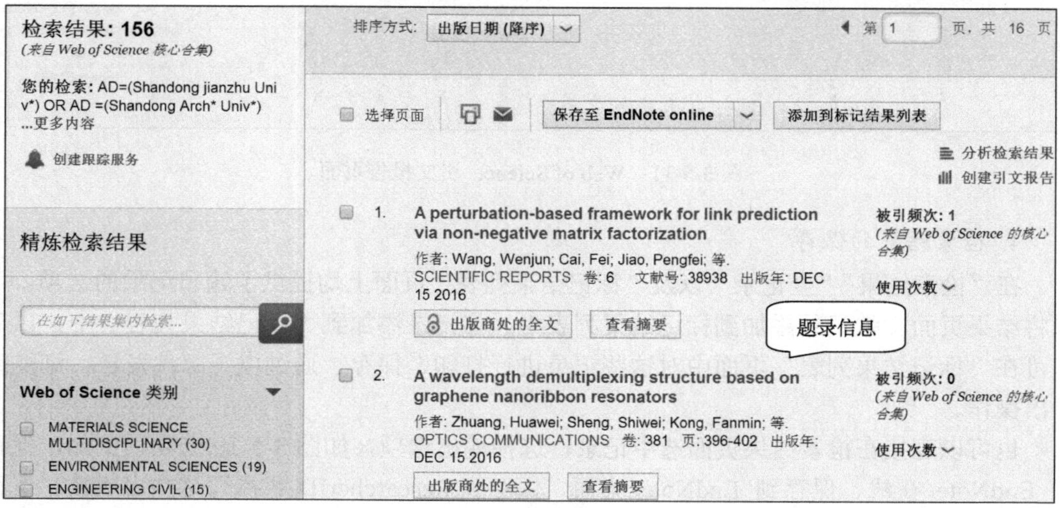

图 3-5-13　Web of Science 检索结果题录页面

保存、输出检索结果，应先选择检索结果中要输出的记录，然后选择相应的输出格式及文件格式，单击“发送”按钮即可。

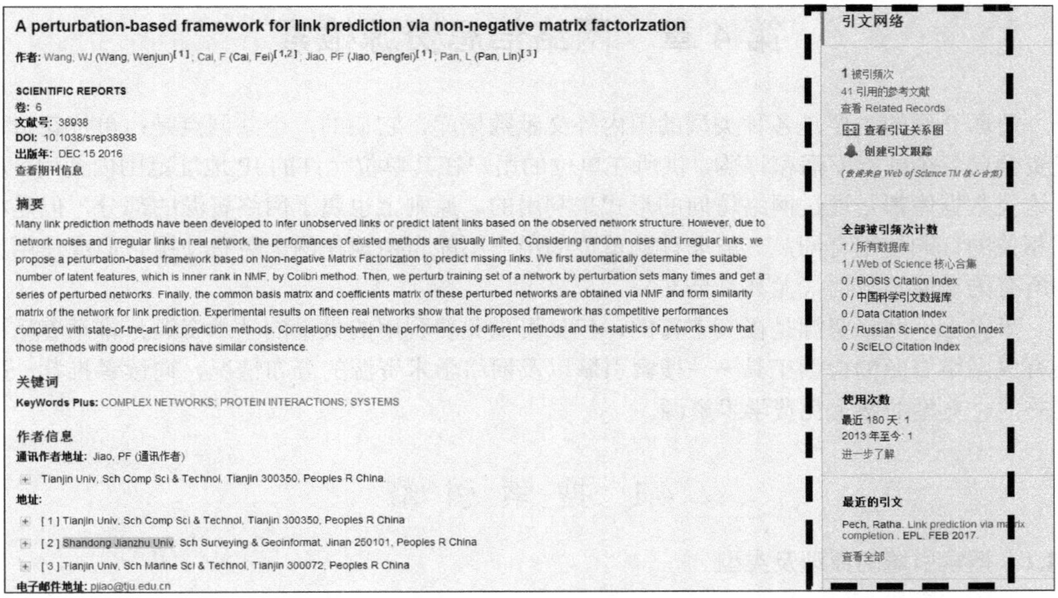

图 3-5-14　Web of Science 全记录格式

第 4 章　网络信息资源检索

前面介绍的主要是各种类型的国内外文献数据库，它们的一个共同点是：单位花费大量资金向各个数据库商家订购，供所在单位的用户在其单位允许的 IP 地址范围内使用。尽管这类数据库都是通过网络访问的形式来利用的，原则上也属于网络资源的部分，但是根据相关的订购使用合同，一般非订购单位的用户不能自由地在网上免费使用它们或使用它们所有的功能及数据（尤其是全文）。

事实上，网络资源是极其丰富的，包括可供免费利用的大量的学术资源；本章着重介绍有关网络资源的检索工具——搜索引擎以及网络学术资源的分布情况，向读者推荐一些优秀的、典型的网上免费学术资源。

4.1　搜 索 引 擎

4.1.1　搜索引擎的原理及类型

Internet 是一个广阔的信息海洋，如何快速准确地在网上找到需要的信息已变得越来越重要。搜索引擎（Search Engine）是一种网上信息检索工具，在浩瀚的网络资源中，它能帮助用户迅速而全面地找到所需要的信息。

1. 搜索引擎的定义

搜索引擎是一种能够通过 Internet 接受用户的查询指令，并向用户提供符合其查询要求的信息资源网址的系统。它是一些在 Web 中主动搜索信息（网页上的单词和特定的描述内容）并将其自动索引的 Web 网站，其索引内容存储在可供检索的大型数据库中，建立索引和目录服务。一些搜索引擎搜索网页的每一个单词，而另一些搜索引擎则只搜索网页的前 200～500 个单词。当用户输入关键词查询时，该搜索引擎会告诉用户包含该关键词信息的所有网址，并提供通向该网络的链接。

2. 搜索引擎的主要任务

（1）信息搜集

各个搜索引擎都派出绰号为蜘蛛（Spider）或机器人（Robots）的网页搜索软件，在各网页中爬行，访问网络中公开区域的每一个站点并记录其网址，将它们带回搜索引擎，从而创建一个详尽的网络目录。由于网络文档的不断变化，机器人也不断地把以前已经分类组织的目录更新。

（2）信息处理

将网页搜索软件带回的信息进行分类整理，建立搜索引擎数据库，并定时更新数据库内容。在进行信息分类整理阶段，不同的搜索引擎会在搜索结果的数量和质量上产生明显的差异。有的搜索引擎把网页搜索软件发往每一个站点，记录下每一页的所有文本内容并收录到数据库中，从而形成全文搜索引擎；而另一些搜索引擎只记录网页的地址、篇名、特殊的段落和重要的词。故有的搜索引擎数据库很大，而有的则较小。当然，最重要的是数据库的内容必须经常更新、重建，以保持与信息世界的同步发展。

（3）信息查询

每个搜索引擎都向用户提供一个良好的信息查询界面，一般包括分类目录及关键词两种信息查询途径。分类目录查询是以资源结构为线索，将网上的信息资源按内容进行层次分类，使用户能依线性结构逐层逐类检索信息。关键词查询是利用建立的网络资源索引数据库向网上用户提供查询的引擎。用户只要把想要查找的关键词或短语输入查询框中，并单击 Search 按钮，搜索引擎就会根据输入的提问，在索引数据库中查找相应的词语，并进行必要的逻辑运算，最后给出查询的命中结果（均为超文本链接形式）。用户只要通过搜索引擎提供的链接就可以立刻访问到相关信息。

3. 搜索引擎的类型

随着搜索引擎数量的剧增，其种类也越来越多。它们可以按照工作机制、搜索范围等方式加以区分。

（1）按搜索引擎所包含检索工具的数量区分

搜索引擎按所包含检索工具的数量可以分为独立搜索引擎和多元搜索引擎。

①独立搜索引擎：检索时只在自己的数据库内进行，由其反馈相应的查询信息，或者是相链接的站点指向。Google、Yahoo、百度都属于独立搜索引擎。

②多元搜索引擎：又称集成搜索引擎，它是将多个独立搜索引擎集合在一起，提供一个统一的检索界面，当用户提出检索式后，它会将其发送给多个搜索引擎，同时检索多个数据库，并进行相关度排序后，将结果显示给用户。利用这类搜索引擎能够获得更大范围的信息源，检索的综合性、全面性也有所提高。

典型的代表如 Dogpile（http://www.dogpile.com）、Vivisimo（http://vivisimo.com）、MetaCrawler（http://www.metacrawler.com）等。

（2）按搜索引擎收录内容区分

搜索引擎按收录内容可分为综合型搜索引擎和专题型搜索引擎。

①综合型搜索引擎：是指搜索各种主题、类型资源的搜索引擎，典型的有 Google、百度。

②专题型搜索引擎：又称垂直搜索引擎，是专门用来检索某一主题范围或某一类型资源的，专业性与服务深度是它的特点。

专题型搜索引擎不但可保证此领域信息的收录齐全与更新及时，而且检索深度和分类细化远远优于综合型搜索引擎。专题型搜索引擎的检出结果虽可能较综合型搜索引擎少，但检出结果重复率低、相关性强、查准率高，适合于满足较具体的、针对性强的检索要求。

4.1.2 典型搜索引擎

1. 百度（http://www.baidu.com）

百度是世界上规模最大的中文搜索引擎，拥有全球最大的中文网页库，是 1999 年李彦宏与好友徐勇共同创建的。图 4-1-1 所示为百度首页。

图 4-1-1　百度首页

百度搜索简单方便。只要在搜索框内输入需要查询的内容，按回车键或者单击搜索框右侧的“百度一下”按钮，就可以得到最符合查询需求的网页内容。百度还支持命令式高级检索。

（1）百度常用的检索命令

①把搜索范围限定在网页标题中——intitle：网页标题通常是对网页内容提纲挈领式的归纳。把查询内容范围限定在网页标题中有时能获得良好的效果。使用的方式是把查询内容中特别关键的部分用“intitle：”限定。例如，“大学生就业”就可以这样查询：就业 intitle：大学生。

②把搜索范围限定在特定站点中—— site：有时候，如果知道某个站点中有自己需要找的东西，就可以把搜索范围限定在这个站点中，以提高查询效率。使用的方式是在查询内容的后面加上“site：站点域名”。例如，天空网下载软件不错，就可以这样查询：msn site：skycn.com。

③专门文档搜索——filetype：很多有价值的资料在互联网上并非普通的网页，而是以Word、PowerPoint、PDF 等格式存在。百度支持对 Office 文档（包括 Word、Excel、PowerPoint）、Adobe PDF 文档、RTF 文档进行全文搜索。要搜索这类文档很简单，在普通的查询词后面加上“filetype：”，以进行文档类型限定。“filetype：”后可以跟以下文件格式：DOC、XLS、PPT、PDF、RTF、ALL。其中，ALL 表示搜索所有这些文件类型。

例如，查找张五常关于交易费用方面的经济学论文可以用“交易费用 张五常 filetype：doc”来查询。也可以通过百度文档搜索界面（http://file.baidu.com），直接使用专业文档搜索功能。

④把搜索范围限定在 URL 链接中——inurl：网页 URL 中的某些信息常常有某种有价值的含义。如果对搜索结果的 URL 作某种限定，就可以获得良好的效果。实现的方式是用“inurl：”后跟需要在 URL 中出现的关键词。

例如，找关于 Photoshop 的使用技巧，可以这样查询：photoshop inurl：jiqiao，上面这个查询串中的“photoshop”可以出现在网页的任何位置，而“jiqiao”则必须出现在网页 URL 中。

⑤精确匹配——双引号和书名号（“”、《》）：如果输入的查询词很长，百度在经过分析后，给出的搜索结果中的查询词可能是拆分的。给查询词加上双引号，百度就可以不拆分查询词。

（2）百度其他功能

①百度快照。如果无法打开某个搜索结果，或者打开速度特别慢就可以使用“百度快照”功能解决。每个未被禁止搜索的网页在百度上都会自动生成临时缓存页面，称为“百度快照”。当遇到网站服务器暂时故障或网络传输堵塞时，可以通过“百度快照”快速浏览页面文本内容。百度快照只会临时缓存网页的文本内容，所以那些图片、音乐等非文本信息仍存储于原网页。当原网页进行修改、删除或者屏蔽后，百度搜索引擎会根据技术安排自动修改、删除或者屏蔽相应的网页快照。

②百度百科（http://baike.baidu.com）如图 4-1-2 所示，始于 2006 年 4 月，是一部开放的网络百科全书，每个人都可以自由访问并参与撰写和编辑，分享及奉献自己的知识，所有人共同编写成一部完整的百科全书，并使其不断更新完善。百度百科为用户提供了一个创造性的网络平台，强调用户的参与和奉献精神，充分调动大众的力量，汇聚上亿网民的智慧，积极进行交流和分享，同时实现与搜索引擎的完美结合，从不同的层次上满足用户对信息的需求。

图 4-1-2　百度百科页面

③百度知道（http://zhidao.baidu.com）如图 4-1-3 所示，是一个基于搜索的互动式知识问答分享平台，于 2005 年发布，“百度知道”并非直接查询那些已经存在于互联网上的内容，而是用户自己根据具体需求有针对性地提出问题，通过积分奖励机制发动其他用户来创造该问题的答案。同时，这些问题的答案又会进一步作为搜索结果提供给其他有类似疑问的用户，达到分享知识的效果。

百度知道的最大特点就在于和搜索引擎的完美结合，让用户所拥有的隐性知识转化成显性知识，用户既是百度知道内容的使用者，又是百度知道内容的创造者，在这里累积的知识数据可以反映到搜索结果中。通过用户和搜索引擎的相互作用实现搜索引擎的社区化。同时，我们可以把百度知道看作对搜索引擎功能的一种补充，让用户头脑中的隐性知识变成显性知识，通过对回答的沉淀和组织形成新的信息库，其中信息可被用户进一步检索和利用。

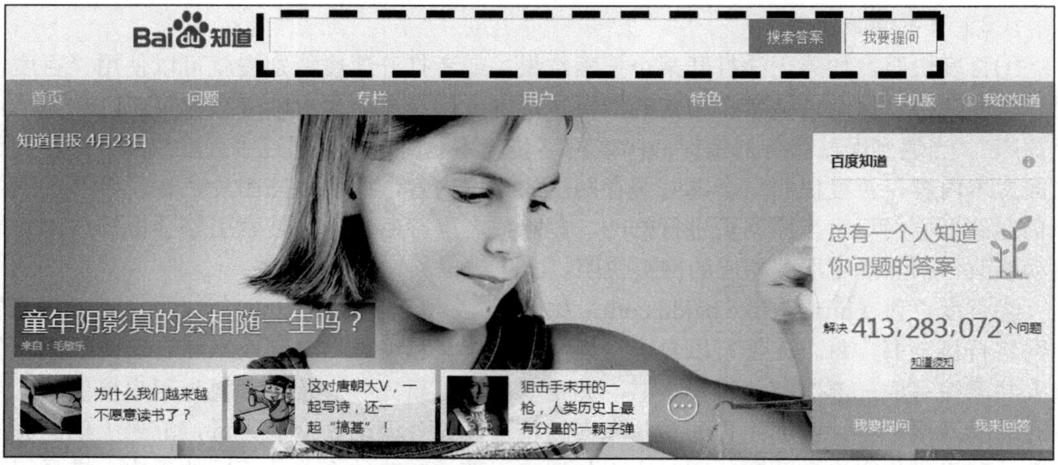

图 4-1-3　百度知道页面

2. 谷歌（http://www.google.com.hk）

斯坦福大学计算机专业的博士研究生拉里 • 佩奇和谢尔盖 • 布林于 1998 年 8 月创立了 Google。目前，它已经提供了 100 余种语言的检索界面，中文版包括简体中文和繁体中文两个版本。通过对多种语言 80 多亿网页进行整理，Coogle 可为世界各地的用户提供适需的搜索服务，Google 首页如图 4-1-4 所示。

图 4-1-4　Google 首页

Google 提供的搜索服务与百度相似，这里不再作详细介绍，仅在表 4-1-1 中列出了其常用的检索算符与规则。

表 4-1-1　Google 常用检索算符及其使用规则

名称	符号	说明
逻辑运算符	空格	逻辑与，各检索词之间用空格
	OR	逻辑或
	—	逻辑非
全词通配符	*	代表一个英文词（而不是几个字母）或一个汉字
词组检索	双引号“”	严格按照引号中的内容检索
	Inanchor:	限定在网页的 Inanchor（锚，超链接标记）中检索
	Inurl:	限定在网页的 URL 链接中检索
	Intitle:	限定在网页标题中检索
	Filetype:	限定检索文件类型
	Link:	检索指向某网页的网页（在 Google 的网页库中检索）
	Site:	限定在特定的站点内检索
备注	系统不区分大小写，所有字母和符号为英文半角字符	

除此以外，Google 还有一些独到的功能。

（1）语言工具翻译功能

Google 最独到的功能就是语言工具（翻译）功能。它能将世界 80 多种语言进行互译，该功能可以检索和阅读世界上大部分网站。具体方法：①先用 Google 翻译器将检索词翻译成目标语言的词；②用该词进行检索；③在检索结果页面中找到合适的网页并打开；④将该网页网址复制到 Google 翻译框，对该网页进行翻译。

（2）Google 的图书搜索

Google 第二个独到的功能就是图书搜索。Google 所拥有的图书远远超过世界上任何一个图书馆的藏书，尤其是一些没有版权限制的经典名著，大多数都可以在 Google 上找到并免费阅读。

（3）Google 的学术搜索

Google 第三个独到的功能就是学术搜索，其索引包括了世界上绝大部分已经出版的学术期刊，可以从一个位置搜索众多学科和资料来源（包括来自学术著作出版商、专业性社团、预印本、各大学及其他学术组织的经同行评论的论文和图书）。

3. 常用搜索引擎

（1）搜狗搜索（http://www.sogou.com）

搜狗搜索于 2004 年推出，如图 4-1-5 所示，十多年以来坚持创新，不断突破，随着 2013 年腾讯 SOSO 的并入，搜狗搜索重置了行业格局，成为中国第二大搜索引擎；与此同时，搜狗移动搜索紧随百度之后位居第二。除此之外，搜狗搜索结合腾讯独家资源，打造微信搜索，上线本地生活、扫码比价、微信头条等独有服务。2015 年 11 月，搜狗对问答社区知乎进行战略投资并成为其在搜索领域的独家合作伙伴，搜狗搜索的用户可获得知乎独家实时推送的问答类内容。2016 年搜狗相继推出明医搜索、英文搜索和学术搜索等垂直搜索频道，内容差异化不断升级。

图 4-1-5　搜狗搜索页面

（2）360 搜索（http://www.so.com）

360 搜索页面如图 4-1-6 所示，原好搜搜索，是安全、精准、可信赖的新一代搜索引擎，依托于 360 母品牌的安全优势，全面拦截各类钓鱼、欺诈等恶意网站，提供更放心的搜索服务。

图 4-1-6　360 搜索页面

2016 年 2 月 1 日，好搜搜索更名为 360 搜索，域名也从 haosou.com 切换为更易记忆、更易输入的 so.com。

360 搜索属于全文搜索引擎，是目前广泛应用的主流搜索引擎。360 搜索包括新闻、网页、问答、视频、图片、音乐、地图、百科、良医、购物、软件、手机等应用。

360 搜索是具有自主知识产权的搜索引擎，包含网页、新闻、影视等搜索产品，为用户带来更安全、更真实的搜索服务体验。360 不仅掌握通用搜索技术，而且独创 PeopleRank 算法、拇指计划等创新技术。目前已建立由数百名工程师组成的核心搜索技术团队，拥有上万台服务器，庞大的蜘蛛爬虫系统每日抓取网页数量高达十亿，引擎索引的优质网页数量超过数百亿，网页搜索速度和质量都已领先业界。

（3）新浪搜索（http://search.sina.com.cn）

新浪搜索是新浪完全自主研发的搜索产品，采用了目前最为领先的智慧型互动搜索技术，搜索范围包括新闻、专题、博客、微博、图片、视频、股票等方面，网友间共享资料的查询也是其重要内容，如图 4-1-7 所示。

图 4-1-7　新浪新闻搜索页面

（4）必应搜索（http://cn.bing.com）

微软必应搜索是国际领先的搜索引擎，为中国用户提供网页、图片、视频、词典、翻译、资讯、地图等全球信息搜索服务，如图 4-1-8 所示。

图 4-1-8　必应搜索页面

（5）Alltheweb（http://www.alltheweb.com）

Alltheweb 目前收录了 31 亿个网页，是除 Google 之外最大、使用率最高的搜索引擎之一。支持几十种语言搜索，也支持特殊文件类型，如 PDF、Word 等搜索。搜索速度快，网页更新快，其主页如图 4-1-9。

（6）AltaVista（http://www.altaVista.com）

搜索引擎的巨人，曾是功能最完善、搜索精度高的最好的全文搜索引擎之一，目前该产品已被雅虎收购，其地位也已被 Google 取代，但仍然是常用的搜索引擎之一。允许以 28 种语言进行搜索，并提供英、法、德、意、葡萄牙、西班牙语双向翻译,如图 4-1-10 所示。

（7）Ask JeeVes（http://www.ask.com）

著名的自然语言、提问式搜索引擎。Ask JeeVes 是一款支持自然提问的搜索引擎，它的数据库里存储了超过 1000 万个问题的答案。只要用户用英文直接输入一个问题，它就会给出问题的答案，如果用户的问题答案不在它的数据库中，那么它会列出一串跟用户的问题类似的问题和含有答案的链接，供用户选择。当遇到一些属于事实型、原理型的问题时，使用 Ask JeeVes 是最方便的。例如，“美国历任总统中就任时年纪最轻的是谁?”“阿富汗的首都叫什么?”它都会给出答案。其页面如图 4-1-11 所示。

图 4-1-9　Alltheweb 主页

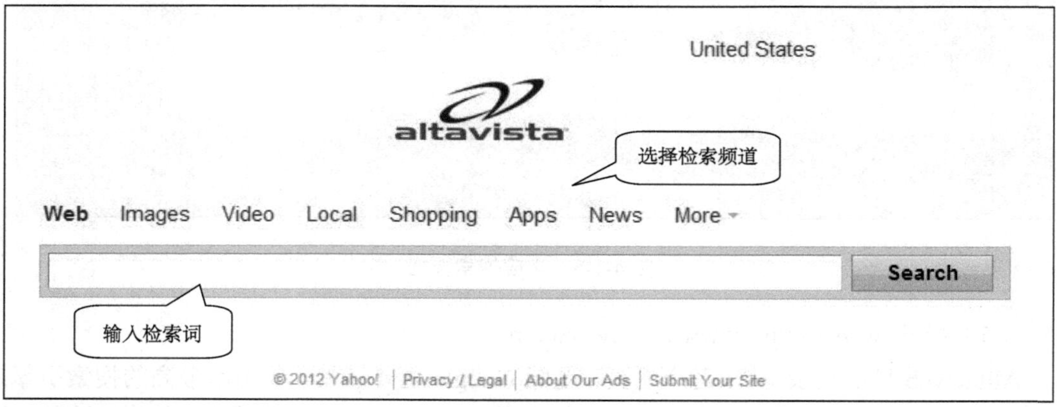

图 4-1-10　AltaVista 的首页

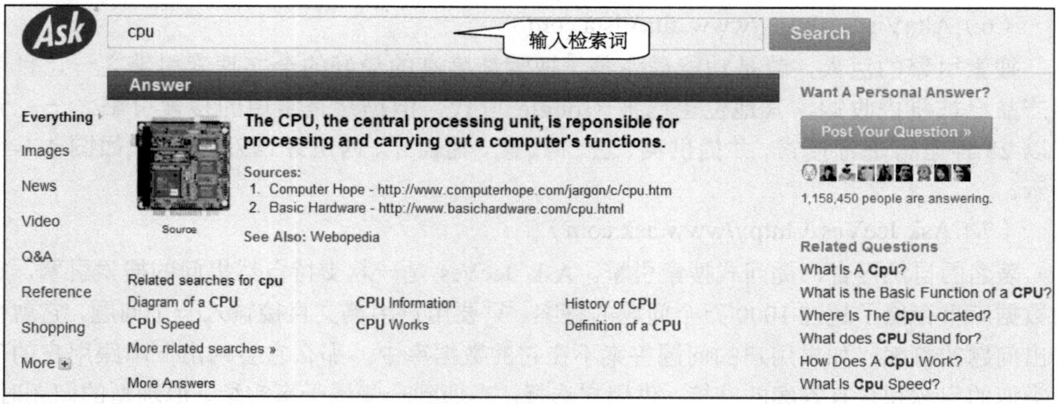

图 4-1-11　Ask JeeVes 的搜索页面

（8）MetaCrawler（http://www.metaCrawler.com）

最早的元搜索引擎之一，它是一个并行式元搜索引擎，可以同时调用 Google、Yahoo Search、MSN Search、Ask JeeVes、About、MIVA、LookSmart 等目标搜索引擎。可检索 Web 页面、图像、音频、多媒体、黄页信息、白页信息等，如图 4-1-12 所示。

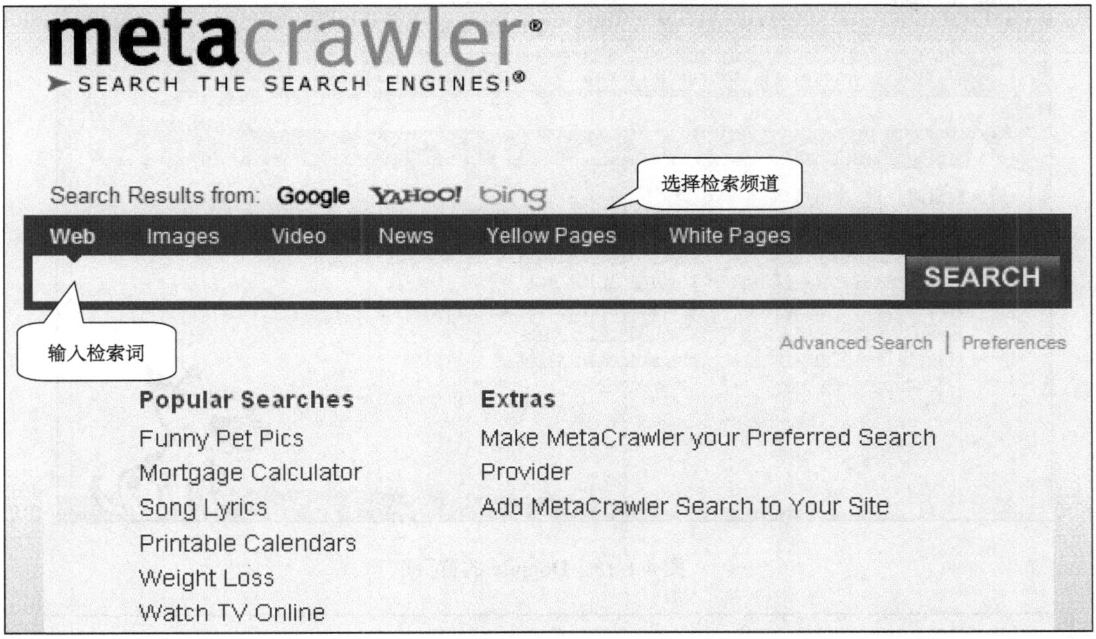

图 4-1-12　MetaCrawler 的首页

当显示检索结果时，MetaCrawler 在其结果页面提供关键词提示“Are You Looking For”。其工作原理是按照一定规则从结果中抽取部分关键词，用户可以选择这些关键词加入到检索式中，进一步缩小检索结果范围。

（9）Dogpile（http://www.dogpile.com）

Dogpile 是 1996 年 12 月由美国人 Aaron Flin 创建的杰出的并行式和串行式相结合的混合式元搜索引擎。Dogpile 可以调用 Google、Yahoo、MSN、Ask JeeVes、LookSmart 等 20 多个独立的 Web Search Engine（万维网搜索引擎）、Usenet Search Engine（新闻组搜索引擎）和 FTP Search Engine（FTP 搜索引擎）元搜索引擎。在收到查询提问时，它首先并行地调用 Google、Yahoo、MSN、Ask JeeVes 等 4 个元搜索引擎，如果没有得到 10 个以上的结果，再调用另外的搜索引擎对来自元搜索引擎的结果进行相关性比较，聚合生成并提供最符合查询提问的无重复的结果列表，如图 4-1-13 所示。

4. 学术搜索引擎

（1）百度学术搜索主页（http://xueshu.baidu.com）

如图 4-1-14 所示，百度学术搜索是百度旗下的提供海量中英文文献检索的学术资源搜索平台，2014 年 6 月初上线，涵盖了各类学术期刊、会议论文，旨在为国内外学者提供最好的科研体验。百度学术搜索可检索到收费和免费的学术论文，并通过时间筛选、标题、关键字、摘要、作者、出版物、文献类型、被引用次数等细化指标提高检索的精准性。百度学术搜索频道还是一个无广告的频道，页面简洁。

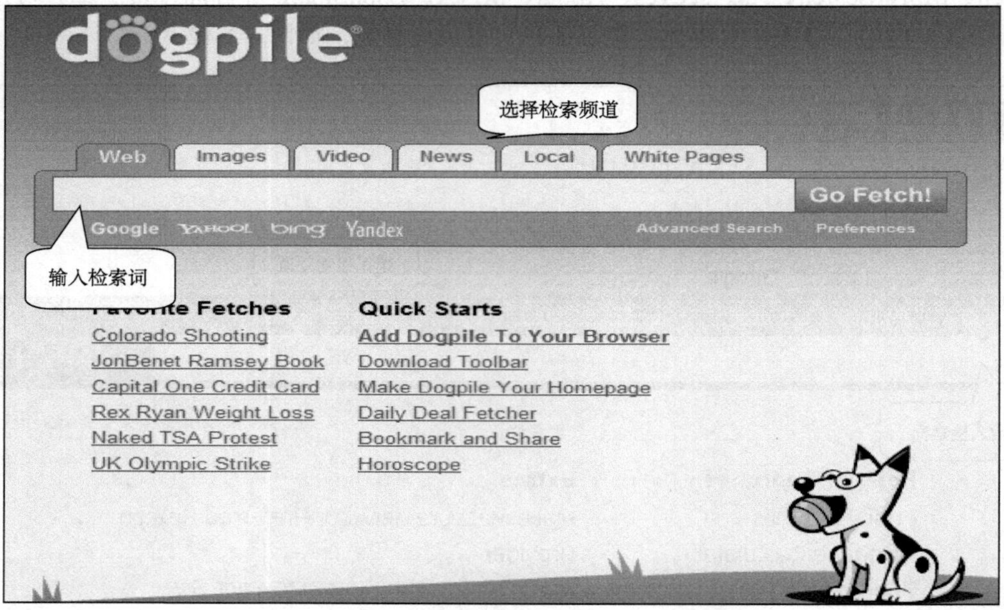

图 4-1-13　Dogpile 的首页

图 4-1-14　百度学术搜索主页

（2）Google 学术搜索（https://scholar.google.com.hk）

Google 学术搜索是 Google 于 2004 年年底推出的专门面向学术资源的免费搜索工具，能够帮助用户查找包括期刊论文、学位论文、书籍、预印本、文摘和技术报告在内的学术文献；内容涵盖自然科学、人文科学、社会科学等多个学科。图 4-1-15 为 Google Scholar 的页面。

图 4-1-15　Google Scholar 的页面

（3）搜狗学术搜索

搜狗学术搜索是搜狗公司于 2016 年 5 月 19 日推出的垂直搜索频道。引入微软必应精准学术知识图谱技术，构建以论文为核心的知识图谱卡片，支持时间、作者、领域、期刊及会议多维度的筛选，以及引用下载等实用功能，帮助用户查询到全球英文学术资料。图 4-1-16 为搜狗学术搜索页面。

图 4-1-16　搜狗学术搜索页面

（4）必应学术搜索

微软学术搜索是"微软学术"服务推出的免费学术搜索引擎，可以帮助用户全面、准确地查找学术论文、国际会议、权威期刊、研究专家及领域等专业学术资源。

为方便用户使用，微软学术搜索已嵌入必应搜索引擎，基于必应的大数据搜索技术以及微软研究院先进的算法，用户可以通过学术图谱得到聚合的智能化学术内容，从而提升学术研究的效率和质量。图 4-1-17 是必应学术搜索页面。

图 4-1-17　必应学术搜索页面

4.2　免费网络学术资源搜索

4.2.1　免费图书检索

除了前面讲到的收费电子期刊数据库，因特网上还有一些免费的电子图书网站，收集了大量有价值的图书。

下面介绍几个有代表性的免费电子图书网站，通过这些站点可以获得全文。

1. 外文图书网站举例

（1）古腾堡项目（http://www.gutenberg.org/wiki/Main_Page）

古腾堡项目首页如图 4-2-1 所示，是互联网上一个历史最久的免费电子图书项目，可以说是电子图书之父，对电子图书的发展有着深远的影响。该项目由迈克尔·斯特恩·哈特于 1971 年发起，目的是为用户提供权威著作的电子文本，古腾堡项目收藏的作品 99%都属于公共知识范畴，只有极少部分是受著作权法限制的作品。

图 4-2-1　古腾堡项目首页

（2）Bartleby 免费电子图书（http://www.bartleby.com）

Bartleby.com 于 1993 年 1 月创建，旨在帮助学生、教育人士和渴望获取知识的人不受限制地获得网上的免费图书和信息，其首页如图 4-2-2 所示。

另外，网站上还有大量的参考工具书，如《哥伦比亚百科全书》(*Columbia Encyclopedia*)、《美国传统英语词典》（*American Heritage Dictionary of the EngLish Language*）等。

图 4-2-2　Bartleby 免费电子图书首页

2. 中文图书网站举例

（1）新浪读书频道（http://book.sina.com.cn）

新浪网的读书专栏收集了大量作者授权、出版社签约的作品。图书类目包括流行小说、名家经典、人文历史、影视娱乐、教育励志、财经时政等类别，有不少是畅销作品，同时也有网友创作的作品，还提供书讯、书摘、书评、排行榜、读书论坛等服务，可以说是一个完善的读书社区和网上导读平台，图 4-2-3 为其首页。

其他相类似的读书频道还有搜狐读书频道（http://book.sohu.com），如图 4-2-4 所示；凤凰网读书频道（http://book.ifeng.com），如图 4-2-5 所示。

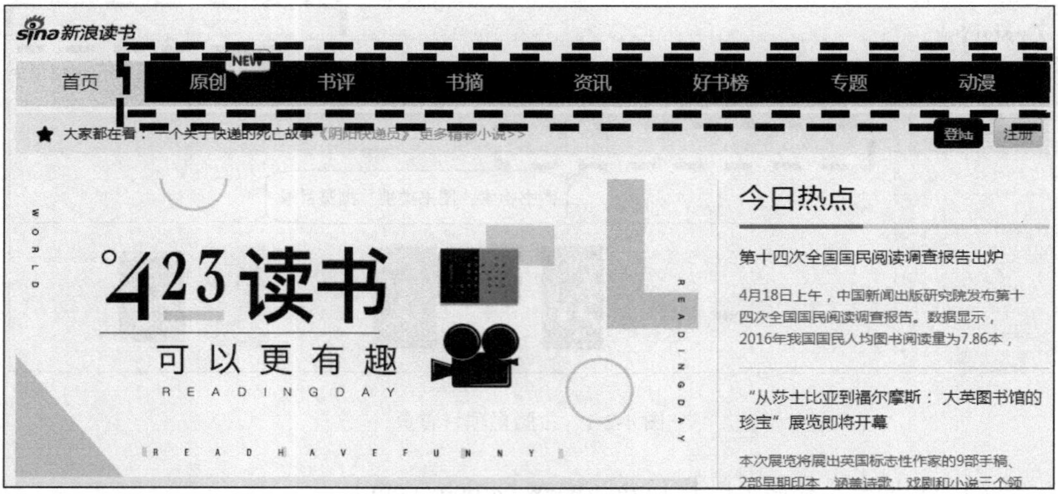

图 4-2-3　新浪读书频道页面

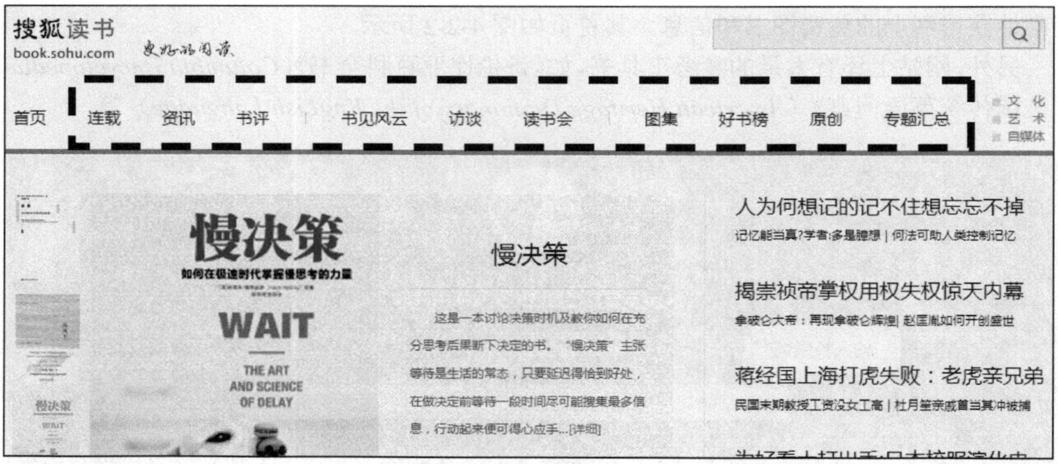

图 4-2-4　搜狐读书频道页面

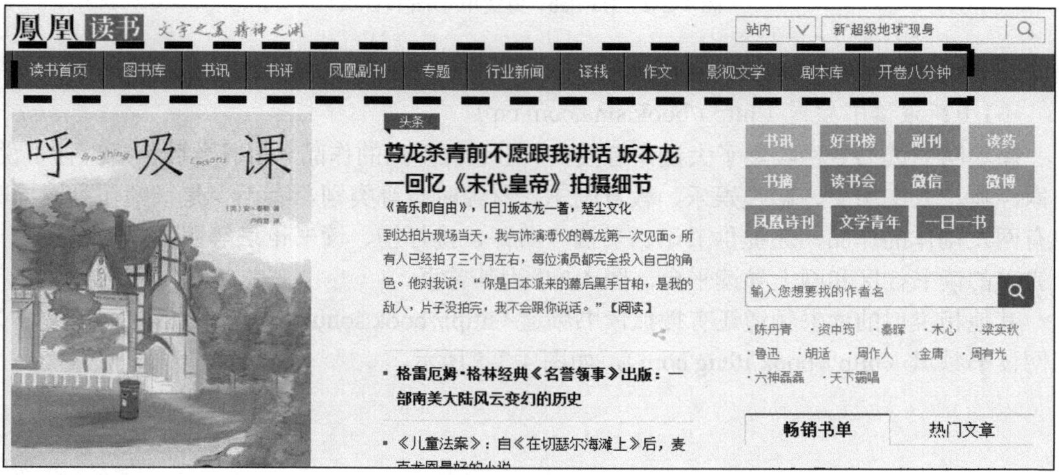

图 4-2-5　凤凰网读书频道

（2）读书网（http://www.dushu.com）

读书网（www.dushu.com）创办于 2006 年 1 月，是集图书搜索、在线阅读、比较购物、图书行业资讯平台以及读者交流平台于一身的图书行业门户网站，如图 4-2-6 所示。

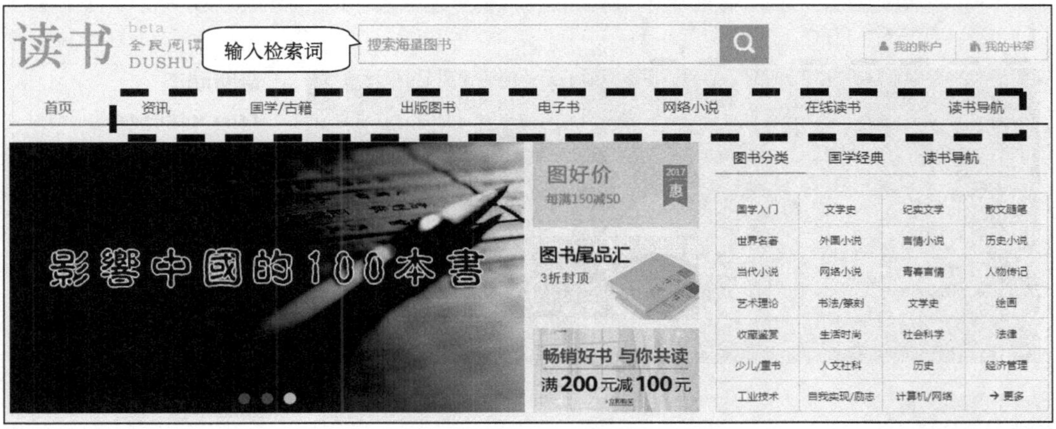

图 4-2-6　读书网主页

（3）QQ 阅读（http://dushu.qq.com）

手机 QQ 阅读是腾讯公司开发的一款手机看书软件，运行在 Symbian /iPhone /Android/ Kjava 等多手机平台上，全面支持 TXT、UMD、HTML、EPUB、DOC 等多种电子书格式，还可在 QQ 书城免费下载最新热门小说。海量图书资源、全新阅读模式、极速软件引擎、个性界面设计带给读者最舒适的阅读体验。

QQ 阅读的主要功能：①微博绑定，好友在微博上分享了什么好玩的观点、有趣的视频，在 QQ 阅读上全都看得到；QQ 阅读默认的“腾讯微博”模块能够第一时间显示微博好友分享的精彩视频和文章，与此同时，在“设置”→“绑定微博”中选择微博，就能将用户订阅的内容或者广播同步到已绑定的微博中，让“我的听众”都能一起分享精彩内容；②更多功能，新版 QQ 阅读不但新增了微博的订阅资源，还对所有的推荐订阅进行了分类划分，让微博检索更便捷。而微博的发表、转播等操作也都能在 QQ 阅读中一站实现，如图 4-2-7 所示。

4.2.2　开放获取学术资源检索

1. 开放获取的含义

开放获取（Open Access，OA），是 20 世纪 90 年代兴起的一种新型的学术信息共享的自由理念和出版机制。开放获取采取“发表付费，阅读免费”的出版模式，成为当前全球学术出版界的一种趋势，被越来越多的研究人员所推崇。

开放获取包括两层含义：一是指学术信息免费向公众开放，它打破了价格障碍；二是指学术信息的可获得性，它打破了使用权限障碍。

图 4-2-7　QQ 阅读页面

2. 开放获取的形式和特点

开放获取在很多方面都极具优势，例如，投稿方便，出版快捷，出版费用低廉，便于传送或刊载大量的数据信息，检索方便，并且具有广泛的读者群。统计调查表明，OA 出版可以显著提高论文的被引频次。

（1）开放获取资源出版的形式

①OA 期刊（OA Journals, OAJ）是指以电子文献形式通过网络出版的期刊，OAJ 既可能是新创办的电子版期刊，也可能是由已有的传统期刊转变而来的。开放获取期刊是一种论文经过同行评审、符合学术规范、达到一定水平的网络化免费期刊。与传统期刊的区别在于访问方式和访问权限的差异，传统期刊采用用户付费的商业模式，OA 期刊采用作者付费、用户免费的模式，用户可以通过网络不受限制地访问期刊全文。OA 期刊发展迅速，全球 24000 种同行评议期刊中已有 1600 多种是 OA 期刊。

②OA 仓储（OA Archives）也称 OA 文档库，即研究机构或作者本人将未曾发表或已经在传统期刊中发表过的论文作为开放式的电子档案存储在服务器中供用户免费访问和使用。OA 仓储分为学科 OA 仓储（按学科创建的学科资料库）和机构 OA 仓储（由机构创建的机构资料库）。

③电子预印本（e-Preprint）指科研工作者的研究成果还未正式出版发表，而出于和同行交流的目的，自愿提前在学术会议上或通过互联网发布的科研论文、科技报告等文章。常见的电子预印本及其服务系统有美国国家实验室建立的 e-Preprint arXiv 库、中国科技论文在线、中国预印本服务系统、奇迹文库等。

（2）开放获取的特点

①使信息交流更方便。开放获取提供学术交流平台，对具体交流的信息只有质量上的控制，而没有内容和形式方面的严格限制，可以是期刊论文、会议论文、图书，也可以是专利文献、研究报告；可以是文本文件，也可以是多媒体文件。

②获取途径多样化。强调开放传播，为此要使同一文献可以以多种途径检索与阅览，交流范围覆盖整个因特网，各系统间具有良好的互操作性，以免费或收取少量费用方式减少获取障碍。

③扩充了文献的使用权限。读者对学术文献的使用权利大大扩充，可以为教学、研究、学习等目的而公开复制、打印、利用、扩散、传递和演示。

④提高信息交流效率。重视提高信源、信宿交流的直接性和交互性，可以实现作者、读者、编辑之间一对一、一对多、多对多的交互模式，重视提高学术交流的时效性，增进文献处理自动化程度，缩短出版周期。

3. 国内开放获取数据库及系统

（1）Socolar 平台（http://www.socolar.com）

Socolar 平台是由中国教育进出口公司开发的，如图 4-2-8 所示，它是一个基于开放获取期刊和开放获取机构仓储的导航、免费文章检索和全文链接服务的系统平台。目前已收录期刊 1 万多种，仓储数目 1000 多个，揭示的文章数量近 2400 篇，内容涵盖所有的学科领域，90%以上的期刊通过同行评审。

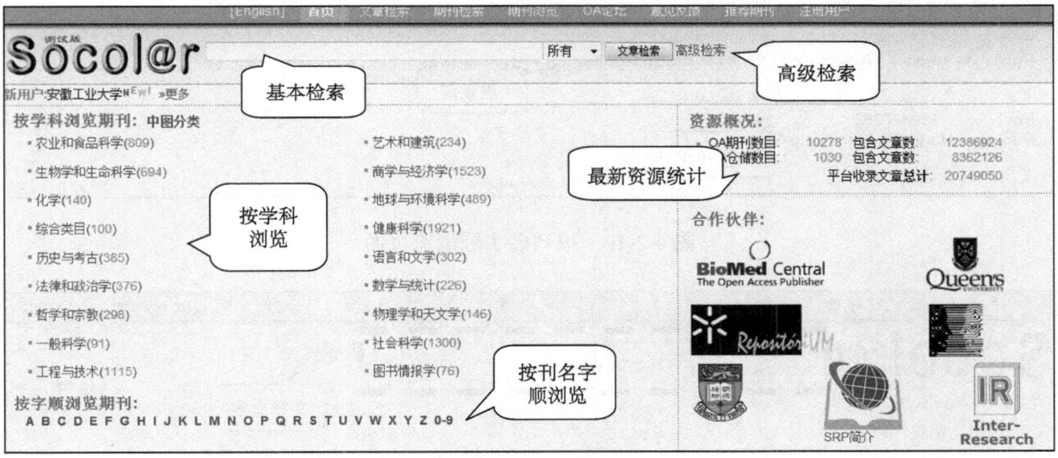

图 4-2-8　开放获取资源一站式检索服务平台

Socolar 平台提供快速浏览功能，可按学科\刊名字顺进行浏览及检索，如图 4-2-9、图 4-2-10 所示。

平台还提供文章检索功能。可以直接输入文章名称、作者、关键词、摘要等进行检索，通过链接即可获取全文，如图 4-2-11 所示。

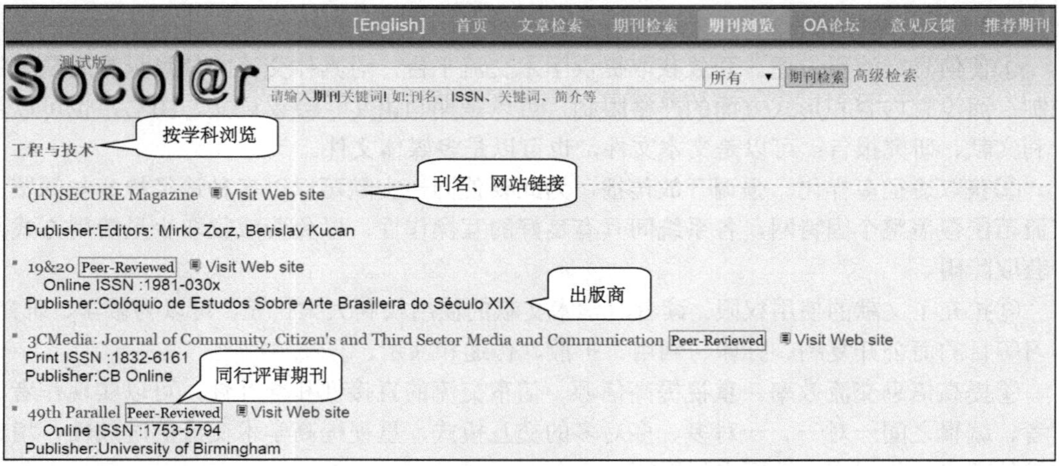

图 4-2-9　按学科浏览页面

图 4-2-10　按刊名字顺浏览页面

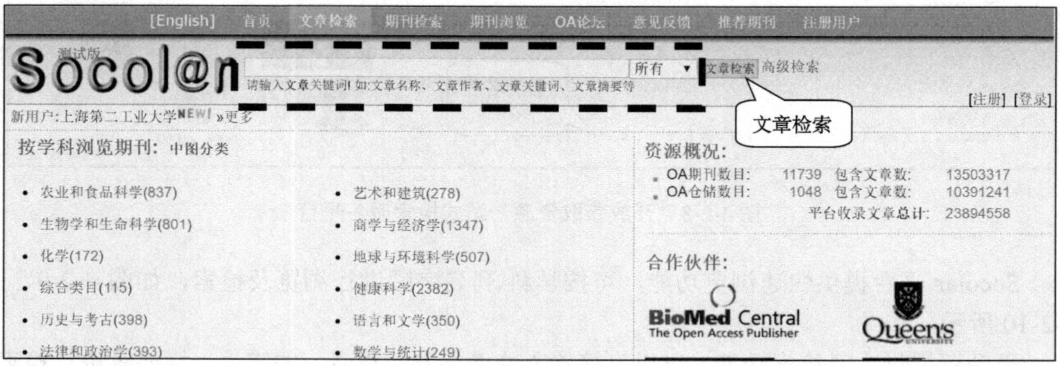

图 4-2-11　论文检索页面

（2）预印本服务系统

预印本服务系统主要收藏理、工、农、医等领域国内科技工作者自由提交的预印本文章。用户在注册后可自由提交、检索、浏览预印本文章全文、发表评论等，图 4-2-12 所示为中国预印本服务系统页面（http://prep.istic.ac.cn/main.html?action=index）。

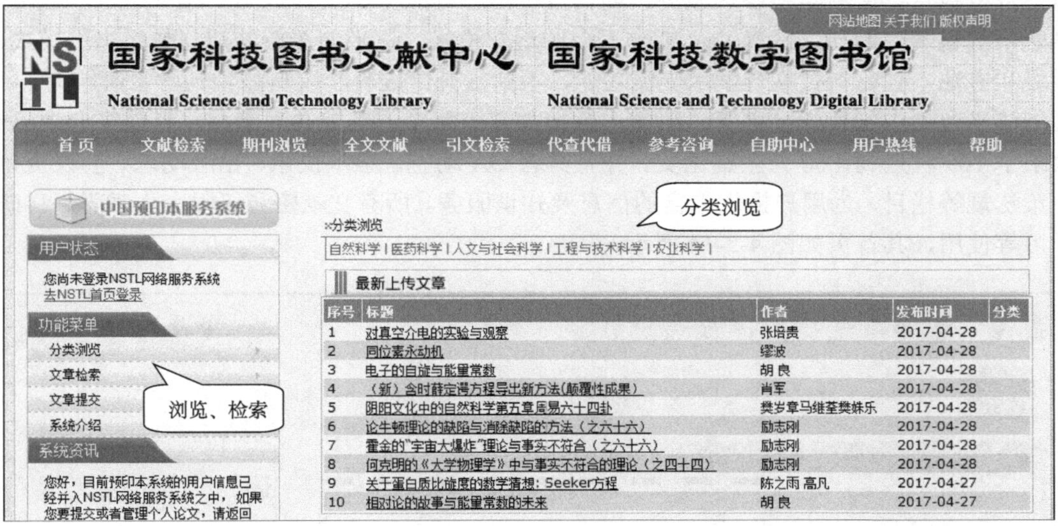

图 4-2-12　中国预印本服务系统页面

（3）中国科技论文在线（http://www.paper.edu.cn）

中国科技论文在线由教育部科技发展中心主办，提供国内优秀学者论文、在线发表论文、各种科技期刊论文（各种大学学报与科技期刊）全文，还提供对国外免费数据库的链接，如图 4-2-13 所示。

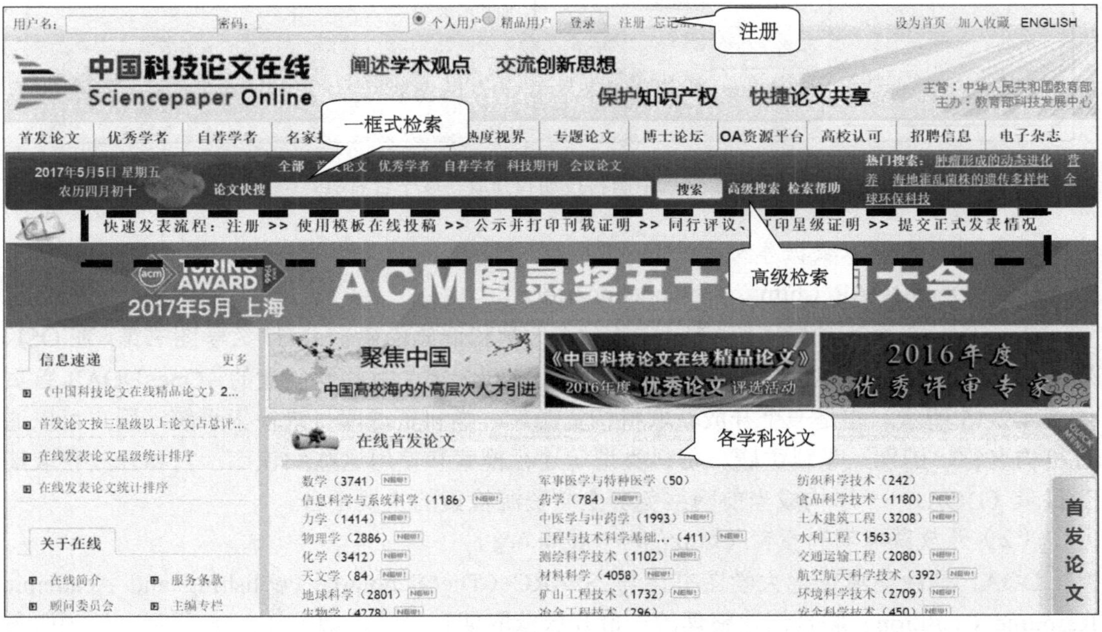

图 4-2-13　中国科技论文在线首页

（4）中国科学院科技期刊开放获取平台（http://www.oaj.cas.cn）

中国科学院科技期刊开放获取平台主要提供 OA 期刊网站链接、开放文献获取、期刊引证分析报告、文献学科咨询服务、期刊数字出版等服务，主要是为了集中展示、宣传、导航中国科学院期刊，探索 OA 期刊平台的运营模式，逐步创造新的期刊数字出版模式、手段和方法，强化科技期刊学术交流功能，不断提升中国科学院科技期刊学术影响力。

该平台由中国科学院主管，科学出版社与国家科学图书馆共同承办，目前平台中已经收录了 169 种期刊，60 万余篇论文，并且具有 OA 动态、学术快讯、出版动态、会议资讯、政策法规等栏目，为用户提供丰富的信息及知识服务。所有文献资源仅限个人教学、科研、学习等使用，其首页如图 4-2-14 所示。

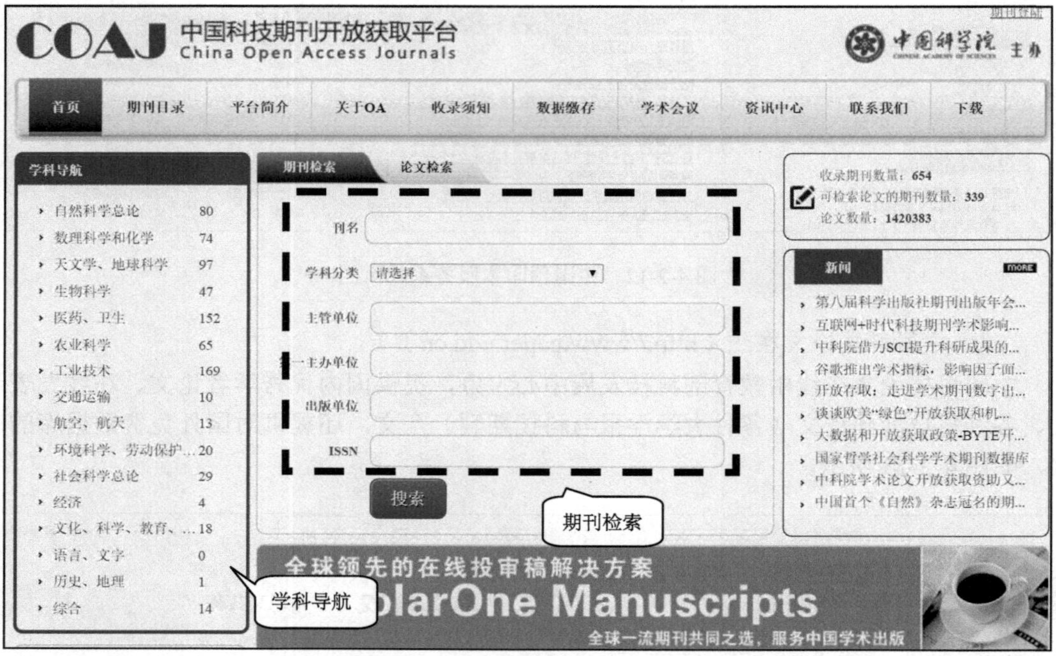

图 4-2-14　中国科技期刊开放获取平台首页

4. 国外开放获取数据库及系统

（1）OpenDOAR（http://www.opendoar.org）

OpenDOAR 是英国诺丁汉（Nottingham）大学和瑞典伦德（Lund）大学图书馆，在 OSI、JISC、CURL、SPARC 欧洲部等机构的资助下于 2005 年 2 月共同创建的，OpenDOAR 首页如图 4-2-15 所示。它是一个开放获取机构资源库、学科资源库目录检索系统，用户可以通过机构名称、国别、学科主题、资料类型等途径检索和使用这些知识库。它和开放获取期刊目录（DOAJ）一道构成当前网络免费全文资源检索的主要平台。

（2）开放获取期刊指南（http://www.doaj.org）

DOAJ 是由瑞典伦德大学图书馆与 SPARC（The Scholarly Publishing and Academic Resource Coalition）联合创建整理的一份开放获取期刊目录，如图 4-2-16 所示。该项服务涵盖了免费的、可获取全文的、高质量的科学和学术期刊。目前有 7000 多种期刊，这些期刊一般都是经过同行评审，或者有编辑作质量控制的，具有免费、全文、高质量的特点，对学术研究有很高的参考价值。

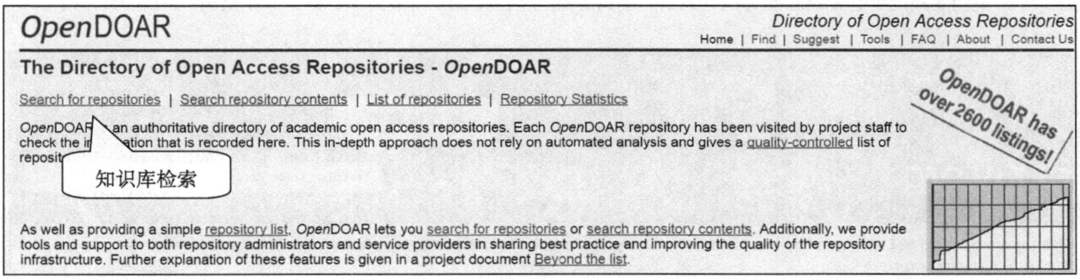

图 4-2-15　OpenDOAR 的首页

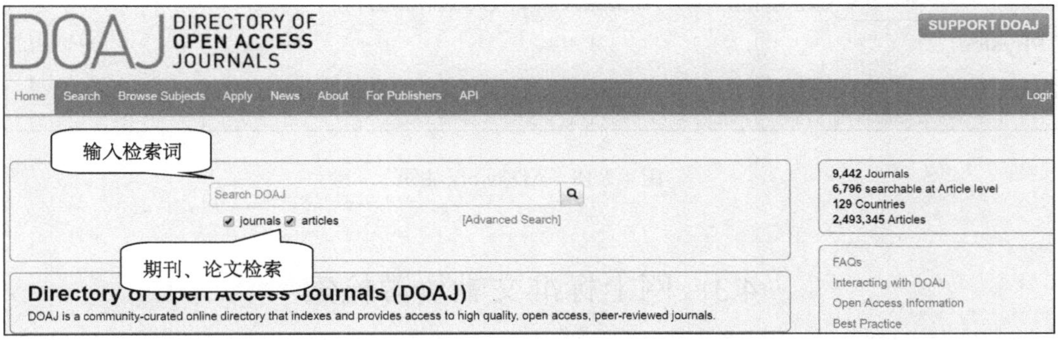

图 4-2-16　DOAJ 页面

（3）HighWire Press 电子期刊（http://highwire.stanford.edu）

HighWire Press 是全球最大的提供免费全文的学术文献出版商，于 1995 年由美国斯坦福大学图书馆创立。目前已收录电子期刊 710 多种，文章总数已达 230 多万篇，其中超过 77 万篇文章可免费获得全文，这些数据仍在不断增加。HighWire Press 收录的期刊包括生命科学、医学、物理学、社会科学，部分全文可免费访问，如图 4-2-17 所示。

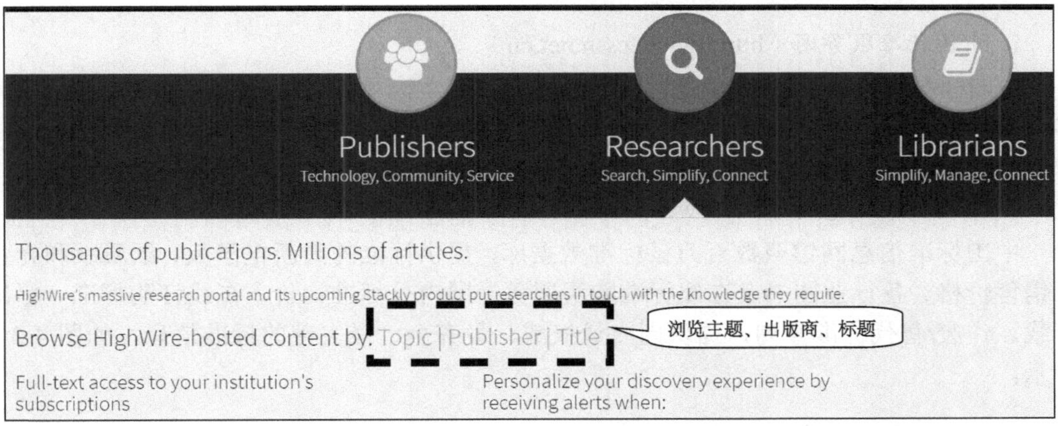

图 4-2-17　HighWire Press 电子期刊主页

（4）ArXiv.org（https://arxiv.org）

美国洛斯阿拉莫斯核物理实验室论文预印本服务器是全世界物理学研究者最重要的交流工具，覆盖几乎全部物理学、大部分计算机科学和一部分数学，如图 4-2-18 所示。

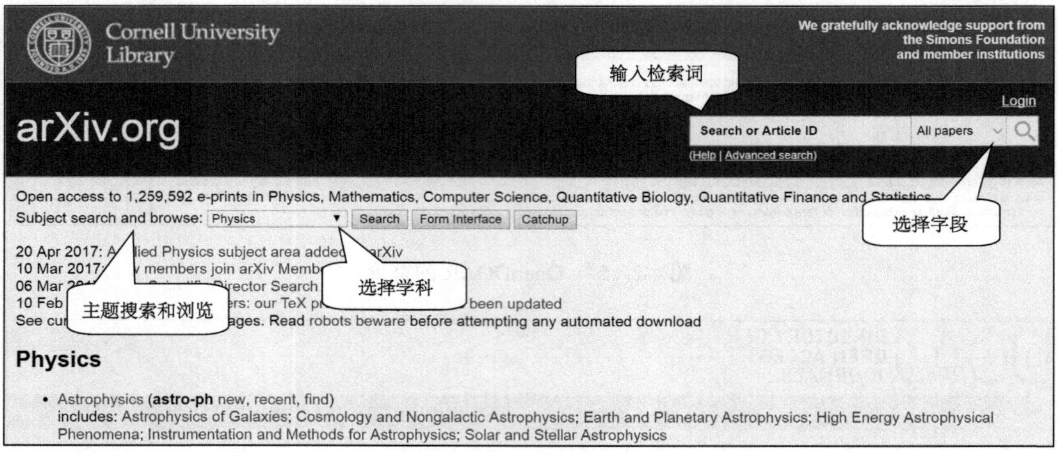

图 4-2-18　ArXiv.org 主页

4.3　网上标准文献资源检索

网上标准数据库很多，有的是由学会与协会办的，有的是由各省市、各行业办的。这些数据库大部分需要先注册，后登录，免费检索。一般网络全文不能免费获取，检索结果可获得标准题目、标准号、起草日期、颁布日期等。若想获取全文，必须支付费用，可通过购买其数据库，或购买阅读卡等方式或通过原文传递。

网络检索提供的检索途径很多，有标准号、中文标题（关键词）、英文标题（关键词）、发布日期、发布单位、实施日期、采用关系、被替代标准等。

4.3.1　国内标准文献检索

1. 中国标准服务网（http://www.cssn.net.cn）

中国标准服务网于 1998 年 6 月 5 日开通，目前，该网站藏有 60 多个国家和地区、70 多个国际和区域性标准和行业标准，全文需付费获取。系统提供了简单检索、高级检索、专业检索和分类检索等方式，如图 4-3-1 所示。

2. 中国标准信息网（http://www.chinaios.com）

中国标准信息网馆藏数百万条标准数据库，提供标准的最新电子版、纸质版和光盘版销售价格、各行业图书及在线标准购买服务、国内外标准询价、在线订购标准、标准下载、作废/替代标准查询，提供国内最权威、最齐全、最完善的标准信息，如图 4-3-2 所示。

图 4-3-1　简单检索页面

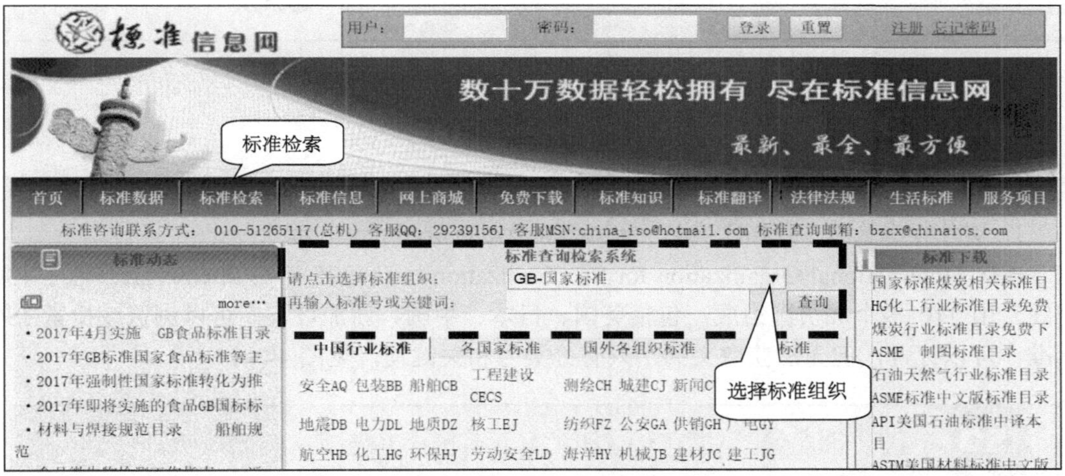

图 4-3-2　中国标准信息网主页

在检索标准时，本查询系统首先选择标准组织；然后输入要检索的标准号或关键词，单击“查询”按钮即可。

3. 国家标准全文公开系统（http://www.gb688.cn/bzgk/gb/index）

国家标准全文公开系统是中国国家标准化管理委员会（http://www.sac.gov.cn）公众服务的一个子系统。本系统在《国家标准批准发布公告》发布后 20 个工作日内公开新批准发布的国家标准文本，其中涉及采标的推荐性国家标准的公开，将在遵守国际版权政策的前提下进行。同时，本系统公开了国家质量监督检验检疫总局、国家标准化管理委员会 2017 年 1 月 1 日前已批准发布的所有强制性国家标准及基础类推荐性国家标准（非采标），其他推荐性国家标准（非采标）将在 2017 年年底前陆续完成公开。图 4-3-3 为该系统的检索页面，分别由普通检索、标准分类和高级检索组成。另外，食品安全、环境保护、工程建设方面的国家标准未纳入本系统。

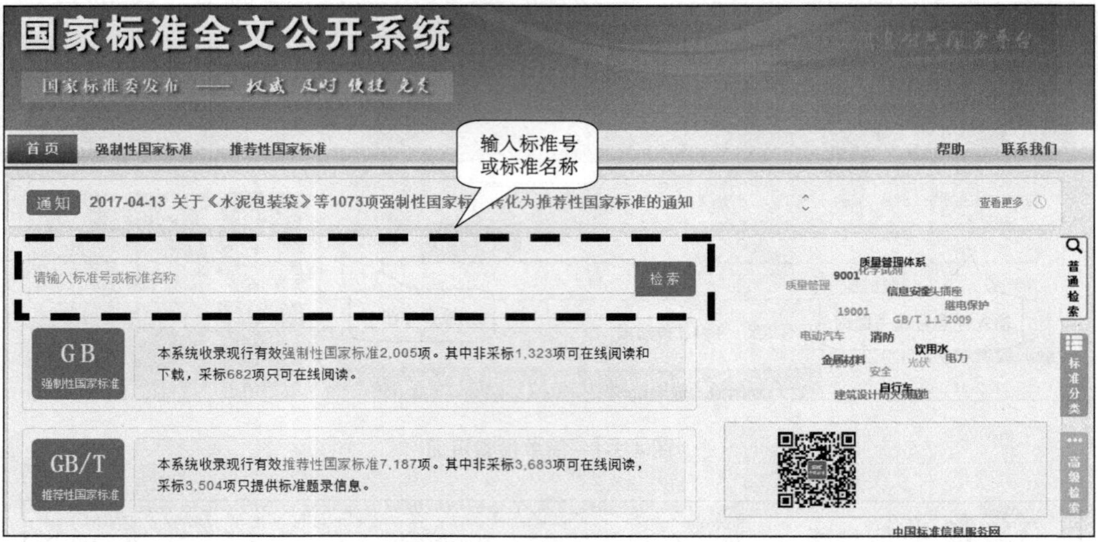

图 4-3-3　国家标准全文公开系统检索页面

4.3.2　国外标准文献检索

1. 国外标准检索——ISO 网站（https://www.iso.org/home.html）

ISO（International Organization for Standardization）于 1995 年在 Internet 上开通了 ISO 在线。由 110 多个成员国组成，包括美国、日本、中国、新加坡等。可以浏览或检索 ISO 标准，可以订购，但无法获取文摘，只有分类号和关键词，见图 4-3-4。

图 4-3-4　国际标准化组织的主页

2. 国际电工委员会（IEC）（http://www.iec.ch）

IEC（International Electrotechnical Commission）负责电气和电子领域中标准化组织和协调工作，制定电子、电力、电信和原子能等领域的国际标准。IEC 可以浏览或检索订购

IEC 制定的标准，实现部分文摘预览，如图 4-3-5 所示。

图 4-3-5　IEC 主页

3. ANSI（美国国家标准学会）标准（https://www.ansi.org）

该学会是负责审定发布国家标准的机构，它一般极少制定国家标准，而是将各专业团体组织制定的专业标准进行审查、确认后定为国家标准（ANSI 标准），因此，该学会实际上是协调性管理机构，ANSI 标准主页如图 4-3-6 所示。

图 4-3-6　ANSI 标准主页

4.4　网上综合信息资源检索

4.4.1　教育信息资源检索

1. 教育部的网站（http://www.moe.edu.cn）

教育部的网站含机构设置、教育新闻、政策法规、公报公告、行政审批、项目指南、招生考试、文献资料等栏目，见图 4-4-1。

图 4-4-1　教育部网站主页

2. 中国教育和科研计算机网（http://www.edu.cn/）

中国教育和科研计算机网（中国教育网）是中国最权威的教育门户网站，是了解中国教育的对内、对外窗口。网站提供关于中国教育、科研发展、教育信息化等新闻，如图 4-4-2 所示。

图 4-4-2　中国教育网主页

3. 中国教育在线（http://www.eol.cn）

中国教育在线（www.eol.cn）依托 CERNET 创建于 2001 年，主要以市场化模式，为社会各界提供各种专业的教育信息服务。

中国教育在线服务内容与领域覆盖了从学前到中小学，以及大学阶段的各种信息服务，也是中国最大的教育门户网站。

CERNET 是中国教育信息化服务平台。2000 年，经国家相关部门批准，组建了赛尔网络有限公司，负责 CERNET 的日常运营与服务。图 4-4-3 为中国教育在线主页。

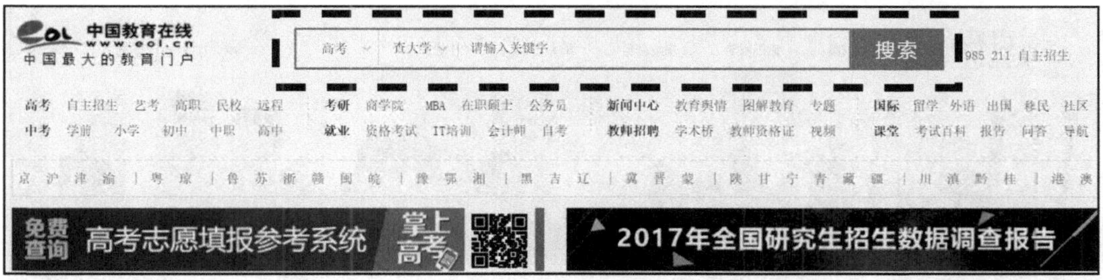

图 4-4-3　中国教育在线主页

4. 中国教育信息网（http://www.chinaedu.edu.cn）

教育部教育管理信息中心主管、主办的中国教育信息网是为公众提供权威教育行业信息、院校信息、教育相关产业信息的教育信息服务平台。图 4-4-4 为其主页。

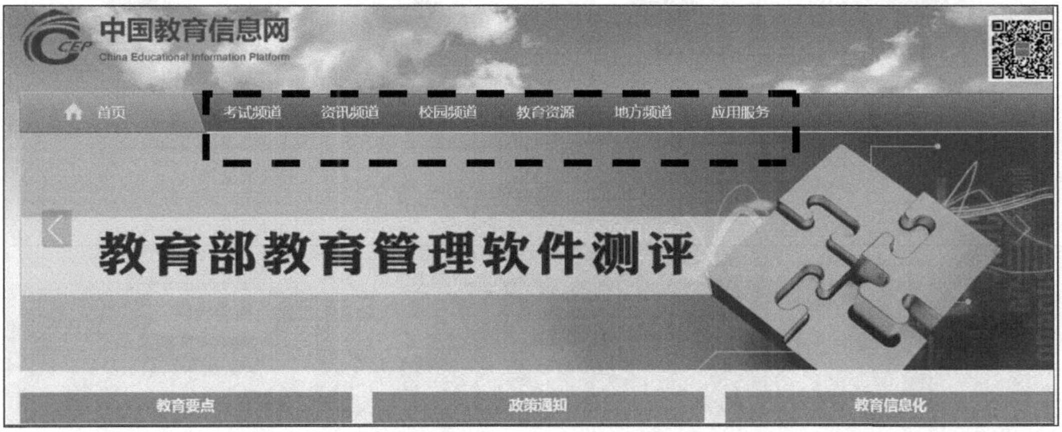

图 4-4-4　中国教育信息网主页

5. 国家留学网（http://www.csc.edu.cn）

国家留学基金管理委员会成立于 1996 年，是直属于教育部的非营利性事业法人机构。国家留学基金管理委员会根据国家法律、法规和有关方针政策管理、使用国家留学基金；用法制和经济手段管理出国留学和来华留学事务，合理确定有关资助项目与方式；管理各项与国外双边、多边交换或单方奖学金，资助有益于中国教育事业和对外友好关系发展的项目。国家留学基金主要来源于国家财政拨款，也接受并积极争取国内外捐助，图 4-4-5 所示为国家留学网主页。

4.4.2　网上数据信息资源检索

1. 国家统计局网站（http://www.stats.gov.cn）

国家统计局网站是国家统计局对外发布信息、服务社会公众的网络窗口。具有数据量大、权威度高、更新速度快的特点，且免费使用，是获取国内经济信息的主要数据源，图 4-4-6 为其主页。本网站提供分类浏览和关键词检索两种方法。

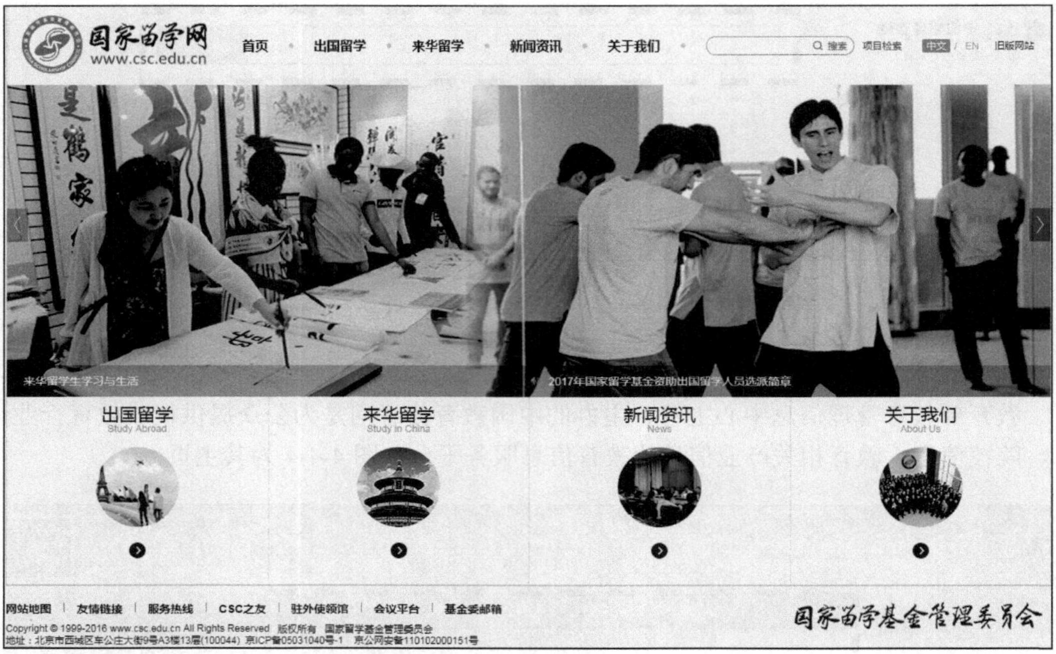

图 4-4-5　国家留学网主页

图 4-4-6　国家统计局网站

2. 中国经济信息网（http://www.cei.gov.cn）

中国经济信息网（简称中经网），是国家信息中心联合各地及部委信息中心组建，以提供经济信息为主要业务的专业性信息服务网站，于 1996 年 12 月 3 日开通，图 4-4-7 为中经网主页。

3. 国务院发展研究中心信息网（http://www.drcnet.com.cn）

国务院发展研究中心信息网（简称国研网），是国务院发展研究中心主管、国务院发展研究中心信息中心主办、北京国研网信息有限公司承办的大型经济类专业网站。国研网推出了国研报告数据库、宏观经济报告数据库、金融中国报告数据库、行业经济报告数据库、世界经济与金融评论报告数据库和财经数据库等产品，如图 4-4-8 所示。

图 4-4-7　中国经济信息网主页

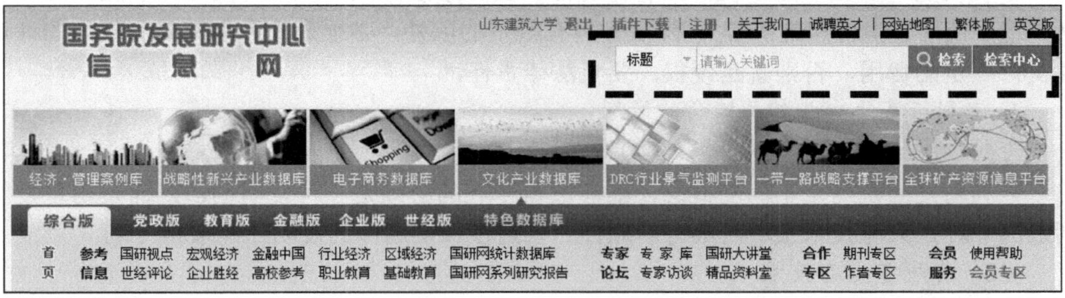

图 4-4-8　国研网主页

4. 中国资讯行高校财经数据库（http://www.bjinfobank.com）

中国资讯行有限公司是香港的一家专门收集、处理我国商业信息的高科技企业，成立于 1995 年。该公司推出的中国资讯行系列数据库内容覆盖中国经济新闻、中国企业产品信息、中国统计数据、中国（含香港）上市公司资料、中国法律法规等领域，现已建成全球最大的中文商业数据库，其主页如图 4-4-9 所示。

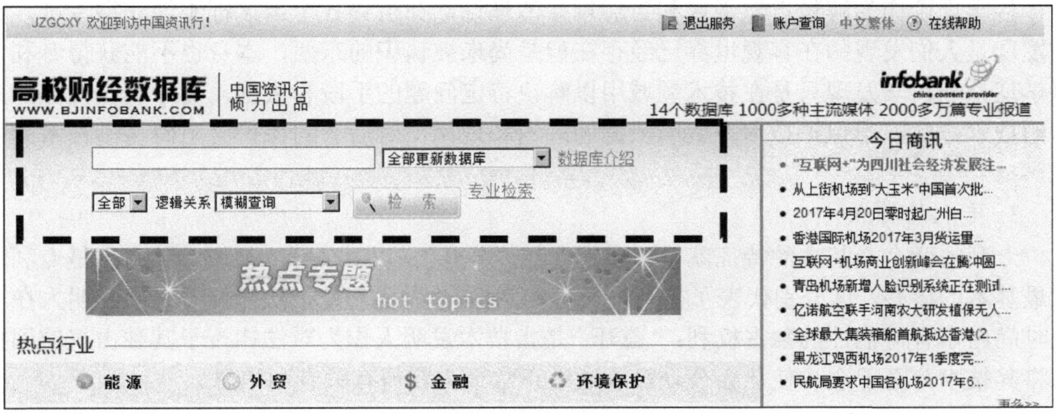

图 4-4-9　中国资讯行高校财经数据库主页

第 5 章　专利及专利信息检索

5.1　专利概述

5.1.1　专利的概念

1. 专利

专利主要是指专利权，专利权是一种独占权，是指一项发明创造，由申请人向国家专利主管部门提出申请，经依法审查合格后，授予申请人在规定的时间内对该项发明创造享有的专有权。

专利权是一种无形财产权，具有排他性，受国家法律保护。任何人想要实施专利（包括制造、使用、销售和进口等），除法律另有规定的以外，必须事先取得其专利权人的许可并支付一定的费用，否则就是侵权，要负法律责任。

2. 专利与其他一些相关概念的区别

（1）专利与发明

专利与发明是两个不同的概念，能够取得专利的必须是一种发明创造，而发明是发明创造的一种，只有技术领域内具有新颖性、创造性和实用性的发明才能取得专利。

（2）专利与专有技术

专利与专有技术的一个根本区别在于专利的公开性。在专利申请提出后一般专利局都会将所申请的发明创造进行公开，而且这种公开必须达到这样一种程度：同一领域的技术人员能够按照公开的技术实施该专利。而专有技术则一般处于一定范围内的秘密状态，而这种秘密状态也是专有技术保持其专有性的基本条件，一旦失去了秘密状态，专有技术将自动丧失专有性。专利法调整和保护的对象是专利，并不保护专有技术。专利法一般对专利都规定了相应的有效期限，而专有技术的有效期则取决于其保密状态持续的时间长短。

（3）专利与科学理论、科学发现

科学理论作为解释自然现象和自然规律的理论，在世界各个国家都不能获得专利。科学发现是人们发现的在客观世界已经存在但是尚未被认识的东西，本身也不能获得专利。科学理论和科学发现只是在技术领域用以解决特定问题的手段和依据，而专利仅仅保护具体的技术方案，不保护技术方案所依据的理论和规律，对后者的保护会阻碍科学技术的发展。

3. 专利的特点

专利的两个最基本的特征就是“独占”与“公开”，以“公开”换取“独占”是专利制度最基本的核心，这分别代表了权利与义务的两面。“独占”是指法律授予技术发明人在一段时间内享有排他性的独占权利；“公开”是指技术发明人作为对法律授予其独占权的回报而将其技术公之于众，使社会公众可以通过正常渠道获得有关专利信息。

（1）独占性

独占性也称排他性或专有性。它是指同一发明在一定的区域范围内，只有专利权人才能在一定期限内享有对其的制造权、使用权和销售权。其他任何人未经许可都不能对其进行制造、使用和销售，否则属于侵权行为。

（2）区域性

区域性是指专利权是一种有区域范围限制的权利，它只有在法律管辖区域内有效。除了在有些情况下，依据保护知识产权的国际公约，以及个别国家承认另一国批准的专利权有效以外，技术发明在哪个国家申请专利，就由哪个国家授予专利权，而且只在专利授予国的范围内有效，而对其他国家不具有法律约束力，其他国家不承担任何保护义务。但是同一发明可以同时在两个或两个以上的国家申请专利，获得批准后，其发明便可以在所有申请国获得法律保护。

（3）时间性

时间性是指专利权只有在法律规定的期限内才有效。专利权的有效保护期限结束以后，专利权人所享有的专利权便自动丧失，一般不能延续。发明便随着保护期限的结束而成为社会公有的财富，其他人便可以自由地使用该发明来创造产品。专利受法律保护的期限的长短由有关国家的专利法或有关国际公约规定。目前世界各国的专利法对专利的保护期限规定不一。《知识产权协定》第三十三条规定：专利保护的有效期应不少于自提交申请之日起的第二十年年终。 中国的发明专利权期限为二十年，实用新型专利权和外观设计专利权期限为十年，均自申请日起计算。

4．专利族与专利优先权

（1）专利族（Patent Family）

专利族是指具有相同的发明构思，以不同的文种向多个国家或组织进行多次申请、公开或批准，内容有所不同的一组专利（具有不同的专利号）。同一专利族中的每件专利文献均为该专利族成员（Patent Family Members），即同一专利族中每件专利文献互为同族专利。同一专利族中最早优先权（最先申请）的专利文献称为基本专利。

同族专利的作用旨在提供有关该项发明的最新技术发展信息、在国际市场上的发展状况、法律状态和经济情报，了解专利权人就该项技术在国际范围内的专利布局，帮助读者克服语言障碍。

另外，同族专利并不是完全相同的。因为在不同国家申请时往往各国专利法对申请条件的要求有所不同，专利申请人有时会对专利说明书进行一些修改；另外，申请人也可能在申请过程中对专利说明书中认为应该更正的地方进行了一些修改，这就造成了同族专利内容的不一致性，在检索过程中应该注意这个现象。

（2）专利优先权

专利优先权是指专利申请人就其发明创造第一次在某国提出专利申请后，在法定期限内又就相同主题的发明创造提出专利申请的，根据有关法律规定，其在后申请以第一次专利申请的日期作为其申请日，专利申请人依法享有的这种权利就是专利优先权。专利优先权的目的在于排除在其他国家抄袭此专利者有抢先提出申请、取得注册之可能。《保护工业产权巴黎公约》规定优先权期限：发明和实用新型的专利优先权为 12 个月，外观设计的专利优先权期限为 6 个月。专利优先权可分为国内优先权和国际优先权。

①国内优先权，又称为“本国优先权”，是指专利申请人就相同主题的发明或者实用新型在中国第一次提出专利申请之日起 12 个月内，又向我国国家知识产权局提出专利申请的，可以享有优先权。在我国优先权制度中不包括外观设计专利。

②国际优先权，又称“外国优先权”，其内容是：专利申请人自发明或者实用新型在外国第一次提出专利申请之日起12个月内，或者自外观设计在外国第一次提出专利申请之日起 6 个月内，又在中国就相同主题提出专利申请的，依照该外国同中国签订的协议或者共同参加的国际条约，或者依照相互承认优先权的原则，可以享有优先权。

5.1.2 专利的类型

对于专利种类的划分，各国专利法的规定不尽相同，我国专利法规定的专利有三种。

1. 发明专利

我国《专利法》第二条第一款对发明的定义是：发明是指对产品、方法或者其改进所提出的新的技术方案。所谓产品是指工业上能够制造的各种新制品，包括有一定形状和结构的固体、液体、气体之类的物品。所谓方法是指对原料进行加工，制成各种产品的方法。发明专利并不要求它是经过实践证明可以直接应用于工业生产的技术成果，它可以是一项解决技术问题的方案或是一种构思，具有在工业上应用的可能性，但不能将这种技术方案或构思与单纯地提出课题、设想相混淆，因为单纯的课题、设想不具备工业上应用的可能性。

2. 实用新型专利

我国《专利法》第二条第二款对实用新型的定义是：实用新型是指对产品的形状、构造或者其结合所提出的适于实用的新的技术方案。同发明一样，实用新型保护的也是一个技术方案。但实用新型专利保护的范围较窄，它只保护有一定形状或结构的新产品，不保护方法以及没有固定形状的物质。实用新型的技术方案更注重实用性，其技术水平较发明而言要低一些，多数国家实用新型专利保护的都是比较简单的、改进性的技术发明，可以称为小发明。

3. 外观设计专利

我国《专利法》第二条第三款对外观设计的定义是：外观设计是指对产品的形状、图案或其结合以及色彩与形状、图案的结合所作出的富有美感并适于工业应用的新设计。并在《专利法》第二十三条对其授权条件进行了规定，“授予专利权的外观设计，应当不属于现有设计；也没有任何单位或者个人就同样的外观设计在申请日以前向国务院专利行政部门提出过申请，并记载在申请日以后公告的专利文件中”。相对于以前的专利法，最新修改的专利法对外观设计的要求提高了。

外观设计与发明、实用新型有着明显的区别，外观设计注重的是设计人对一项产品的外观所作出的富于艺术性、具有美感的创造，但这种具有艺术性的创造不是单纯的工艺品，它必须具有能够为产业上所应用的实用性。外观设计专利实质上是保护美术思想的，而发明专利和实用新型专利保护的是技术思想；虽然外观设计和实用新型与产品的形状有关，但两者的目的不相同，前者的目的在于使产品形状产生美感，而后者的目的在于使具有形态的产品能够解决某一技术问题。例如，一把雨伞的形状、图案、色彩相当美观，那么应申请外观设计专利，如果雨伞的伞柄、伞骨、伞头结构设计精简合理，可以节省材料又有耐用的功能，那么应申请实用新型专利。

5.1.3　专利的申请

专利申请一般是委托专利事务所代理，专利代理人将分别在申请前、申请阶段和获得专利权后提供服务。在申请前，代理人为申请人提出建议；在申请阶段，代理人为申请人撰写、提交专利申请文件及代办有关事宜；获得专利权后与技术转让时，代理人将对技术转让疑点提供咨询，参与技术贸易谈判及起草合同等。尽管委托专利事务所代理需要付出一些代理费，却可以达到多快好省的效果。中国专利也可由发明人自己直接申请，这就需要发明人必须具备一些专利的基本知识。

1. 专利申请前的准备

一项能够取得专利权的发明创造需要具备多方面的条件。首先是具备实质性条件，即具备专利性；其次要符合专利法规定的形式要求以及履行各种手续。不具备上述条件的申请不但不可能获得专利，还会造成申请人及专利局双方时间、精力和财力的极大浪费。为了减小申请专利的盲目性，节省申请人及专利局双方的人力和物力，专利申请人在提出申请以前一定要做好以下准备工作。

①学习和熟悉专利法及其实施细则，详细了解什么是专利，谁有权申请并取得专利，如何申请和取得专利。同时，应了解专利权人的权利和义务，取得专利后如何维持和实施专利等。

②对准备申请专利的项目是否具备专利性进行较详细的调查。在作出是否提出专利申请决定以前，应当广泛掌握资料，充分了解现有技术的状况，对明显没有新颖性或创造性（或独创性）的，就不必再提出申请。由于现有技术包括专利文献、非专利文献、本专业的权威性期刊和专著等，还包括国内同行业的技术现状，所以对现有技术作全面调查是一项十分细致和烦琐的工作。尽管这样，对现有技术的调查还是一个不可缺少的环节。申请人至少应当检索一下专利文献，因为专利文献包含了国内外最新的技术情报，又有比较科学的分类方法，往往可以给申请人较大帮助。此外，专利局下属的检索咨询中心还设有申请专利前的有偿检索服务，如果申请人经济上许可，自然这是调查现有技术最快捷的方法。

③需要从市场经济的角度对申请专利进行认真考虑。申请专利必须缴纳申请费、审查费，如果被批准，还要缴纳专利登记费、年费等，委托专利代理机构的还要缴纳代理费，这是一笔不小的投资。申请人应对自己的发明创造技术开发的可能性、范围及技术市场和商品市场的条件进行认真预测和调研，以便明确在取得专利权以后实施和转让专利的条件及可能获得的经济收益，明确不申请专利可能带来的市场和经济损失。这些都是申请人作出是否值得申请专利、申请什么专利（发明、实用新型或外观设计）和在什么时候提出专利申请等决定时应当考虑的重要因素。

④了解专利申请文件的书写格式和撰写要求、专利申请的提交方式、费用情况和简要的审批过程。专利法规定，申请一旦提交以后就不能再作实质性修改，所以申请文件特别是说明书写得不好，将成为无法补救的缺陷，甚至可能导致很好的发明内容却得不到专利。权利要求书写得不好，常常会限制专利权的保护范围。不了解申请手续、审批程序也往往会导致申请被撤回等法律后果。撰写申请文件有很多技巧，办理各种申请手续也是十分细致、要求很严格的工作，申请人如果没有把握，最好委托专利代理机构办理申请手续。

⑤其他在申请前应注意的事项。为了保证专利申请具有新颖性，在提出专利申请以前，申请人应当对申请内容保密。如果在发明试验或鉴定的过程中有其他人参与，应当要求这些人员也予以保密，必要时可以签订保密协议。已由国务院主管部委或全国性学术团体组织或举办过新技术、新产品鉴定会和技术会议的，为了不丧失新颖性，应当按照专利法第二十四条的规定，在鉴定会或技术会议后6个月之内提出申请。

2. 专利申请条件

世界上大多数国家申请专利的条件大致相同。我国专利法规定，一项发明创造要想获得专利权，要满足以下条件。

①不违反国家法律、社会公德，不妨害公共利益。

②专利法规定的不授予专利权的内容或技术领域：科学发现；智力活动的规则和方法；疾病的诊断和治疗方法；动物和植物品种；用原子核变换方法获得的物质。对以上第四项所列产品的生产方法，可以依照专利法授予专利权。

此外，授予专利权的发明和实用新型专利必须具备新颖性、创造性和实用性。

①新颖性，是指在申请日以前没有同样的发明或者实用新型在国内外出版物上公开发表过、在国内公开使用过或者以其他方式为公众所知，也没有同样的发明或者实用新型由他人向国务院专利行政部门提出过申请并且记载在申请日以后公布的专利申请文件中。出版物指各种印刷的纸件，如专利文件、著作、学术论文、正式公布的会议记录或者技术报告、报纸等，还包括采用其他方法制成的各种有形载体，如缩微胶片、影片、磁带、光盘等。

②创造性，是指同申请日以前已有的技术相比，该发明有突出的实质性特点和显著的进步，该实用新型有实质性特点和进步。发明有突出的实质性特点，是指发明相对于现有技术，对所属技术领域的技术人员来说是非显而易见的。发明有显著的进步，是指发明与最接近的现有技术相比能够产生有益的技术效果，例如，发明克服了现有技术中存在的缺点和不足，或者为解决某一技术问题提供了一种不同构思的技术方案，或者代表了某种新的技术发展趋势。

③实用性，是指该发明或者实用新型能够制造或者使用，并且能够产生积极效果。其中，能够制造或者使用是指，如果申请的是一种产品，那么该产品必须在产业中能够制造；如果申请的是一种方法（仅限发明），那么这种方法必须在产业中能够使用，并且能够解决技术问题。只有满足上述条件的产品或者方法，专利申请才可能被授予专利权。能够产生积极效果，是指发明或者实用新型专利申请在提出申请之日，其产生的经济、技术和社会效益是所属技术领域的技术人员可以预料到的，而这些效果应当是积极的和有益的。

授予专利权的外观设计，应当同申请日以前在国内外出版物上公开发表过或者国内公开使用过的外观设计不相同和不相近似，并不得与他人先取得的合法权利相冲突。

3. 申请专利应当提交的文件

申请专利时提交的法律文件必须采用书面形式，并按照规定的统一格式填写。申请不同类型的专利需要准备不同的文件。

申请发明或实用新型专利，应提交请求书、说明书及其摘要、说明书附图、权利要求书、摘要附图等文件各一式两份。

①请求书。请求书是确定发明或者实用新型专利申请的依据，应写明发明或者实用新

型的名称，发明人的姓名，申请人姓名或者名称、地址，以及其他事项。

②说明书及其摘要。说明书应对发明或者实用新型专利作出清楚、完整的说明，以所属技术领域的技术人员能够实现为准；摘要应简要说明发明或者实用新型专利的技术要点。

③说明书附图。说明书附图是发明、实用新型专利申请的必要文件，发明专利申请如为产品应提交附图。附图应当使用绘图工具和黑色墨水笔绘制，不得涂改或易被涂擦。

④权利要求书。应以说明书为依据，说明发明或者实用新型专利的技术特征，清楚、简要地限定要求专利保护的范围。

⑤摘要附图：说明书有附图的，申请人应当提交一幅最能说明该发明技术方案主要技术特征的附图作为摘要附图。摘要附图应当是说明书附图中的一幅。

申请外观设计，应提交请求书以及该外观设计的图片或者照片等文件，提交的有关图片或者照片应清楚地显示要求专利保护产品的外观设计，应写明使用该外观设计的产品及其所属类别。

4. 专利审查与授权

目前，世界各国专利的审查制度分形式审查制、实质审查制和早期公开延迟审查制三种。

（1）发明专利申请的审查与授权

我国发明专利申请的审查采用早期公开延迟审查制，这种审查制能及早公布专利技术，可及时获得专利信息，有利于技术发展，并避免了专利申请的积压现象，但审查时间较长，专利说明书从申请到批准公布需要出版若干次。其审查程序如下。

①受理。符合受理条件的，专利局将确定申请日，给予申请号，并且核实文件清单后，发出受理通知书，通知申请人。

②形式审查。对符合受理条件的专利申请先作形式审查，审查内容主要包括是否属于《专利法》中不授予专利权的范围，是否明显缺乏技术内容不能构成技术方案，申请文件是否齐备及格式是否符合要求，若是外国申请人还要进行资格审查及申请手续审查。形式审查不合格的，专利局将通知申请人在规定的期限内补正或陈述，逾期不答复的，申请将被视为撤回。经答复仍不合格的，予以驳回。

③公布。经形式审查认为符合专利法要求的，自申请日起满 18 个月，即公布专利申请说明书（也可以根据申请人的请求早日公布其申请），申请人获得专利申请临时保护权利。

④实质审查。发明专利申请公布以后，自申请日起 3 年内，国家知识产权局可以根据申请人随时提出的请求，对其申请进行实质审查（新颖性、创造性、实用性）。经审查认为不符合专利法规定的，将通知申请人在指定的期限内陈述意见或进行修改，无正当理由逾期不答复的，该申请被视为撤回，经多次答复申请仍不符合专利法规定的，予以驳回。申请人无正当理由逾期不请求实质审查的，该申请即被视为撤回。

⑤授权。发明专利申请经实质审查没有发现驳回理由的，由国家知识产权局作出授予发明专利权的决定，颁发发明专利证书，同时予以登记和公告。发明专利权自公告之日起生效。

（2）实用新型、外观设计专利审查与授权

我国的实用新型和外观设计专利申请采用的是形式审查制（也称登记制），经形式审查没有发现驳回理由的，由国家知识产权局作出授予实用新型或者外观设计专利权的决定，颁发相应的专利证书，同时予以登记和公告。实用新型和外观设计专利权自公告之日起生效。

提示：专利申请的受理机关——国家知识产权局是我国唯一有权接受专利申请的机关。国家知识产权局在全国 26 个城市设有代办处，受理专利申请文件，代收各种专利费用。

5.1.4 专利的分类

1. IPC 分类

《国际专利分类表》(International Patent Classification，IPC) 是根据 1971 年签订的《国际专利分类斯特拉斯堡协定》编制的，是目前唯一国际通用的专利文献分类和检索工具，为世界各国所必备。IPC 分类表每五年修订一次，如 2000 年 1 月 1 日～2006 年 12 月 31 日使用第八版 IPC，在专利文献上表示为 Int.CL.^{8}。

IPC 采用功能和应用相结合的分类原则，按发明的技术主题设置栏目，针对统一专利的技术内容，为专利信息的分类、检索和利用提供了极大方便，已成为世界各国分类和检索专利信息的重要工具。

2. IPC 分类的体系结构

IPC 以等级结构的形式将技术内容按部、分部、大类、小类、大组、小组逐级分类，组成一个完整的分类体系。IPC 设有 8 个部、22 个分部；8 个部的类号用大写字母 A～H 表示，分部无类号。部和分部的类名包括了申请发明专利的全部技术领域，类号和类名如下。

A 部——人类生活必需（农、轻、医）

分部：1.农业　2.食品与烟草　3.个人或家用物品　4.保健、娱乐

B 部——作业、运输

分部：1.分离、混合　2.成型　3.印刷　4.交通运输　5.微观结构技术、超微技术……

C 部——化学，冶金

分部：1.化学　2.冶金　3.组合技术

D 部——纺织、造纸

分部：1.纺织或未列入其他类的柔性材料　2.造纸

E 部——固定建筑物

分部：1.建筑　2.土层或岩石的钻进，采矿

F 部——机械工程、照明、采暖、武器、爆破

分部：1.发动机或泵　2.一般工程　3.照明、加热　4.武器、爆破

G 部——物理

分部：1.仪器　2.核子学

H 部——电学

下面以 B 部为例具体说明其体系结构。

B 部——作业、运输

B64——大类，表示飞行器、航空、宇宙飞船。大类类号用两位数标记。

B64C——小类，表示飞行。小类类号用大写字母标记。

B64C25/00——大组，表示起落装置。大组号用 1～3 位数加/00 标记。

B64C25/02——小组，标记是将大组/00 中的 00 改为其他数字，小组内的等级是依次降低的，但从分类号上看不出来，只能根据小类前的圆点数目加以判断。例如：

25/02 . 起落架。
25/08 .. 非固定的。
25/10 ...可快放的、可折叠的或其他的。
25/18 ....操作机构。
25/26 ..... 操作或锁定系统。
25/30 ...... 应急动作的。
IPC 的完整的书写形式为 Int.Cl^5 B64C25/08。

5.2　中国专利说明书种类及编号体系

中国自 1985 年 4 月 1 日颁布实施专利法以来经历了 3 次修订，目前，中国专利信息的主体是发明专利说明书（包括申请公开说明书和授权说明书）、实用新型专利说明书及其题录与文摘、外观设计专利的题录及其有关附图，其次是各种专利公报与索引。

5.2.1　中国专利说明书的种类

1. 1985～1992 年说明书的种类

• 发明专利申请公开说明书——经形式审查后出版，文献种类标识代码为 A。
•发明专利申请审定说明书——经实质审查后但尚未授权时出版，文献种类标识代码为 B。
• 实用新型专利申请说明书——经形式审查后出版，文献种类标识代码为 U。
• 外观设计公告——经形式审查后，只在专利公报上公告，文献种类标识代码为 S。

2.　1993 年以来说明书种类

• 发明专利申请公开说明书——经形式审查后出版，文献种类标识代码为 A。

• 发明专利说明书——经实质审查合格授权时出版，取代发明专利申请审定说明书，文献种类标识代码为 C。2004 年 7 月 1 日后，文献种类标识代码为 B。

• 实用新型专利说明书——经形式审查合格授权时出版，取代实用新型专利申请说明书，文献种类标识代码为 Y。

• 外观设计授权公告——经形式审查合格即可授权，在外观设计公报上公告，文献种类标识代码为 D。

5.2.2　中国专利申请号、说明书及专利号编号体系

1985 年中国实行专利制度以来，中国专利申请号、说明书及专利号的编号体系经历了四个阶段，各阶段编号详见表 5-2-1～表 5-2-4。

表 5-2-1　1985～1988 年编号体系（第一阶段）

专利类型	申请号	公开号	公告号	审定号	专利号
发明	88101718	CN88101718A		CN88101718B	ZL88101718
实用新型	88203725		CN88203725U		ZL88203725
外观设计	88300707		CN88300707S		ZL88300707

表 5-2-2　1989～1992 年编号体系（第二阶段）

专利类型	申请号	公开号	公告号	审定号	专利号
发明	89108107.0	CN1041244A		CN1012778B	ZL89108107.0
实用新型	89216381.X		CN2061740U		ZL89216381.X
外观设计	89300359.X		CN3004865S		ZL89300359.X

表 5-2-3　1993～2004 年 6 月 30 日编号体系（第三阶段）

专利类型	申请号	公开号	授权公告号	专利号
发明	99806204.9	CN1301411A	CN1160827C	ZL99806204.9
指定中国发明专利的 PCT 国际申请	01807988.1	CN1422139A	CN1217629C	ZL01807988.1
实用新型	99214231.8		CN2380334Y	ZL99214231.8
指定中国实用新型专利的 PCT 国际申请	98900003.6		CN2565242Y	ZL98900003.6
外观设计	02344550.5		CN3294516D	ZL02344550.5

表 5-2-4　2004 年 7 月 1 日以来编号体系（第四阶段）

专利类型	申请号	公开号	授权公告号	专利号
发明	200710147468.3	CN101139383A	CN101139383B	ZL200710147468.3
指定中国发明专利的 PCT 国际申请	200480020150.3	CN1823532A	CN1823532B	ZL200480020150.3
实用新型	200920218597.1		CN201529178U	ZL200920218597.1
指定中国实用新型专利的 PCT 国际申请	200990100216.8		CN201989420U	ZL200990100216.8
外观设计	200930290104.0		CN301493411S	ZL200930290104.0

注：表 5-2-1～表 5-2-4 中的公开号、公告号、审定号、授权公告号为说明书编号

5.3　专 利 检 索

5.3.1　专利检索途径及目的

1. 专利检索途径

各种专利检索系统通常根据专利信息的著录特征提供了多种检索方式，用户可根据自己的已知信息选择检索方式和检索字段进行检索。常用的检索途径如图 5-3-1 所示。

（1）主题途径

主题检索是最常用的检索途径。根据课题需要提取主题词，可在名称、摘要字段进行组合检索。

（2）分类途径

由于世界各国都采用统一的国际专利分类法，相同技术主题的文献具有相同的分类号，

因此通过分类检索专利文献可以比其他途径达到更高的查全率，较适合专利查新检索。

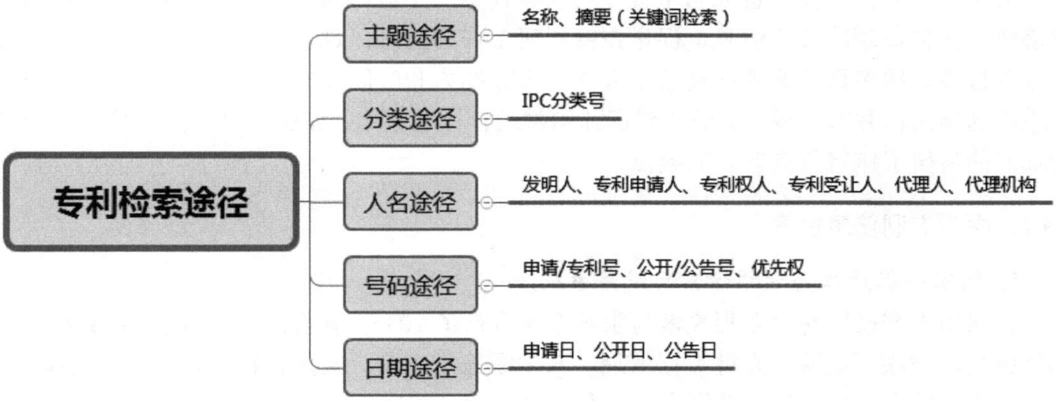

图 5-3-1　专利检索途径

（3）人名途径

主要通过发明人、专利权人名称查找特定专利。可以定期将某一领域的专家作为发明人进行检索，跟踪其技术开发的动态，并根据检索结果，从中寻找本公司或企业需求的专家、潜在雇员或可能的技术转让者。还可将同一领域的公司、企业或科研机构作为专利权人进行定期跟踪检索，随时掌握对方的技术开发动态。

（4）号码途径

主要是对专利申请/专利号、公开/公告号、优先权检索。

（5）日期途径

通过具体的申请日、公开日、公告日进行检索，可作技术发展时间的推算。

2. 专利检索的目的

（1）法律目的

专利文献检索的法律目的主要有：

①专利审查机关在收到发明人的专利申请后，专利审查员要检索专利文献，调查现有技术，以判断申请专利的发明创造是否符合专利法的“三性”要求。

②发明人及其代理人在正式提出专利申请以前也应当进行专利文献检索，以便提高专利申请的成功率。

③当事人可以利用专利文献检索对他人的专利提出异议，同时被异议人也可以通过专利检索保护自己的权利。

④为了解决专利纠纷，有时也需要通过专利文献检索查找相关的文献，判断专利相关人员的权利范围、内容以及义务。

（2）经济目的

①通过专利文献检索了解竞争对手的技术发展、现状和动向，做到知己知彼。

②在国际经济、技术贸易过程中，应当注意进行专利文献检索，保证经营活动的合法性，维护自身的权利。例如，在进行出口贸易时，应该进行专利检索，防止自己的产品在进口国侵犯他人专利权，造成不必要的损失。

（3）技术目的

科研工作者在工作中也应当重视专利文献检索，了解国内外相关领域的技术水平和发展趋势，获得最新的技术信息，促进自身科研工作的进行。过去，我们在科研工作中不重视专利检索，很多课题研究在花费了大量人力、物力和时间完成后，才发现早已经有他人在进行这项工作并有了成果。而如果在开始时进行课题检索，往往可以避免这种重复劳动，使我们的科研工作定位到较高的起点。

5.3.2　中国专利信息检索

1. 国家知识产权局专利检索与服务系统

国家知识产权局网站专利检索与服务系统收录了 103 个国家、地区和组织的专利数据，以及引文、同族、法律状态等数据信息，其中涵盖了中国、美国、日本、韩国、英国、法国、德国、瑞士、俄罗斯、欧洲专利局和世界知识产权组织等。

数据更新：中外专利数据，每周三更新；同族、法律状态数据，每周二更新；引文数据，每月更新。通过国家知识产权局网站选择“专利检索”栏目，进入图 5-3-2 的页面。

图 5-3-2　国家知识产权局专利检索入口页面

单击图 5-3-2 的链接进入专利检索及分析页面，如图 5-3-3 所示。

2. 专利检索

系统提供了常规检索、高级检索、导航检索、药物检索、命令检索等检索方式。使用国家知识产权局专利检索及分析系统前请先注册，如图 5-3-3 所示，注册用户方能阅读全文信息。

（1）常规检索

单击图 5-3-3 页面上方的“专利检索”项进入相应检索页面，如图 5-3-4 所示。常规检索是系统默认的检索方式。检索要素在发明名称、摘要、权利要求和分类号同时检索，可使用布尔逻辑（AND、OR、NOT）检索技术进行组配。

图 5-3-3　专利检索及分析页面

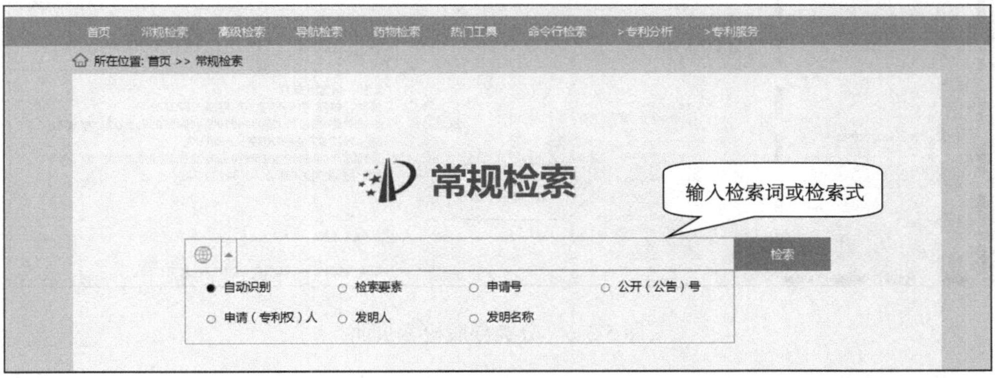

图 5-3-4　常规检索页面

（2）高级检索

高级检索即表格检索，如图 5-3-5 所示，检索范围分为中国、主要国家和地区、其他国家和地区。可进行字段检索；系统提供了 14 个可检索字段，各检索字段之间使用的检索技术固定为布尔逻辑与（AND）的关系，在检索字段内使用的检索规则请参见系统的浮标提示。

（3）导航检索

提供 IPC 检索，如图 5-3-6 所示。选择图 5-3-6 左侧的 A～H 部，在检索框下面层层显示具体类号，并在右边显示类号代表的中文含义，帮助读者确定类号，进行检索即可。

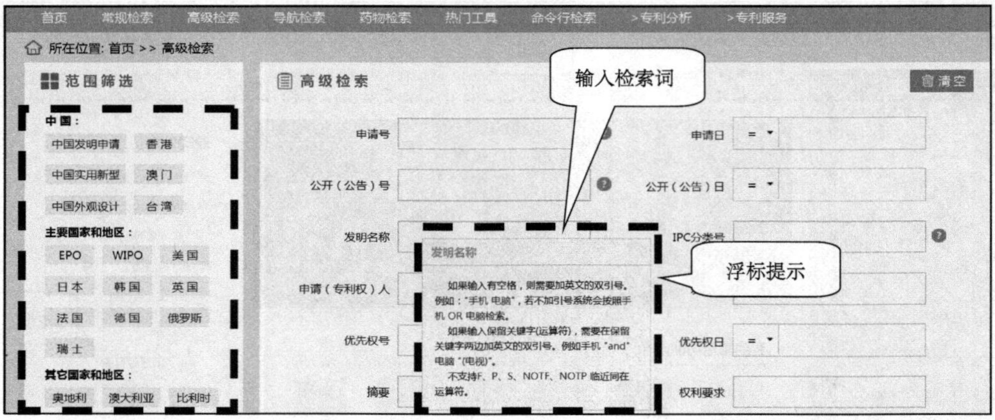

图 5-3-5　高级检索页面

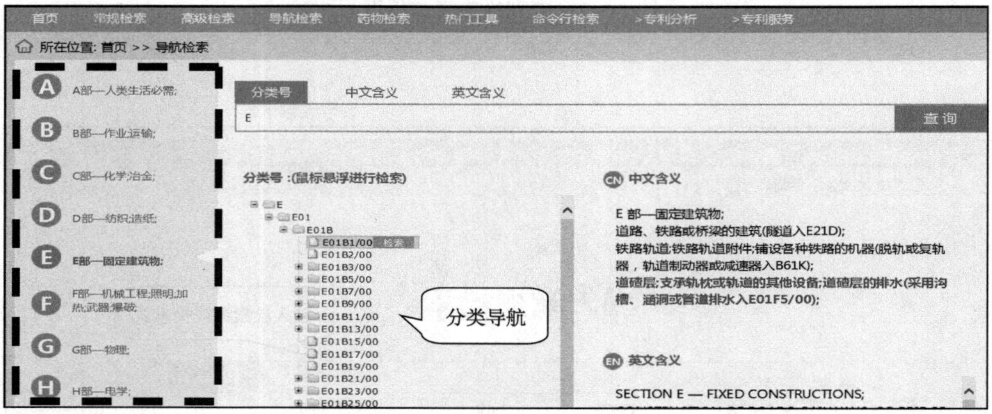

图 5-3-6　分类导航检索页面

（4）药物检索

提供高级检索和方剂检索两种检索方式，如图 5-3-7 所示。

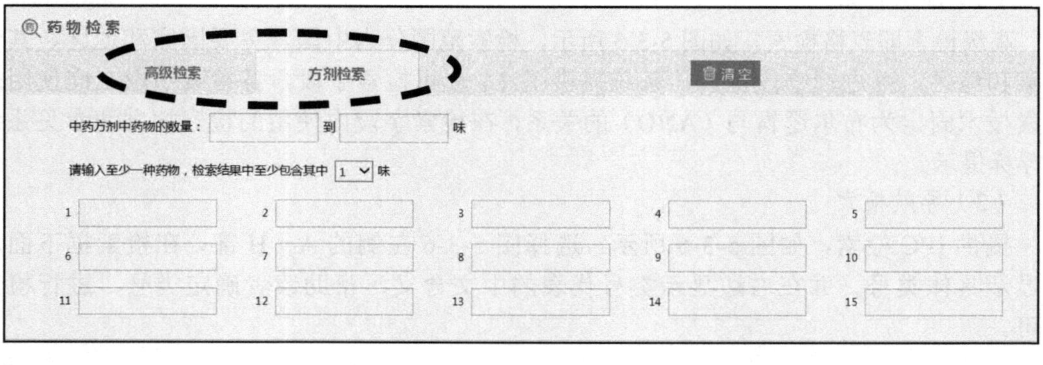

图 5-3-7　药物检索页面

3. 检索实例

检索课题　无人驾驶汽车研究

1）分析课题，选择检索词。

无人驾驶；汽车

2）使用相关检索技术，构造检索式。

“无人驾驶 汽车”/发明名称

3）实施检索。

①登录 http://www.sipo.gov.cn，访问国家知识产权局“专利检索”页面，进入专利检索及分析入口，单击进入“专利检索及分析”主页，选择“专利检索”栏目，然后注册并登录。

②选择“高级检索”项，在“发明名称”文本框输入“无人驾驶 汽车”，如图 5-3-8 所示。

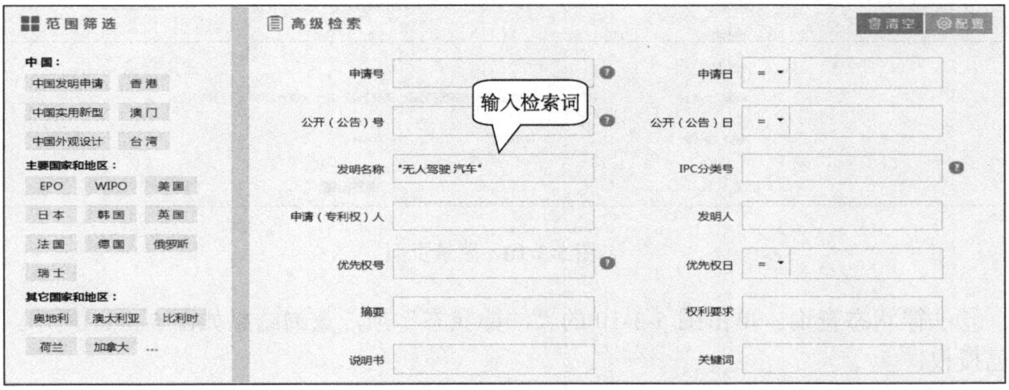

图 5-3-8　高级检索页面

③单击“检索”按钮，得到检索结果 101 条，如图 5-3-9 所示。

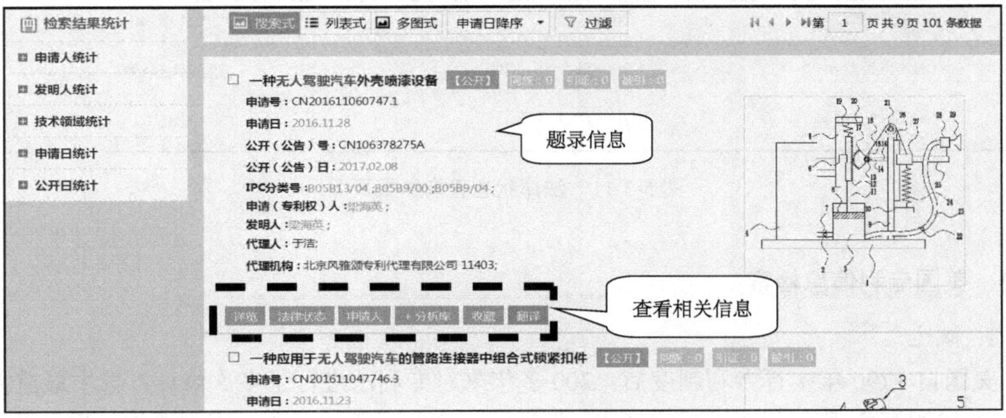

图 5-3-9　检索结果页面

④浏览检索结果的文摘及法律状态。在检索结果的记录中，单击“详览或法律状态”按钮可获得该专利的题录信息或法律状态信息，如图 5-3-10 所示。

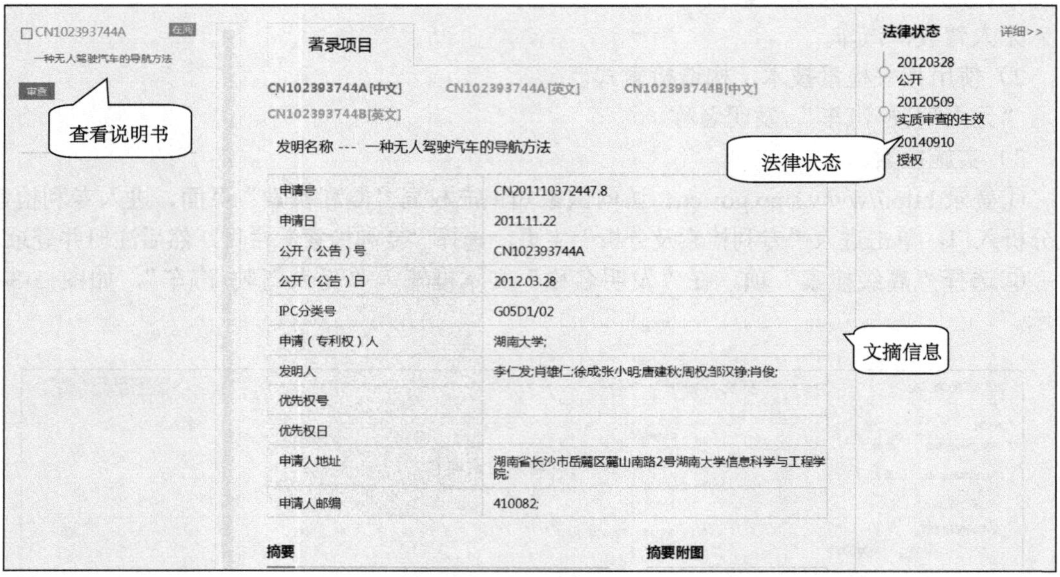

图 5-3-10　题录页面

⑤法律状态查询。单击图 5-3-10 的“法律状态”项，查询结果如图 5-3-11 所示，该专利已授权。

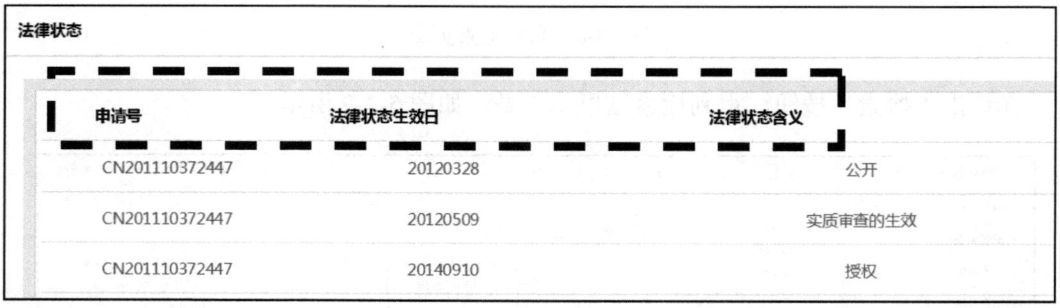

图 5-3-11　法律状态查询结果页面

5.3.3　美国专利信息检索

1. 概述

美国自 1790 年实行专利制度后，200 多年来对专利法进行了多次修订，其中最重大的变化是 1999 年对其专利法进行的修改，将延续了 200 多年的专利实审制改为早期公开、延迟审查制，于 2000 年 3 月 29 日生效，目前，出版的专利信息主要有以下几种。

①发明专利申请公开（United States Application），2001 年 3 月 15 日开始出版。

②发明专利说明书(United States Patent)，经实质审查授予专利权时出版的专利说明书，

占美国专利信息总量的 95%以上，自 1790 年开始出版。

③植物专利申请公开（United States Plant Application），自 2001 年 3 月 15 日开始出版。

④植物专利说明书（United States Plant Patent），自 1930 年起开始出版。

⑤设计专利（Design Patent），经实质审查授予专利权时出版的外观设计专利说明书，自 1843 年开始出版。

⑥再公告专利（Reissued Patent），发明专利授权后 2 年之内，发明人提交再公告专利申请授予的再公告专利。再公告专利中可以修改权利要求，但不允许加入新的实质性内容。凡是原说明书内容删掉的部分用【】注明，新增加的部分用斜体字，以示区别。1838 年开始出版并单独编号。

⑦依法登记的发明（Statutory Invention Registration），依法登记的发明的前身是防卫性公告（Defensive Publication），1985 年更名。依法登记的发明不是专利，它具有专利的防卫性特征，而不具有专利的实施性特征。当发明人认为自己的发明不值得或不愿意申请正式专利，但又怕别人以相同的发明申请专利时，可选择依法登记的发明，使相同的发明丧失新颖性，起到保护发明人利益的作用。

2. 美国专利与商标局专利数据库

（1）数据库简介

美国专利与商标局专利数据库主要由授权专利数据库和申请专利数据库组成。授权专利数据库可检索 1790 年至今各类授权的美国专利，其中有 1790 年至今的图像说明书、1976 年至今的全文文本说明书（附图像链接）；申请专利数据库可检索 2001 年 3 月 15 日以来公布的专利。登录网址是 https://www.uspto.gov/patent，如图 5-3-12 所示，在 Search for patents 选项区选择授权专利数据库 PatFT 或 AppFT，进入专利数据库检索界面。

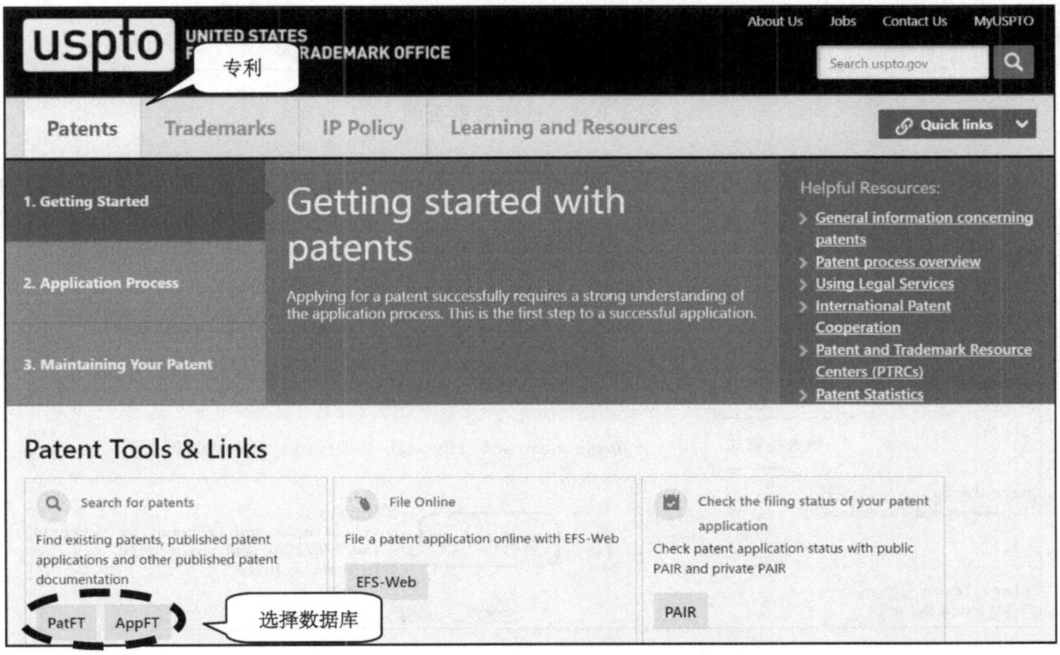

图 5-3-12 美国专利与商标局主页

（2）数据库检索

授权专利数据库提供快速检索（Quick Search）、高级检索（Advanced Search）和专利号检索（Patent Number Search）三种方式，可检索 1976 年以来的专利，1790～1975 年的专利则只能使用专利号和分类号检索，全文为扫描图像。

专利申请公布数据库提供快速检索、高级检索和专利号检索等方式，可检索 2001 年以来的申请公开专利。

下面以授权专利数据库为例介绍其检索方法，单击图 5-3-12 中的 PatFT 按钮，进入数据库快速检索页面，如图 5-3-13 所示。

①快速检索。快速检索页面如图 5-3-13 所示，提供 20 个可供选择的检索字段和两个检索词输入框，检索词之间用逻辑符号 AND（逻辑与）、OR（逻辑或）、NOT（逻辑非）连接；单个检索词可使用无限后截词检索技术，算符为“$”；可使用短语检索技术，短语需用双引号括起来，如"unmanned vehicle"；可使用字段限制技术，如 Title（标题）、Abstract（文摘）等。

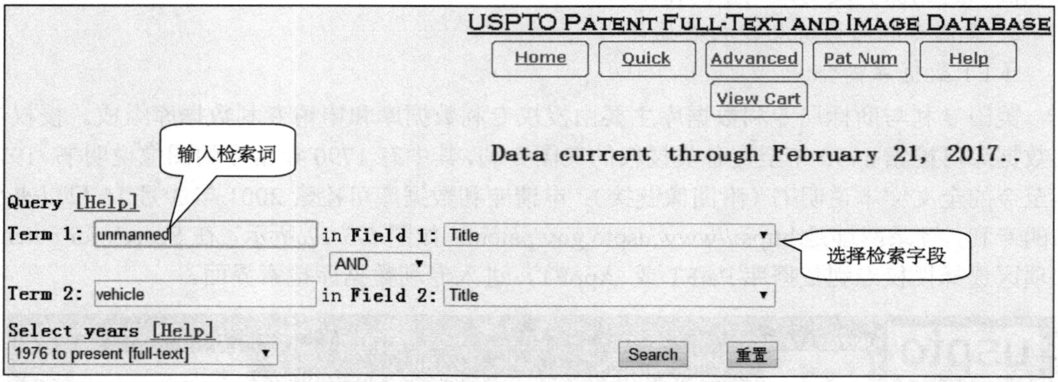

图 5-3-13　快速检索页面

②高级检索。高级检索页面如图 5-3-14 所示，只有一个检索框，需要填入一个编制好的检索式。检索式由字段代码、逻辑符号及检索词构成，高级检索的字段代码表在检索框的下面。

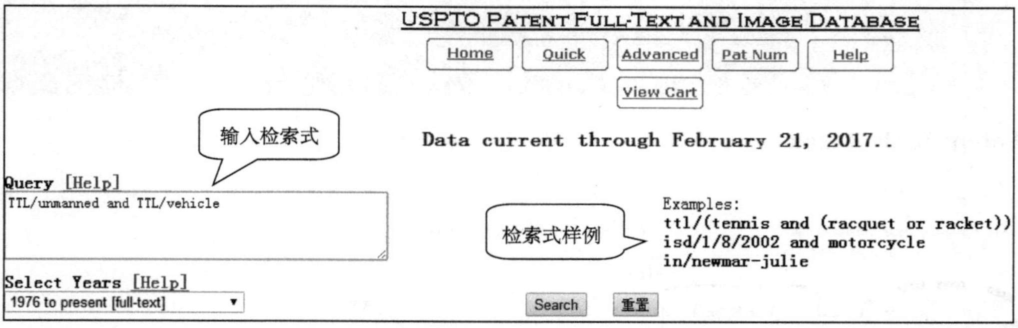

图 5-3-14　高级检索页面

③专利号检索。专利号检索页面如图 5-3-15 所示，只有一个检索框，输入专利号后单击 Search 按钮即可。如果需要检索多个专利号，中间用空格隔开。

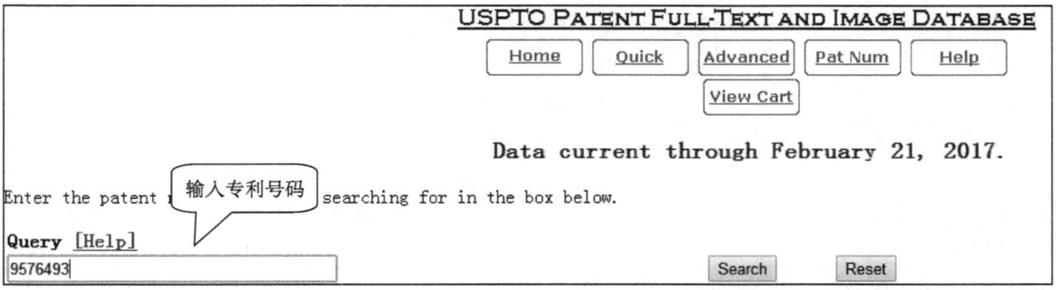

图 5-3-15　专利号检索页面

④精炼检索（Refined Search）。即二次检索，在快速检索和高级检索的检索结果页面中出现该检索框，如图 5-3-16 所示。

二次检索是在上次检索结果范围的基础上进一步检索来缩小检索结果，即在 Refined Search 框中，在前检索式的基础上与新的检索项组配，从而使检索结果更加准确。

检索表达式与高级检索的检索表达式相同。

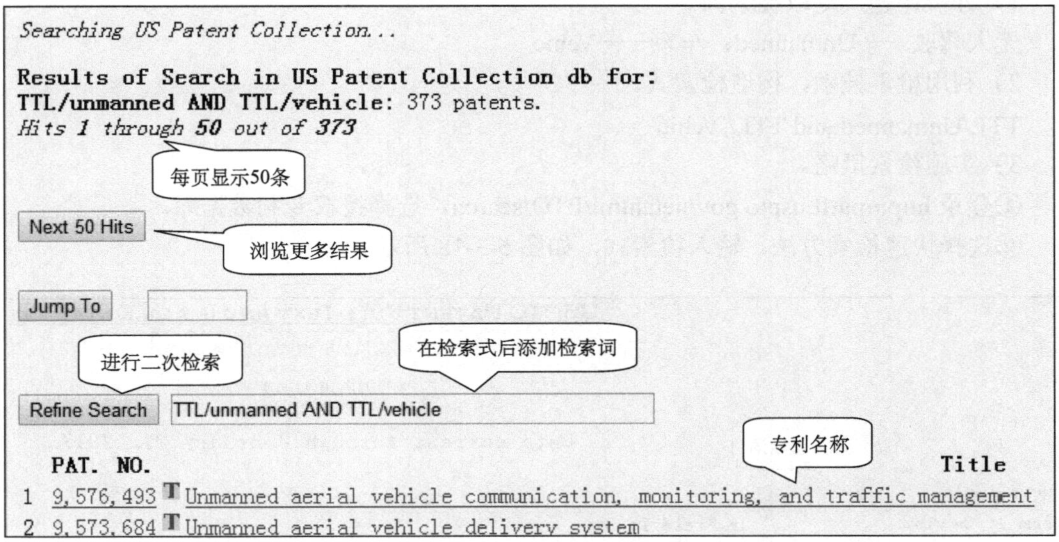

图 5-3-16　精炼检索页面

（3）检索结果

检索结果列表中仅显示每条记录的专利号及专利名称。每页最多列出 50 条记录，如图 5-3-16 所示。要想浏览更多的检索结果，可单击当前页面中的 Next 50 Hits 按钮，若想进行跳跃式浏览，可单击 Jump To 按钮，并输入想要查看的记录号。

在检索结果列表显示页面单击专利名称或专利号，可以看到该记录详细的全文信息，即专利说明书的文本形式，如图 5-3-17 所示。在说明书页面右击可保存及打印说明书。

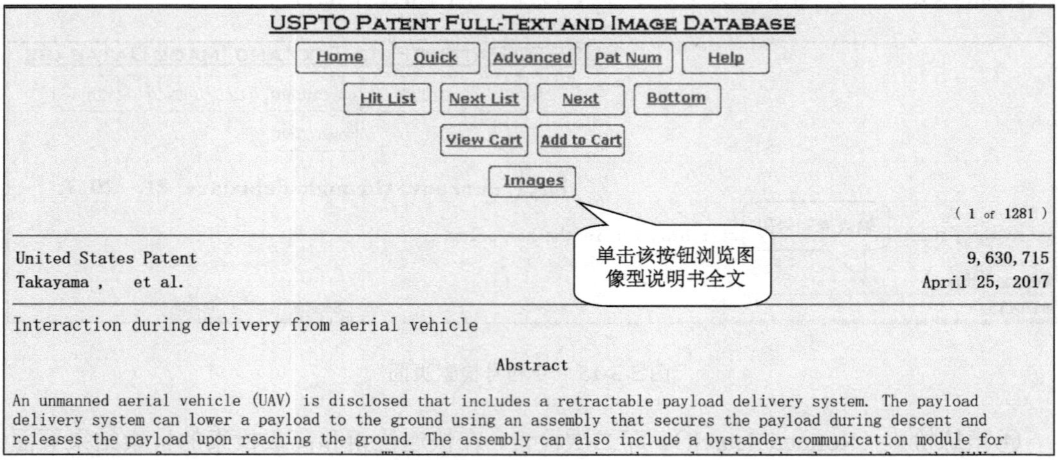

图 5-3-17　专利说明书全文文本显示页面

3. 检索实例

检索课题　无人驾驶车辆的研究

1）分析课题，提取检索词。

无人驾驶——Unmanned；车辆——Vehic

2）利用检索技术，构造检索式。

TTL/Unmanned and TTL/ Vehic

3）实施检索策略。

①登录 http://patft.uspto.gov/netahtml/PTO/search，选择授权专利数据库。

②选择快速检索方法，输入检索式，如图 5-3-18 所示。

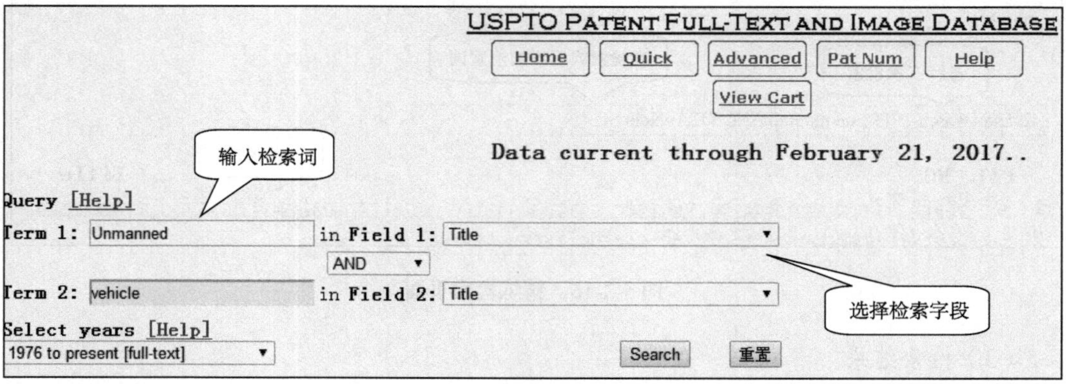

图 5-3-18　快速检索页面

③单击 Search 按钮，得到检索结果 373 条记录，如图 5-3-19 所示，单击专利号或标题可浏览专利说明书全文。

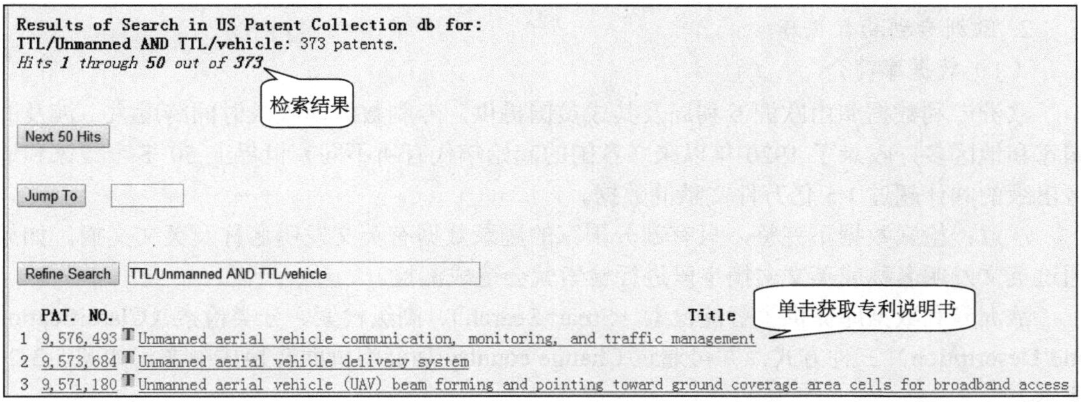

图 5-3-19　检索结果页面

5.3.4　欧洲专利信息检索

1. 概述

欧洲是专利制度最早的发源地，从 1474 年威尼斯诞生世界上第一部专利法到 18～19 世纪欧洲各国专利法的相继颁布，相互间在立法思想上较为接近，为国家法之间的协调及欧洲专利公约的最终形成奠定了基础。欧洲专利公约的形成带动了成员国之间专利体系的一体化。

根据欧洲专利公约，一项欧洲专利申请可成为在成员国生效的欧洲专利。欧洲专利公约是一个地区性国家间专利组织，只对欧洲国家开放。欧洲专利公约为各成员国提供了一个共同的法律制度和统一授予专利的程序。审查程序采取早期公开、延迟审查及授权后的异议制度。提出欧洲专利申请时，可以指定一个、几个或全部成员国。一旦依照公约授予专利权，即可在所有指定的成员国生效，与指定的各成员国依国家法律授予的专利具有同等效力，欧洲专利权有效期是自申请日起 20 年。

欧洲专利收录了 90 多个国家、地区和组织的专利，包括欧洲专利（EP）、世界知识产权组织（WIPO）、世界专利（WO）和日本专利。欧洲专利局网站（http://worldwide.espacenet.com）可浏览 20 多个国家、地区和组织的专利全文说明书，其专利说明书都是以图形方式存储的，格式为 PDF。

欧洲专利数据库划分为三个数据库。

①世界专利数据库（Worldwide）。可检索美国专利、欧洲专利、欧洲专利成员国专利、日本专利、世界知识产权组织专利等 90 多个国家和地区公开的专利信息及说明书全文，覆盖的年代范围较广。

②欧洲专利数据库（EP）。可检索欧洲专利局公开的专利信息及说明书全文。

③世界知识产权组织专利数据库（WIPO）。可检索世界知识产权组织公开的国家专利信息及说明书全文。

2. 欧洲专利局数据库

（1）数据库简介

欧洲专利数据库由欧洲专利局及其成员国提供，专利数据库收录时间跨度大，涉及的国家和地区多，收录了 1920 年以来（各国的起始年代有所不同）世界上 50 多个国家和地区出版的共计超过 1.5 亿万件文献的数据。

注意：检索数据不完整，只有部分国家的题录数据有英文发明名称及英文文摘。如果通过英文发明名称或英文文摘字段进行检索就会造成漏检。

欧洲专利数据库提供了智能检索（Smart Search）、高级检索、分类检索（Classification and Description）三种方式，并可通过 Change country 功能将页面转换成中文，如图 5-3-20 所示。

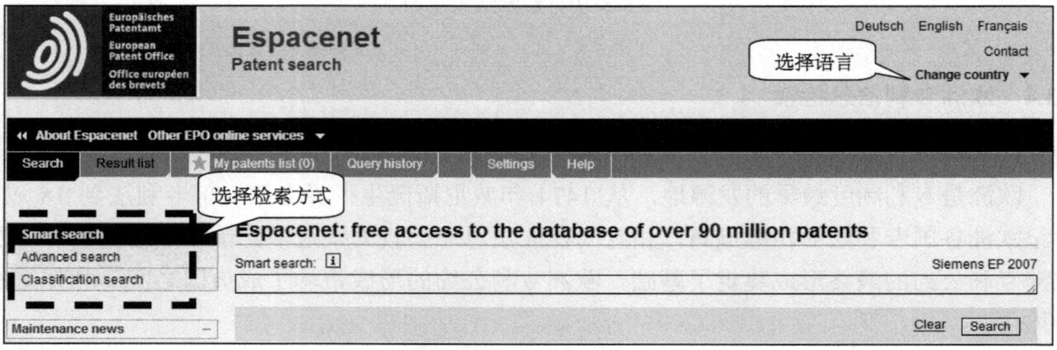

图 5-3-20　欧洲专利数据库主页

（2）数据库检索

①智能检索。智能检索为系统默认的检索方式，只提供一个检索词输入框且没有检索限制选择，系统默认的为智能检索，如图 5-3-20 所示。也可以在检索框中输入多个检索词，中间用空格隔开。

②高级检索。高级检索页面如图 5-3-21 所示，系统提供了 10 个检索字段，即发明名称、发明名称或文摘、公开号、申请号、优先权号、公开日期、申请人、发明人、欧洲专利分类号、国际专利分类号。

高级检索分为两步。

第一步，选择数据库。系统提供了 Wordwide、EP-esp@cenet、WIPO-esp@cenet 三种检索范围，默认为世界专利数据库。

第二步，输入检索词检索。高级检索提供了发明名称（从标题或摘要检索）、公开号、申请号、优先权号、公开日期、申请人、发明人、欧洲专利分类号、国际专利分类号等 10 种途径，可分别选择 1～10 个入口，填入检索词进行检索。一个检索框支持 1 个或多个关键词检索，支持布尔逻辑运算，默认词间关系为逻辑与，支持截词符（*表示无限截词，？表示 0～1 个字符，#表示 1 个字符）。

③分类检索。分类检索可浏览国际专利分类表 A～H 及 Y 大部的下位详细分类，单击对应的英文标题也能浏览下位详细分类。

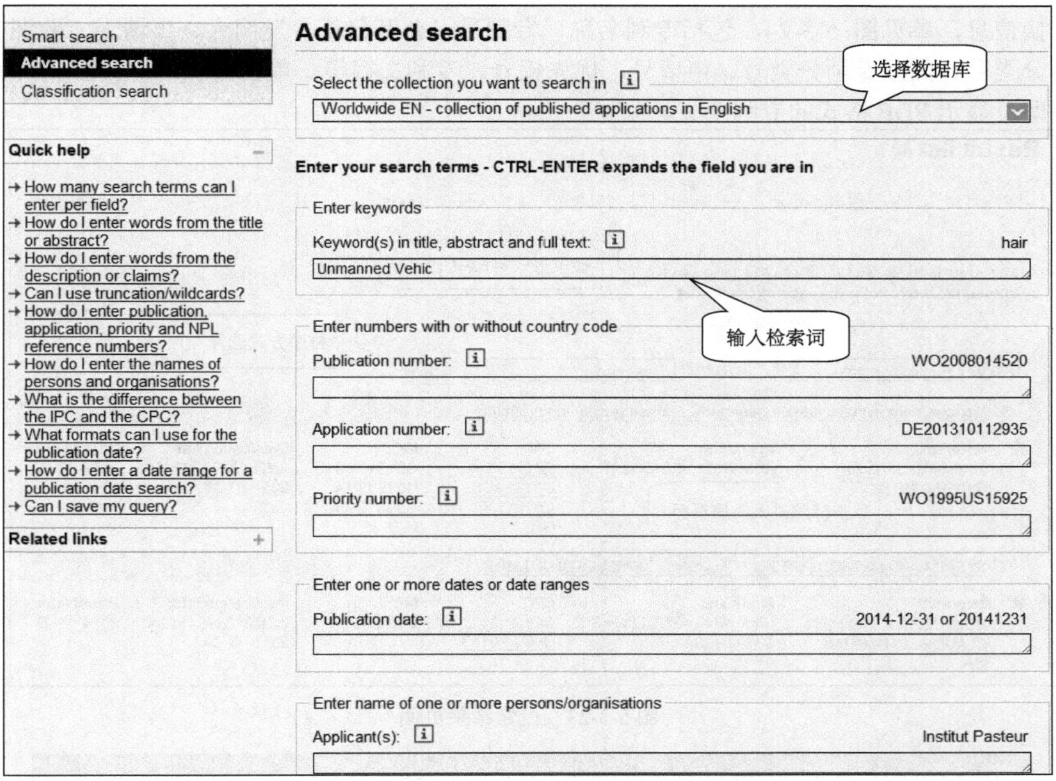

图 5-3-21　高级检索页面

在检索框中输入分类号或关键词检索；页面下部提供了主题词分类索引，可根据主题词选择分类号，如图 5-3-22 所示。

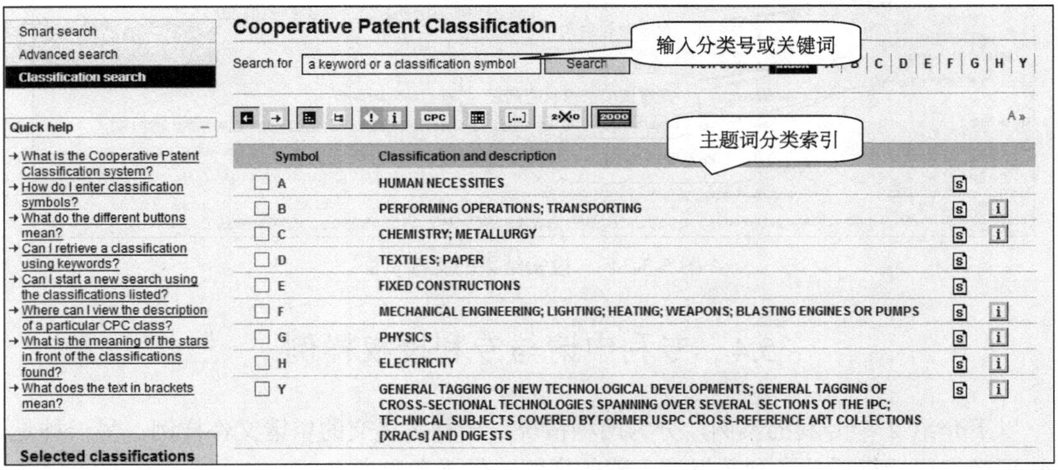

图 5-3-22　分类检索页面

（3）检索结果

执行检索命令后，显示检索结果的题录，参见图 5-3-23，单击专利名称将显示专利的文摘信息，参见图 5-3-24，包括专利名称、专利号、公开日期、发明人、申请人、欧洲专利分类号、国际专利分类号、申请号、优先权号、专利文摘等。单击 Original document 链接即可显示 PDF 格式的专利全文。

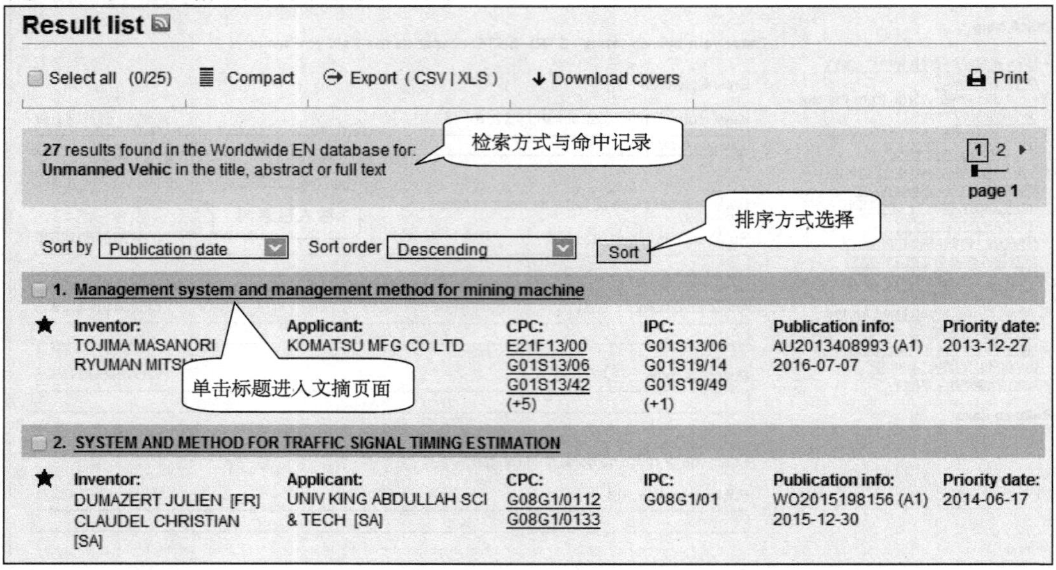

图 5-3-23　检索结果页面

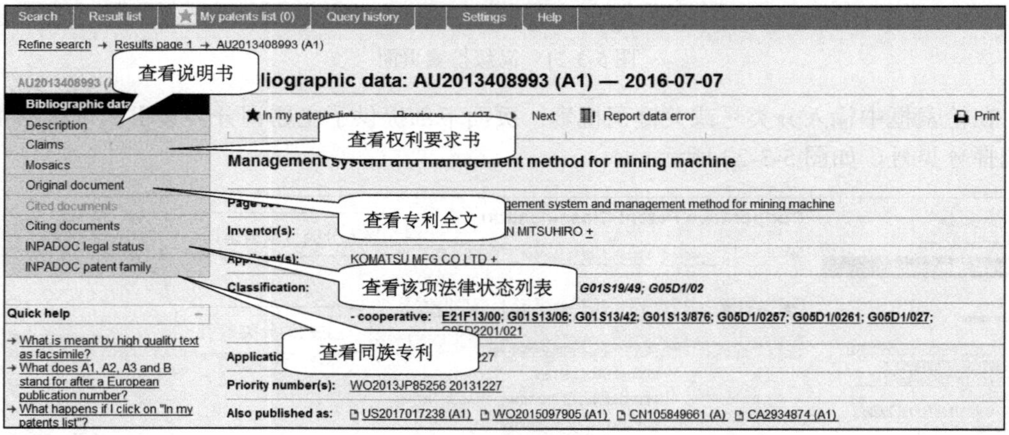

图 5-3-24　检索结果的文摘页面

5.4　专利申请与专利授权样例

以下介绍 2 个专利的案例，分为两种情况，一种是提交的申请文件样例，另一种是国家知识产权局授权后从专利数据库下载的样例，供读者参考。

5.4.1　专利申请样例：多功能小太阳电暖器（发明专利）

提交的申请文件有：发明专利请求书、权利要求书、专利说明书、说明书附图、说明书摘要、摘要附图。

发 明 专 利 请 求 书

<table>
<tr><td colspan="5">请按照“注意事项”正确填写本表各栏</td><td>此框内容由国家知识产权局填写</td></tr>
<tr><td rowspan="2">⑦
发明
名称</td><td colspan="4" rowspan="2">多功能小太阳电暖器</td><td>①申请号</td></tr>
<tr><td>②分案提交日</td></tr>
<tr><td rowspan="3">⑧
发
明
人</td><td>发明人 1</td><td>高鹏飞</td><td colspan="2">□不公布姓名</td><td>③申请日</td></tr>
<tr><td>发明人 2</td><td></td><td colspan="2">□不公布姓名</td><td>④费减审批</td></tr>
<tr><td>发明人 3</td><td></td><td colspan="2">□不公布姓名</td><td>⑤向外申请审批</td></tr>
<tr><td colspan="5">⑨第一发明人国籍或地区　　居民身份证件号码</td><td>⑥挂号号码</td></tr>
<tr><td rowspan="24">⑩
申
请
人</td><td rowspan="8">申
请
人
(1)</td><td colspan="3">姓名或名称　高鹏飞</td><td>申请人类型　个人</td></tr>
<tr><td colspan="3">居民身份证件号码或组织机构代码 3710821987××××
××××　□请求费减且已完成费减资格备案</td><td>电子邮箱 xxjs1991@163.com</td></tr>
<tr><td colspan="4">国籍或注册国家（地区） 中国　　经常居所地或营业所所在地</td></tr>
<tr><td colspan="2">邮政编码 250101</td><td colspan="2">电话　1368541××××</td></tr>
<tr><td colspan="4">省、自治区、直辖市　山东省</td></tr>
<tr><td colspan="4">市县　济南市</td></tr>
<tr><td colspan="4">城区（乡）、街道、门牌号 临港开发区凤鸣路山东建筑大学艺术学院广告×××</td></tr>
<tr><td colspan="4"></td></tr>
<tr><td rowspan="8">申
请
人
(2)</td><td colspan="3">姓名或名称</td><td>申请人类型</td></tr>
<tr><td colspan="3">居民身份证件号码或组织机构代码
□请求费减且已完成费减资格备案</td><td>电子邮箱</td></tr>
<tr><td colspan="4">国籍或注册国家（地区）　　经常居所地或营业所所在地</td></tr>
<tr><td colspan="2">邮政编码</td><td colspan="2">电话</td></tr>
<tr><td colspan="4">省、自治区、直辖市</td></tr>
<tr><td colspan="4">市县</td></tr>
<tr><td colspan="4">城区（乡）、街道、门牌号</td></tr>
<tr><td colspan="4"></td></tr>
<tr><td rowspan="8">申
请
人
(3)</td><td colspan="3">姓名或名称</td><td>申请人类型</td></tr>
<tr><td colspan="3">居民身份证件号码或组织机构代码
□请求费减且已完成费减资格备案</td><td>电子邮箱</td></tr>
<tr><td colspan="4">国籍或注册国家（地区）　　经常居所地或营业所所在地</td></tr>
<tr><td colspan="2">邮政编码</td><td colspan="2">电话</td></tr>
<tr><td colspan="4">省、自治区、直辖市</td></tr>
<tr><td colspan="4">市县</td></tr>
<tr><td colspan="4">城区（乡）、街道、门牌号</td></tr>
<tr><td colspan="4"></td></tr>
</table>

发明专利请求书

<table>
<tr><td rowspan="5">⑪
联系人</td><td>姓　名　高鹏飞</td><td>电话 1368541××××</td><td colspan="2">电子邮箱　xxjs1991@163.com</td></tr>
<tr><td colspan="4">邮政编码　250101</td></tr>
<tr><td colspan="4">省、自治区、直辖市　山东省</td></tr>
<tr><td colspan="4">市县　济南市</td></tr>
<tr><td colspan="4">城区（乡）、街道、门牌号　临港开发区凤鸣路山东建筑大学艺术学院广告×××</td></tr>
<tr><td colspan="5">⑫ 代表人为非第一署名申请人时声明　　特声明第____署名申请人为代表人</td></tr>
<tr><td rowspan="5">⑬
专利代理机构</td><td colspan="4">□声明已经与申请人签订了专利代理委托书且本表中的信息与委托书中相应信息一致</td></tr>
<tr><td colspan="2">名称</td><td colspan="2">机构代码</td></tr>
<tr><td rowspan="3">代理人(1)</td><td>姓　名</td><td rowspan="3">代理人(2)</td><td>姓　名</td></tr>
<tr><td>执业证号</td><td>执业证号</td></tr>
<tr><td>电　话</td><td>电　话</td></tr>
<tr><td>⑭
分案申请</td><td>原申请号</td><td>针对的分案申请号</td><td colspan="2">原申请日　年　月　日</td></tr>
<tr><td rowspan="2">⑮
生物材料样品</td><td>保藏单位代码</td><td>地址</td><td>是否存活</td><td>□是　□否</td></tr>
<tr><td>保藏日期　年　月　日</td><td>保藏编号</td><td colspan="2">分类命名</td></tr>
<tr><td>⑯
序列表</td><td>□本专利申请涉及核苷酸或氨基酸序列表</td><td>⑰
遗传资源</td><td colspan="2">□本专利申请涉及的发明创造是依赖于遗传资源完成的</td></tr>
<tr><td rowspan="3">⑱
要求优先权声明</td><td>原受理机构名称</td><td>在先申请日</td><td>在先申请号</td><td>⑲
不丧失新颖性宽限期声明</td><td>□已在中国政府主办或承认的国际展览会上首次展出
□已在规定的学术会议或技术会议上首次发表
□他人未经申请人同意而泄露其内容</td></tr>
<tr><td rowspan="2"></td><td rowspan="2"></td><td rowspan="2"></td></tr>
<tr><td>⑳
保密请求</td><td>□本专利申请可能涉及国家重大利益，请求按保密申请处理
□已提交保密证明材料</td></tr>
</table>

发明专利请求书

<table>
<tr><td colspan="2">㉑ □声明本申请人对同样的发明创造在申请本发明专利的同日申请了实用新型专利</td><td>㉒
提前
公布</td><td>□请求早日公布该专利申请</td></tr>
<tr><td>㉓摘要附图</td><td colspan="3">指定说明书附图中的图_____为摘要附图</td></tr>
<tr><td colspan="2">㉔申请文件清单
1. 请求书　　1 份　2 页
2. 说明书摘要　　1 份　1 页
3. 权利要求书　　1 份　1 页
4. 说明书　　1 份　1 页
5. 说明书附图　　1 份　1 页
6. 核苷酸或氨基酸序列表　　份　页
7. 计算机可读形式的序列表　　份

权利要求的项数　4 项</td><td colspan="2">㉕附加文件清单
□实质审查请求书　　份 共 页
□实质审查参考资料　　份 共 页
□优先权转让证明　　份 共 页
□优先权转让证明中文题录　　份 共 页
□保密证明材料　　份 共 页
□专利代理委托书　　份 共 页
总委托书备案编号（____________）
□在先申请文件副本　　份
□在先申请文件副本中文题录　　份 共 页
□生物材料样品保藏及存活证明　　份 共 页
□生物材料样品保藏及存活证明中文题录
份 共 页
□向外国申请专利保密审查请求书　　份 共 页
□其他证明文件（注明文件名称）　　份 共 页
□</td></tr>
<tr><td colspan="2">㉖全体申请人或专利代理机构签字或者盖章

年　月　日</td><td colspan="2">㉗国家知识产权局审核意见

年　月　日</td></tr>
</table>

注 意 事 项

一、申请发明专利，应当提交发明专利请求书、权利要求书、说明书、说明书摘要，有附图的应当同时提交说明书附图，并指定其中一幅作为摘要附图。（表格可在国家知识产权局网站 www.sipo.gov.cn 下载）

二、本表应当使用国家公布的中文简化汉字填写，表中文字应当打字或者印刷，字迹为黑色。外国人姓名、名称、地名无统一译文时，应当同时在请求书外文信息表中注明。

三、本表中方格供填表人选择使用，若有方格后所述内容的，应当在方格内作标记。

四、本表中所有详细地址栏，本国的地址应当包括省（自治区）、市（自治州）、区、街道门牌号码，或者省（自治区）、县（自治县）、镇（乡）、街道门牌号码，或者直辖市、区、街道门牌号码。有邮政信箱的，可以按规定使用邮政信箱。外国的地址应当注明国别、市（县、州），并附具外文详细地址。其中申请人、专利代理机构、联系人的详细地址应当符合邮件能够迅速、准确投递的要求。

五、填表说明

1.本表第①、②、③、④、⑤、⑥、㉗栏由国家知识产权局填写。

2.本表第⑦栏发明名称应当简短、准确，一般不得超过 25 个字。

3.本表第⑧栏发明人应当是个人。发明人可以请求国家知识产权局不公布其姓名。

4.本表第⑨栏应当填写第一发明人国籍，第一发明人为中国内地居民的，应当同时填写居民身份证件号码。

5.本表第⑩栏申请人是个人的，应当填写本人真实姓名，不得使用笔名或者其他非正式姓名；申请人是单位的，应当填写单位正式全称，并与所使用公章上的单位名称一致。申请人是中国内地单位或者个人的，应当填写其名称或者姓名、地址、邮政编码、组织机构代码或者居民身份证件号码；申请人是外国人、外国企业或者外国其他组织的，应当填写其姓名或者名称、国籍或者注册的国家或者地区、经常居所地或者营业所所在地。申请人类型可从下列类型中选择填写：个人，企业，事业单位，机关团体，大专院校，科研单位。申请人请求费用减缴且已完成费减资格备案的，应当在方格内作标记。

6.本表第⑪栏，申请人是单位且未委托专利代理机构的，应当填写联系人，并同时填写联系人的通信地址、邮政编码、电子邮箱和电话号码，联系人只能填写一人，且应当是本单位的工作人员。

7.本表第⑫栏，申请人指定非第一署名申请人为代表人时，应当在此栏指明被确定的代表人。

8.本表第⑬栏，申请人委托专利代理机构的，应当填写此栏。

9.本表第⑭栏，申请是分案申请的，应当填写此栏。申请是再次分案申请的，还应当填写所针对的分案申请的申请号。

10.本表第⑮栏，申请涉及生物材料的发明专利，应当填写此栏，并自申请日起四个月内提交生物材料样品保藏及存活证明，对于外国保藏单位出具的生物材料样品保藏及存活证明，还应同时提交生物材料样品保藏及存活证明中文题录。本栏分类命名应填写所保藏生物材料的中文分类名称及拉丁文分类名称。

11.本表第⑯栏，发明申请涉及核苷酸或氨基酸序列表的，应当填写此栏。

12.本表第⑰栏，发明创造的完成依赖于遗传资源的，应当填写此栏。

13.本表第⑱栏，申请人要求优先权的，应当填写此栏。

14.本表第⑲栏，申请人要求不丧失新颖性宽限期的，应当填写此栏，并自申请日起两个月内提交证明文件。

15.本表第⑳栏，申请人要求保密处理的，应当填写此栏。

16.本表第㉑栏，申请人同日对同样的发明创造既申请实用新型专利又申请发明专利的，应当填写此栏。未作说明的，依照专利法第九条第一款关于同样的发明创造只能授予一项专利权的规定处理。（注：申请人应当在同日提交实用新型专利申请文件。）

17.本表第㉒栏，申请人要求提前公布的，应当填写此栏。若填写此栏，不需要再单独提交发明专利请求提前公布声明。

18.本表第㉓栏，申请人应当填写说明书附图中的一幅附图的图号。

19.本表第㉔、㉕栏，申请人应当按实际提交的文件名称、份数、页数及权利要求项数正确填写。

20.本表第㉖栏，委托专利代理机构的，应当由专利代理机构加盖公章。未委托专利代理机构的，申请人为个人的应当由本人签字或者盖章，申请人为单位的应当加盖单位公章；有多个申请人的由全体申请人签字或者盖章。

21. 本表第⑧、⑩、⑮、⑱栏，发明人、申请人、生物材料样品保藏、要求优先权声明的内容填写不下时，应当使用规定格式的附页续写。

缴费须知

1.申请人应当在缴纳申请费通知书（或费用减缴审批通知书）中规定的缴费日前缴纳申请费、公布印刷费和申请附加费。申请人要求优先权的，应当在缴纳申请费的同时缴纳优先权要求费。

2.一件专利申请的权利要求（包括独立权利要求和从属权利要求）数量超过 10 项的，从第 11 项权利要求起，每项权利要求增收附加费 150 元；一件专利申请的说明书页数（包括附图、序列表）超过 30 页的，从第 31 页起，每页增收附加费 50 元，超过 300 页的，从 301 页起，每页增收附加费 100 元。

3.申请人请求减缴费用的，应当在提交申请文件前完成费减资格备案并在请求书中申请人一栏提出请求。

4.专利费用可以通过网上缴费、邮局或银行汇款缴纳，也可以到国家知识产权局面缴。

5.网上缴费：电子申请注册用户可登录 http://www.cponline.gov.cn，并按照相关要求使用网上缴费系统缴纳。

6.邮局汇款：收款人姓名：国家知识产权局专利局收费处，商户客户号：110000860。

7.银行汇款：开户银行：中信银行北京知春路支行，户名：中华人民共和国国家知识产权局专利局，账号：7111710182600166032。

8.汇款时应当准确写明申请号、费用名称（或简称）及分项金额。未写明申请号和费用名称（或简称）的视为未办理缴费手续。了解更多详细信息及要求，请登录 http://www.sipo.gov.cn 查询。

9.对于只能采用电子联行汇付的，应当向银行付电报费，正确填写并要求银行至少将申请号及费用名称两项列入汇款单附言栏中同时发至国家知识产权局专利局。

10.应当正确填写申请号 13 位阿拉伯数字（注：最后一位校验位可能是字母），小数点不需填写。

11.费用名称可以使用下列简称：

印花费——印
发明专利申请费——申
发明专利公布印刷费——文印
发明专利实质审查费——审
发明专利复审费——复
发明专利登记费——登
著录事项变更费——变
优先权要求费——优
恢复权利请求费——恢
发明专利权无效宣告请求费——无（无效）
延长费——延
权利要求附加费——权（权附）
说明书附加费——说（说附）
发明专利年费滞纳金——滞（年滞）
发明专利第 N 年年费——年 N （注：N 为实际年度，例如：发明专利第 8 年年费-年 8）

12. 费用通过邮局或者银行汇付遗漏必要缴费信息的，可以在汇款当日通过传真或电子邮件的方式补充。(传真电话：010-62084312；电子邮箱：shoufeichu@sipo.gov.cn)补充完整缴费信息的，以汇款日为缴费日。当日补充不完整而再次补充的，以国家知识产权局收到完整缴费信息之日为缴费日。

补充缴费信息的，应当提供邮局或者银行的汇款单复印件、所缴费用的申请号（或专利号）及各项费用的名称和金额。同时，应当提供接收收据的地址、邮政编码、接收人姓名或名称等信息。补充缴费信息如不能提供邮局或者银行的汇款单复印件的，还应当提供汇款日期、汇款人姓名或名称、汇款金额、汇款单据号码等信息。

13.未按上述规定办理缴费手续的，所产生的法律后果由汇款人承担。

发明专利请求书外文信息表

发明名称	Small multi-function solar heater	
发明人姓名	发明人 1	Gao Pengfei
	发明人 2	
	发明人 3	
申请人名称及地址	申请人 1	名称 Gao Pengfei 地址 Shandong University of Architecture School of Art ××× ads，250101
	申请人 2	名称 地址
	申请人 3	名称 地址

权利要求书

1. 一种电热取暖器,包括底座 6,通过支撑杆与底座 6 连接的热反射器,其特征是:底座 6 上设有一个主热反射器 3 和至少一个辅助热反射器 1。

2. 根据权利要求 1 所述的电热取暖器,其特征是:底座 6 上设有一弧形滑槽 7,所述辅助热反射器 1 的支撑杆通过弧形滑槽 7 与底座 6 连接。

3. 根据权利要求 1 或 2 所述的电热取暖器,其特征是:所述辅助热反射器 1 的支撑杆包括可伸缩的底杆 4 和与底杆 4 连接的柔性金属杆 2。

4. 根据权利要求 1 或 2 所述的电热取暖器,其特征是:所述主热反射器 3 的支撑杆由可伸缩并可相对转动的上下两部分组成。

说明书摘要

本发明专利公开了一种电热取暖器,属于取暖设备技术领域。其包括底座 6,通过支撑杆与底座 6 连接的热反射器,其特征是:底座 6 上设有一个主热反射器 3 和至少一个辅助热反射器 1。本发明专利通过主热反射器和辅助热反射器共同供暖,其供暖范围大,可同时为一个人的多个部位或者多个人全方位取暖。

摘 要 附 图

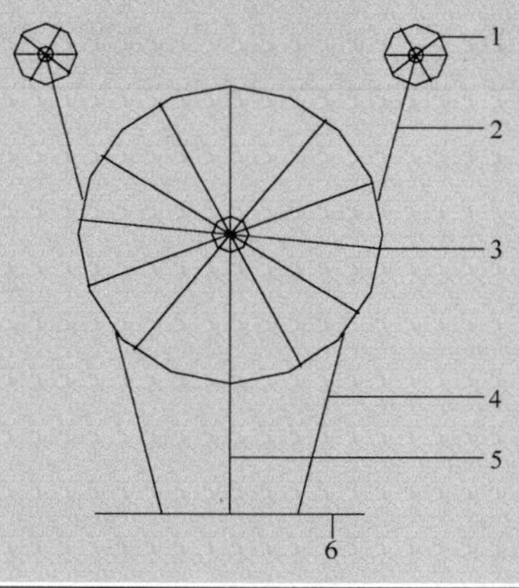

专利说明书

一种电热取暖器

技术领域

本实用新型涉及一种取暖器，特别是涉及一种采用热反射器的电热取暖器，属于取暖设备技术领域。

背景技术

目前，小太阳式电暖器是我们生活中常用的取暖设备，该种电暖器是通过一个大的热反射器来向周围供暖，受热反射器供暖方向及辐射范围的限制，其供暖范围有限，对用户来说，它只能给人们带来简单的供暖方式，而不能全方位多角度多人次地给人们供暖。

实用新型内容

针对现有技术中存在的上述缺陷，本实用新型提供了一种可全方位供暖的电热取暖器，其不仅能为身体的一个部位取暖，还能同时为多个身体部位取暖，同时还可以多人同时取暖。

本实用新型是通过如下技术方案来实现的：一种电热取暖器，包括底座，通过支撑杆与底座连接的热反射器，其底座上设有一个主热反射器和至少一个辅助热反射器。本实用新型中的辅助热反射器一般小于主热反射器，可根据需要设置多个，其位置可设置在主热反射器的背面，其高度及角度均可根据需要设置，其电连接形式可采用现有技术，每一个辅助热反射器可单独进行控制。

为了便于辅助热反射器的安装及拆卸，本实用新型在底座上设置一弧形滑槽，所述辅助热反射器可通过支撑杆插接在该滑槽内。

为了方便地实现对不同高度的人体部位及不同位置的人供暖，本实用新型的辅助热反射器的支撑杆可采用能伸缩及转动方向的结构，其结构可为：包括可伸缩的底杆和与底杆连接的柔性金属杆。通过调整底杆可调整热反射器的高度，柔性金属杆可随意转动方向，用于调整热反射器的角度。

为了同样的目的，本实用新型的主热反射器的支撑杆由可伸缩并可相对转动的上下两部分组成，通过调整支撑杆的高度及转动其方向来调整主热反射器的高度及方向。

本实用新型的有益效果是：本实用新型结构简单、实用，可同时为一个人的多个部位或者多个人全方位取暖，且调节灵活，使用方便。

附图说明

图 1 是本实用新型具体实施方式的结构示意图；

图 2 是图 1 的侧视图；

图 3 是图 1 中底座的俯视图；

图中，1 辅助热反射器，2 柔性金属杆，3 主热反射器，4 底杆，5 支撑杆，6 底座，7 弧形滑槽，8 开关，9 开关。

具体实施方式

下面通过非限定性的实施例并结合附图对本实用新型作进一步的说明：

如附图所示，一种电热取暖器，包括底座 6、主热反射器 3、两个辅助热反射器 1，主热反射器 3 通过支撑杆 5 与底座 6 连接，其中，支撑杆 5 由可伸缩并可相对转动的两部分组成，通过调整支撑杆 5 可以调整主热反射器的高度及供暖角度。在底座 6 上还设有一弧形滑槽 7，两个辅助热反射器 1 分别通过其支撑杆插接在弧形滑槽 7 内，所述的支撑杆包括可伸缩的底杆 4 和与底杆 4 连接的柔性金属杆 2，底杆 4 的下端与底座 6 连接，柔性金属杆 2 的上端与辅助热反射器 1 连接。柔性金属杆 2 可随意转动方向，从而调整辅助热反射器 1 的供暖角度。本实用新型的电连接形式采用现有技术，主热反射器和辅助热反射器可通过开关集中或单独进行控制，每一个辅助热反射器也可单独进行控制。

本实用新型的辅助热反射器的数量可根据设计需要设置多个，均可通过支撑杆设置在底座上的弧形滑槽内。

本实用新型的其他部分均采用现有技术，在此不再赘述。

本实用新型结构简单、实用，能方便灵活地实现全方位供暖，可在日常生活取暖中广泛应用。

说明书附图

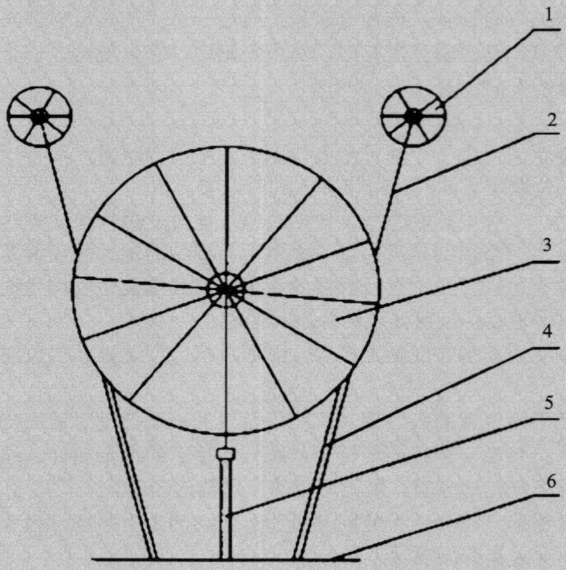

图 1

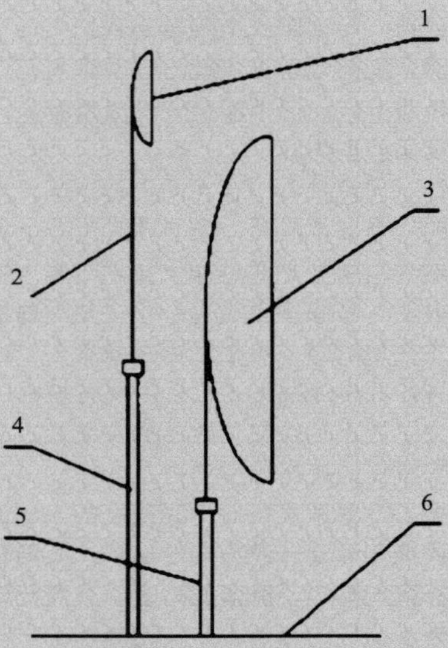

图 2

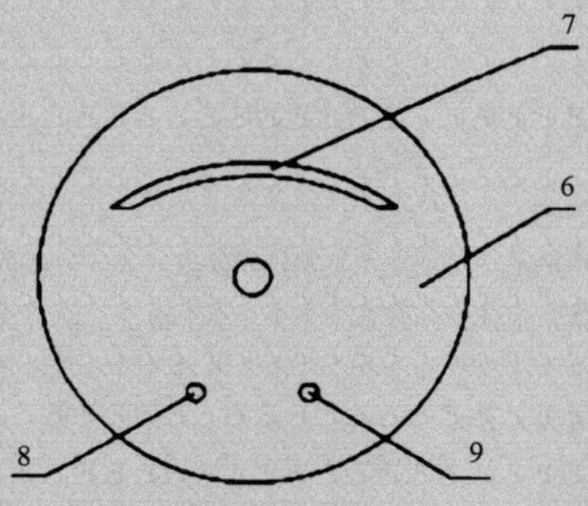

图 3

费用减缴请求书

（申请日后提交适用）

请按照“注意事项”正确填写本表各栏

① 专利或专利申请	申请号或专利号	此框由国家知识产权局填写 递交日
	发明创造名称　　多功能小太阳电暖器	申请号条码
	申请人或专利权人　　高鹏飞	挂号条码

② 请求费用减缴

申请人/专利权人请求费用减缴，且已全体完成费减资格备案。

序号	姓名或名称	居民身份证件号码或组织机构代码/统一社会信用代码
1	高鹏飞	3710821987××××××××
2		
3		
4		
5		
6		
7		
8		

③ 申请人（或专利权人）或专利代理机构签字或者盖章	④ 国家知识产权局处理意见
年　月　日	年　月　日

注 意 事 项

一、本表应当使用中文填写，字迹为黑色，文字应当打字或印刷，提交一式一份。

二、本表第①栏所填内容应当与该专利申请请求书中内容一致。其中，申请人或专利权人应为第一署名申请人或专利权人。如果该专利申请或者专利办理过著录项目变更手续，应当按照国家知识产权局批准变更后的内容填写。

三、本表第②栏，应当在本表中按顺序准确填写全体申请人或专利权人的姓名或名称，以及居民身份证件号码或组织机构代码/统一社会信用代码，并已完成全体申请人或专利权人的费减资格备案。填写不符合规定的，不予减缴费用。

四、申请人或者专利权人可以请求减缴下列专利收费：申请费（不包括公布印刷费、申请附加费）、发明专利申请实质审查费、年费（自授予专利权当年起六年内的年费）、复审费。费用减缴请求是在提出专利申请的同时提出的，可以一并请求减缴上述费用。提出专利申请之后只能请求减缴除申请费外尚未到期的费用，但该请求最迟应当在有关费用缴纳期限届满前二个半月之前提出。

五、进入中国国家阶段的国际申请可以请求减缓的费用为复审费和自授予专利权当年起（含当年）六年内的年费。

六、符合下列条件之一的申请人或专利权人，可以向国家知识产权局请求减缴上述收费：

（一）申请人或者专利权人是个人，并上一年度月均收入低于三千五百元的；

（二）申请人或者专利权人是小型微利企业，并上年度企业应纳税所得额低于 30 万元的。

（三）两个或者两个以上的个人，或者单位为共同申请人，或者共有专利权人的，应当分别符合上述第一项或者第二项的规定。

（四）事业单位、社会团体、非营利性科研机构视为上述第二项规定的小型微利企业。

申请人或者专利权人为一个个人或者单位的，可以请求减缴 85%的上述收费。两个或者两个以上的个人，或者单位为共同申请人，或者专利权人的，可以请求减缴 70%的上述收费。

七、费用减缴请求由国家知识产权局或专利代办处审批。国家知识产权局或者专利代办处将同意减缴的比例通知申请人或专利权人。未被批准的，申请人或专利权人应当在专利法及其实施细则规定的期限内按规定数额缴足费用。

八、本表第③栏，应当由申请人或专利权人签字或者盖章，申请人或专利权人为多个的应当由全体申请人或专利权人签字或者盖章。申请人或专利权人委托专利代理机构办理费用减缴手续的，可以由专利代理机构加盖公章。

九、专利费用可以通过网上缴费、邮局或银行汇款缴纳，也可以到国家知识产权局面缴。

网上缴费：电子申请注册用户可登录 http://www.cponline.gov.cn，并按照相关要求使用网上缴费系统缴纳。

邮局汇款：收款人姓名：国家知识产权局专利局收费处，商户客户号：110000860。

银行汇款：开户银行：中信银行北京知春路支行，户名：中华人民共和国国家知识产权局专利局，账号：7111710182600166032。

汇款时应当准确写明申请号、费用名称（或简称）及分项金额。未写明申请号和费用名称（或简称）的视为未办理缴费手续。了解更多详细信息及要求，请登录 http://www.sipo.gov.cn 查询。

5.4.2　专利授权样例：可办理银行卡的自动取款机（实用新型专利）

(19) 中华人民共和国国家知识产权局

(12) 实用新型专利

(10) 授权公告号 CN 202033846 U
(45) 授权公告日 2011.11.09

(21) 申请号 201120123247.4

(22) 申请日 2011.04.25

(73) 专利权人 李海龙
地址 250101 山东省济南市临港开发区凤鸣路 10 号山东建筑大学新校区理学院光信 081 班

(72) 发明人 李海龙　杜敏航　雷龙　王旗　王腾虎　程涛　徐汝杭　雪生建　张承华

(51) Int. Cl.
G07F 19/00 (2006.01)

权利要求书 1 页　说明书 2 页　附图 2 页

(54) 实用新型名称
可办理银行卡的自动取款机

(57) 摘要

本实用新型提供了一种可以办理银行卡的自动取款机，是对已有自动取款机的改进。它在机箱体的前面板上加设有指纹识别器、扫描仪、身份证插口和银行卡出口，指纹识别器、扫描仪与取款机主机连接。该自动取款机的优点是使办理银行卡、挂失银行卡更加方便。

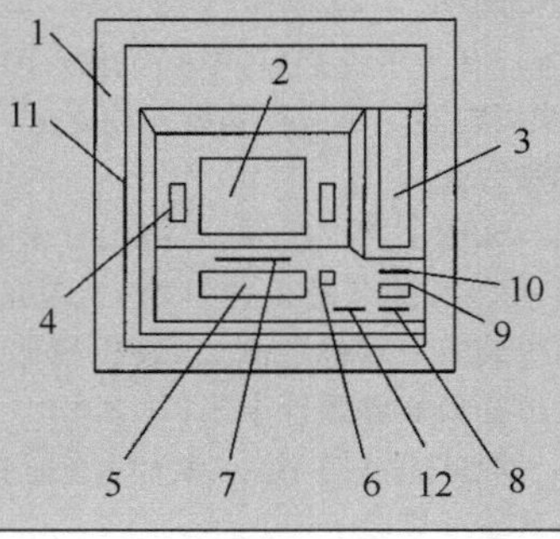

权利要求书

可以办银行卡的自动取款机，包括机箱体，在机箱体的前面板上设有显示器、读卡器、出钞器、银行卡插口、功能键盘、密码键盘，在机箱体内装有取款机主机，其特征在于在机箱体的前面板上设有指纹识别器、扫描仪、身份证插口和银行卡出口，扫描仪、指纹识别器与取款机主机连接。

说　明　书

可办理银行卡的自动取款机

技术领域

[0001]　本实用新型涉及一种带指纹识别器、扫描仪、身份证插口和银行卡出口的自动取款机。

背景技术

[0002]　目前，使用银行卡的人越来越多，而银行的营业大厅却很有限且相距比较远，使人们在办卡、挂失方面存在着很多不利之处，产生很多麻烦，因此现需要一种使用安全、方便，可办理和挂失银行卡的自动取款机。

发明内容

[0003]　为解决上述存在的问题，本实用新型提供一种带指纹识别器、扫描仪、身份证插口和银行卡出口的自动取款机，该自动取款机装有个人指纹存储、识别系统和身份证识别系统，它们连接自动取款机操作功能操作软件，指纹识别系统以指纹设为密码，进行存取款业务，身份证识别系统以身份证设为密码，进行办卡、挂失业务，这样就大大简化了办卡过程。

[0004]　本实用新型的技术解决方案是：带指纹识别器、扫描仪、身份证插口和银行卡出口的自动取款机，该自动取款机装有指纹识别系统和身份证识别系统，它们与自动取款机操作功能操作软件相连通，每次操作时插入身份证即可办卡，在指纹识别屏上放入自己的指纹即可设置指纹密码，同时使用身份证和指纹密码即可挂失再办卡，避免了很多不必要的麻烦。

[0005]　本实用新型的特点是安全、方便、快捷。

附图说明

[0006]　图 1 是本实用新型前面结构示意图；

[0007]　图 2 是本实用新型电原理框图。

[0008]　图中：1 机箱体，2 显示器，3 读卡器，4 功能键盘，5 密码键盘，6 指纹识别屏，7 出钞口，8 身份证插口，9 扫描仪，10 银行卡插口，11 主机，12 银行卡出口，13 出钞器，14 指纹识别器，15 银行系统网络。

具体实施方式

[0009]　如图 1、图 2 所示，可办银行卡的自动取款机包括机箱体 1，在机箱体的前面板上设置有显示器 2、读卡器 3、出钞器 13、功能键盘 4、密码键盘 5、出钞口 7 和银行卡插口 10，在机箱体内装有取款机主机 11，在机箱体的前面还设有指纹识别器 14、指纹识别屏 6、扫描仪 9、身份证插口 8 和银行卡出口 12。

[0010]　取款方法是：送入银行卡——阅读注意事项——输入密码——选择数额——指纹密码确认——取款——退卡。

[0011]　办卡加密方法是：送入身份证——阅读注意事项——办卡——指纹识别屏——设置指纹密码——设置数字密码——指纹密码确认——取卡。

[0012]　挂失再办卡方法是：送入身份证——阅读注意事项——输入密码——挂失——指纹密码确认——办卡——取卡。

[0013]　加密方法是：送入银行卡——阅读注意事项——输入密码——指纹识别屏——设置指纹密码——指纹密码确认——取卡。

说明书附图

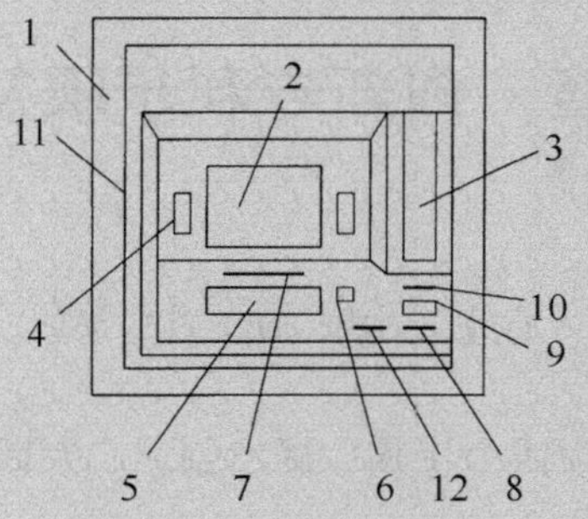

图 1

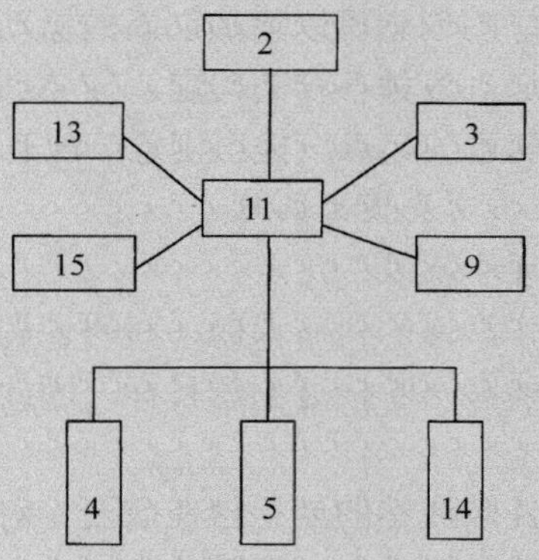

图 2

第 6 章　创新专利步骤及案例

6.1 创 新 步 骤

一般来说，科技创新可分为四个步骤：提出创意、判断创新、完成创造、实现创效。

6.1.1　提出创意

提出创意十分重要，一个好的创意可以增加创新的原动力，可以减少失败的次数。在现实工作和生活当中，我们会遇到各种各样的问题，需要创造新的技术或改进、完善现有技术，而这些问题往往是产生创意的起点。提出创意一般有以下方法。

（1）着眼于实际生产、生活需要提出创意

提出实际需要的创意，必须注意以下几点。

首先，不要把科学幻想当作严谨的科研课题，科研课题不能虚无缥缈，要在坚持不懈地努力下，经过一步步研究，能够不断接近创意目标。因此，在创意提出时应该放弃那些缺少科学依据的内容。

其次，要审时度势，把条件较成熟的创意摆在前面。对于那些虽有可能实现，但目前条件还不完全成熟的创意，即使很需要也应暂缓进行。

（2）着眼于新领域、新方法提出创意

新领域、新方法也是创意提出时应考虑的一方面。在新的技术领域中，由于涉足者少，因而待研究项目多，选择性大，但从另一个方面来讲，其实用性也有待确认。因此有时甚至无须作调查。在新领域中容易产生原始创新，而我们国家最缺少的就是原始创新。

按上面的实用需求法提出的创意虽然创意成功率高，但大都是将别人的东西进行重新组合提高的集成创新；还有的是引进别人的产品进行部分解析，然后改进提高的引进创新。而原始创新最能显示一个国家的科技水平，所以应鼓励年轻人进行原始创新，原始创新的创意可以是寻觅一种新的科学发现，也可以根据新的发现创立一种新的科学理论或一种新的工作原理，它可以先考虑科学实验中的“实质性进步”而暂时不考虑它的“经济价值”。但原始创新绝对是科技潜力的一种表现，许多原始创新的产品刚开始时价值并不一定能充分体现出来，但最终它会有长足的发展。

（3）根据其他方法提出创意

除了上述两种方法以外，还可从自己的实践中增加其他方法。提出创意有时并非只用一种方法，而往往是在创新过程中，多种不同创新方法相交织出现。提出创意和创意实现过程相互交织进行，逐步深入。

（4）根据别人意愿提出创意

根据别人意愿提出创意时应该注意两个方面：首先确定自己是否熟悉所提创意的技术

领域，如果是自己并不十分了解的技术领域，最好不要接受，以免给双方带来损失；其次对于别人提出的创意要进行分析，有时由于别人并不是技术方面的专家，因此会对技术开发的目标规定得较为含糊，对技术术语的理解不统一，或对产品的生产环境和使用条件考虑不全，从而导致开发结束后，在技术验收时往往出现一些原先没有涉及的问题或不同的观点，所以必须在开发初期把对方的开发要求和目的规定得十分清楚，做到有章可循。

6.1.2 判断创新

一个创意正式提出后，要做的第一件事就是对此创意作新颖性调查，从一般意义上来说，新颖性的核心是“在全球范围内前所未有”。技术的新颖性是以现有技术为参照，现有技术是指在此之前国际上任何一个国家已有的技术和知识的总和。而判断一项技术是否属于已有技术的范围，就是判断该创意所表示的技术内容是否在此之前已经公开。

1. 利用各种检索工具

判断创意的新颖性，必须检索相关的文献，才能在你的想法基础上得以实现。判断创新的工具主要是常用的中外文数据库、搜索引擎以及专利数据库，这些资源的使用方法见前面的具体章节内容。

2. 确定创新点

如果你想到的课题已被别人先用了，这时你可以研究一下别人的发明点、创新点是什么；权利要求保护的内容是什么。一般来说，如果是已获批准的发明专利，那么你要逾越他的创新的可能性就很小，如果是实用新型专利，那么你应该仔细地研究一下它们的结构、技术特征是否还有改进的可能，和你的设想比较是不是还存在某种缺陷，如果还存在缺陷，就可以继续开展下一步工作。爱迪生也是在前人发明出电灯泡的基础上进行了改进，延长了电灯泡的使用寿命。因此，严格地说，电灯泡并不是爱迪生发明的，在他之前早已经有了各式各样的电灯泡，只是灯泡的寿命太短，爱迪生的贡献是把灯泡的寿命延长到具有商业推广的价值。由于爱迪生这个专利的实际应用价值和商业价值都很高，因此，它带给人们的使用价值超过了这项发明本身的价值。正因如此，人们没有记住最早的灯泡发明人，而记住了爱迪生。

6.1.3 完成创造

创新课题完成的过程即完成创造的过程。以阶段划分的创新过程是各个阶段顺序递进、相互连接、相互协调的复合过程。以阶段来划分，可以把整个创新过程分为研究 / 开发阶段、设计/试制阶段、生产阶段和市场价值实现阶段。

1. 研究/开发阶段

该阶段是创新的初始阶段，研究开发水平的高低关系到项目的生存与发展，因此，对研究开发工作应高度重视。搞好研究开发，一要有充足的资金，二要靠高素质的科研队伍。如美国 IBM 公司，研究开发数额高得惊人，我国的华为公司 2016 年研发投入占到营业额的近 15%。在日本，约 1.77 万家企业拥有规模不等的研发机构，其中 350 家大企业拥有 600 多个高水平的研究所。

2. 设计/试制阶段

研究开发与最终成果之间的过程就是设计 / 试制阶段。与上一阶段相比，这一阶段的投资一般是实验研究的若干倍，同时要面临来自技术、生产和市场的不确定性，往往人们认为是最不划算的投入，但这是创新无法超越的阶段。

3. 生产阶段

生产阶段要求把前面两个阶段的成果转化为实实在在的生产力。但它并不是想象得那样简单，毕竟生产不是孤立的活动，向前追溯，它同研究/开发、设计/试制有紧密联系；向后看，它又关系到产品价值的实现问题。

4. 市场价值实现阶段

技术创新是一个艰苦的过程，不仅早期的研究开发面临许多困难，到了产品价值实现阶段也非常不易。价值实现意味着产品投放到市场上接受评判。在这一阶段，要想使创新成果顺利地转变为市场产品，要有正确的推广手段。

6.1.4 实现创效

1. 申请国家专利

申请国家专利以保护自己的创新成果。拥有了专利权，便对其发明创造享有独占性的制造、使用、销售和进出口的权利，其他任何单位或个人未经专利权人许可不得进行以生产、经营为目的的制造、使用、销售、许诺销售和进出口其专利产品，不得使用其专利方法或者未经专利权人许可以生产、经营为目的的制造、使用、销售、许诺销售和进出口依照其方法直接获得的产品。否则就是侵犯专利权。

2. 撰写科技论文

通过撰写论文使创新成果得以展示并保护。论文是学术界了解现有技术的最广泛的一种形式，世界上许多伟大的科学家都是通过论文来发表自己的成果，使之公布于世。因此，撰写科技论文能够实现与更多的高水平学者进行知识交流与沟通，为创新技术的完善改进提供更多机会。

3. 参加科技大赛

国内现有的科技大赛有中国大学生创新设计大赛、中国科技创业计划大赛、“挑战杯”全国大学生课外学术科技作品竞赛、青年科技创新竞赛、ADI 中国大学创新设计竞赛等。通过信息检索可以获得相关的赛事情况。参加此类科技竞赛，能为自己提供更多的学习机会。

4. 申请国家奖励和科技项目

通过申请国家奖励和项目可为创新活动提供资金支持，促进创新活动的发展。

5. 公司生产应用

创新实现后，应尽可能投入到生产当中去，它是科技创新的最后阶段，一个科技创新产品只有通过应用到生产当中去，才能实现其价值。把创新成果的方法与技术，通过与企业的联合使之应用于生产领域，能够提高效率、节约成本、增加利润、完善产品质量。这是企业发展进步的有力支柱，是实现创新意义的根本所在。

6.2　创新专利案例

6.2.1　原始创新案例：光学视觉效应测试装置及测试方法

1. 创新发明简介

2006 年 5 月～2010 年 5 月，以山东建筑大学许福运教授为首的创新发明小组，围绕“光学视觉效应测试装置及测试方法”向国家知识产权局提交了 124 项发明专利，并于 2008 年陆续获得发明专利授权。这组发明的核心技术由测试车、用于测试车运行的专用轨道和测试板组成，测试车位于专用轨道上，测试板安装在另一辆测试车上，测试板的高度与测试者的高度相适应，测试板上设有多个带底色的图案，图案由多种图形的同心圆构成，图案上设有直角坐标，坐标原点即同心圆的圆心。测试者目光的水平视线与测试者观察测试板上同心圆圆心时的视线之间夹角为 0°，直线轨道、测试板与测试者之间不间断地进行相对和相向运动，测试者会看到，测试板上的图案在圆周上沿圆心做逆时针或顺时针转动。这组发明既可作为光学视觉效应观察测试的实验演示装置和方法，也可作为一种游戏装置和方法。

2. 创新发明技术背景

海南出版社 2004 年出版的由洪芳翻译的英国视觉科学家艾尔·塞克尔所著的《视觉游戏（二）》中报道了一种“旋转的圆圈”的视觉图片。该图片由菱形图案构成的两个同心圆组成，当集中目光盯住同心圆的圆心，前后移动头部时，发现由菱形图案构成的两个同心圆会转动。这一现象是由意大利视力科学家 B.皮娜和 G.格力斯塔夫于 1999 年发现的。上述研究结果对于大中学生做演示实验，或者在科普宣传教育部门做科学普及工作是十分有利的。但是上述结果一方面是人为观察的结果，它会因观察者目光的集中程度不同、头部前后移动的速度不同以及头颈部在移动过程中的稳定程度不同而产生不同的观察结果；另一方面仅靠人头部的前后移动，只能短时间观察，长时间观察会造成人头部、颈部乃至全身疲劳。目前还没有一种用于观察测量的专门设备和方法。

3. 提出创意

为克服现有技术的不足，发明小组提出一种创意，提供了一种设计合理、制造容易、使用方便、可有效进行光学视觉效应观察测试的光学视觉效应测试装置及测试方法。

4. 对创意进行新颖性判断

判断创意是否具有新颖性和创造性，主要依靠检索工具进行新颖性检索。创新小组主要进行了以下工作。

①对创意进行技术分类和主题分析，提炼出检索用国际专利分类号为 G09B23/00，中英文关键词分别为光学（Optics）、视觉效应（Visual Effects）、测试装置（Test Device）、测试方法（Test Method）。

②初步确定检索式。

题名或摘要：((测试装置 OR 测试方法）AND 光学 AND 视觉效应）OR G09B23/00。

Title or Abstract:（testdevice or test method）and Optics and visual effects or G09B23/00。

③选择检索工具并进行检索：选用中国知网数据库、百度、国家知识产权局专利数据

库、美国专利数据库、欧洲专利局数据库以及读秀学术搜索，进行相关性检索获得初步检索结果。

中国知网数据库检索结果如图 6-2-1 和图 6-2-2 所示。

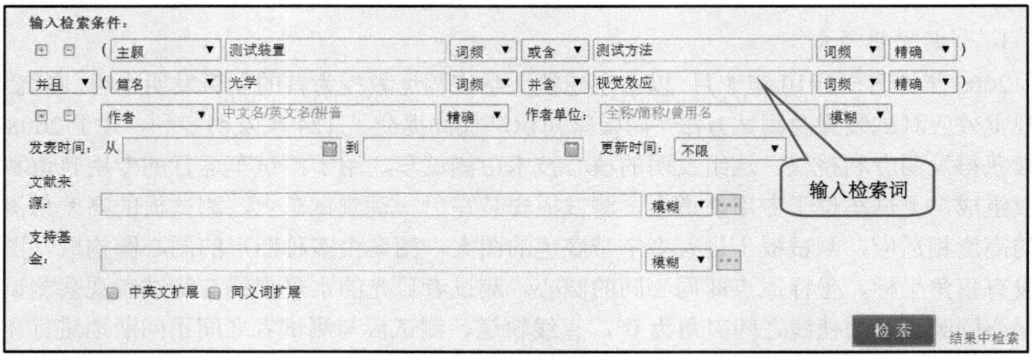

图 6-2-1　CNKI 检索页面

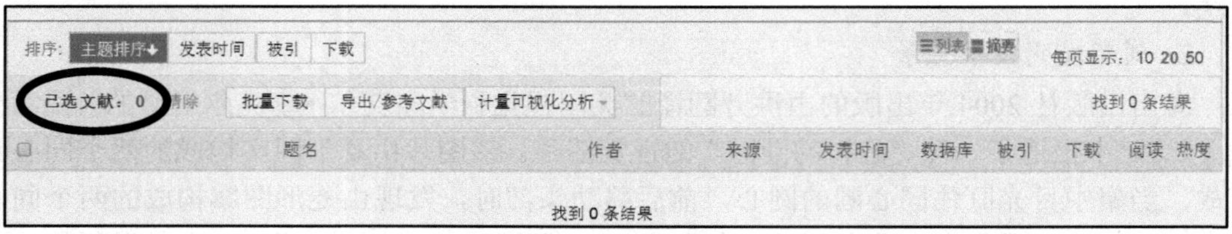

图 6-2-2　CNKI 检索结果页面

从检索结果可以断定，有关光学视觉效应测试装置及测试方法的创意没有以期刊论文、学位论文和会议论文等形式在国内公开发表。

百度检索结果见图 6-2-3，由检索结果可知，除了许福运教授自己发布的网络信息外，没有见到相关的网络信息。

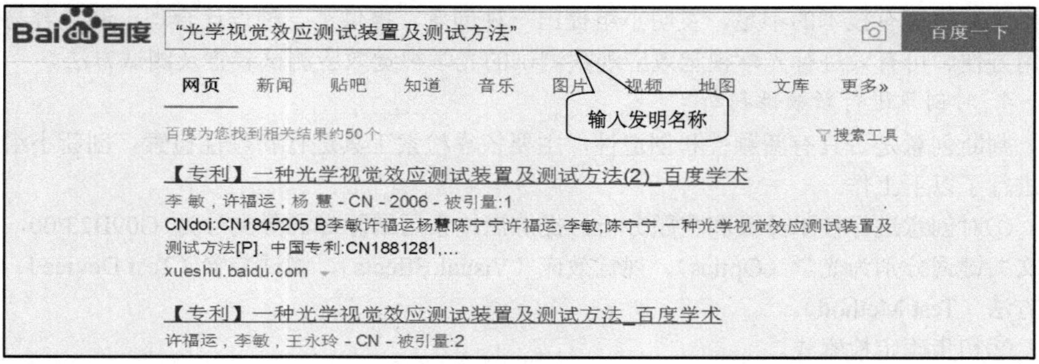

图 6-2-3　百度检索结果页面

国家知识产权局专利数据库检索见图 6-2-4 和图 6-2-5。

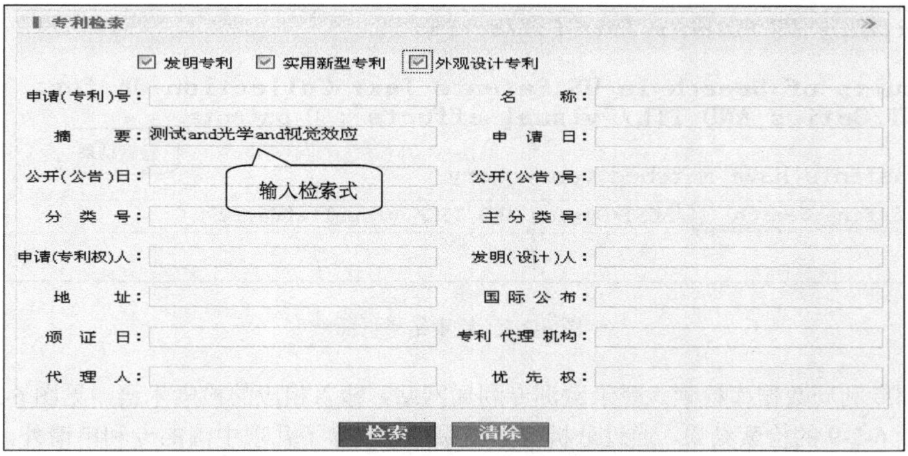

图 6-2-4　高级检索页面

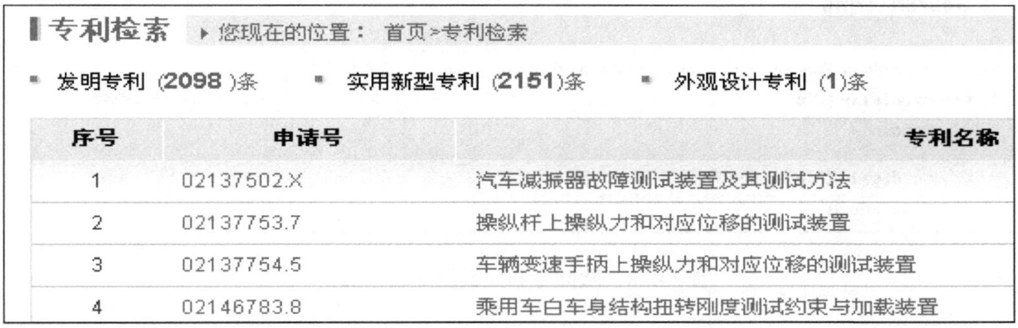

序号	申请号	专利名称
1	02137502.X	汽车减振器故障测试装置及其测试方法
2	02137753.7	操纵杆上操纵力和对应位移的测试装置
3	02137754.5	车辆变速手柄上操纵力和对应位移的测试装置
4	02146783.8	乘用车白车身结构扭转刚度测试约束与加载装置

图 6-2-5　专利检索结果页面

通过浏览中国专利检索结果，发现关于“光学视觉效应测试装置及测试方法”的创意尚未在中国申报相同或者相关专利。

美国专利数据库检索。通过登录美国专利商标局网站，检索发现“光学视觉效应测试装置及测试方法”的创意也没有在美国申报专利。检索式的输入及检索结果见图 6-2-6 和图 6-2-7。

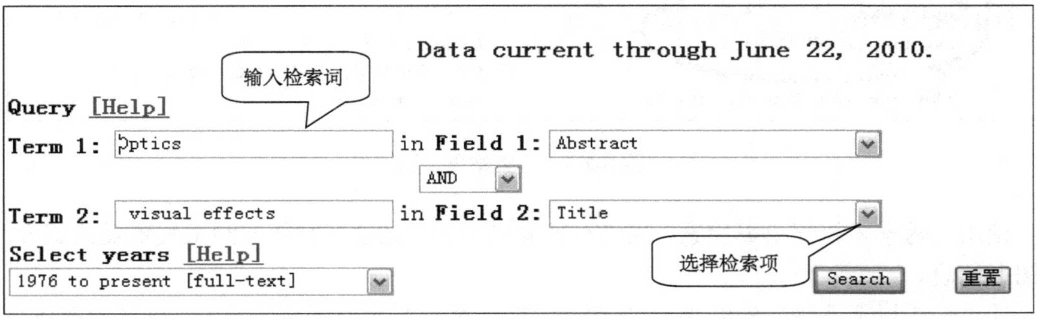

图 6-2-6　美国专利数据库检索页面

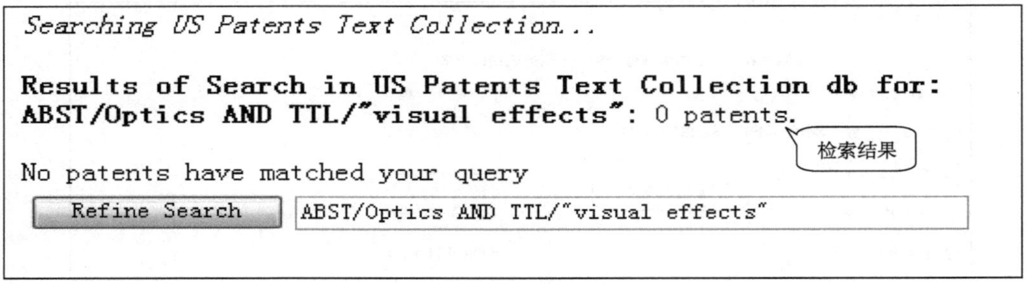

图 6-2-7　检索结果页面

欧洲专利局数据库检索。登录欧洲专利局网站，输入相应的检索术语，见图 6-2-8，可以获得图 6-2-9 的检索结果。通过分析检索结果可知，除了几项中国的专利申请外，世界各国未见到该项创意的专利信息记录，而国内的相关专利信息也正是研究小组自己的作品。

图 6-2-8　欧洲专利局数据库检索页面

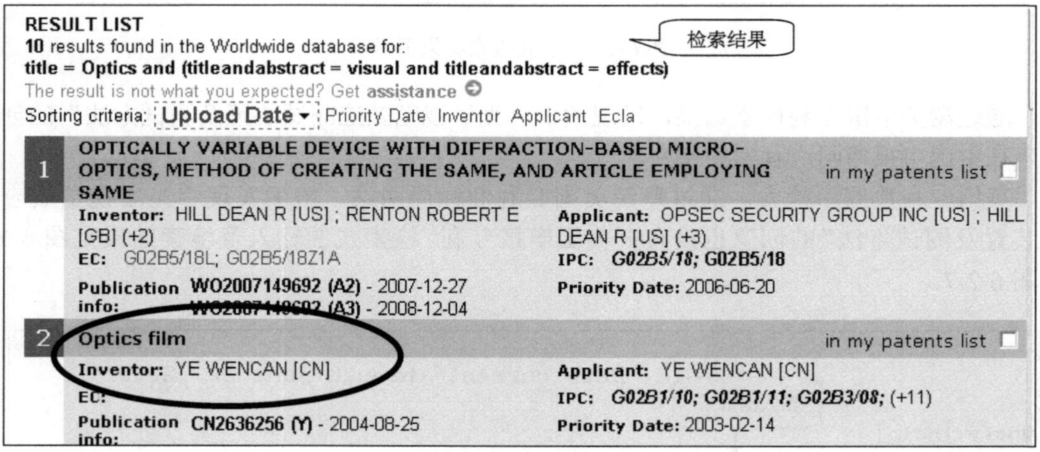

图 6-2-9　检索结果页面

使用读秀学术搜索引擎检索，也没有搜索到相关“光学视觉效应测试装置及测试方法”的图书信息。

通过分析以上各种检索结果，“光学视觉效应测试装置及测试方法”的创意没有以任何形式为人们所知晓，具有新颖性、创造性和实用性。

5. 实施创意

研究小组通过分析研究提出了创意的实施方案。该发明的结构如图 6-2-10 和图 6-2-11 所示，由测试车 1、用于测试车运行的专用轨道 2 和测试板 3 组成，测试车 1 位于专用轨道 2 上，测试板 3 安装在测试车 1 上，测试板 3 的高度与测试者的高度相适应，测试板 3 上设有 2 个带底色的图案，2 个图案平行排列、图案相同、大小不同，图案由 4 个相同的线段组成的同心圆构成，图案上设有直角坐标，坐标原点即同心圆的圆心。

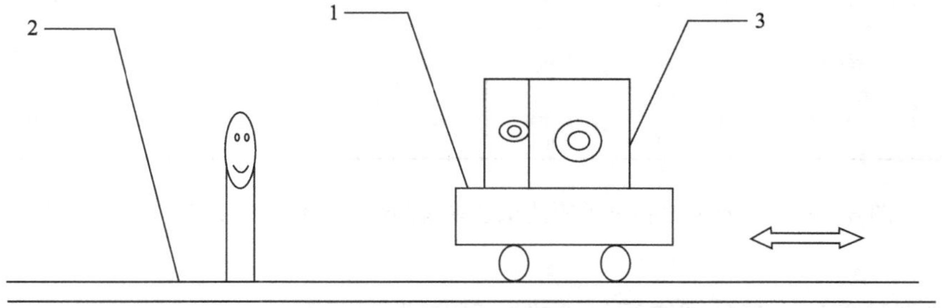

图 6-2-10　光学视觉效应测试装置结构图

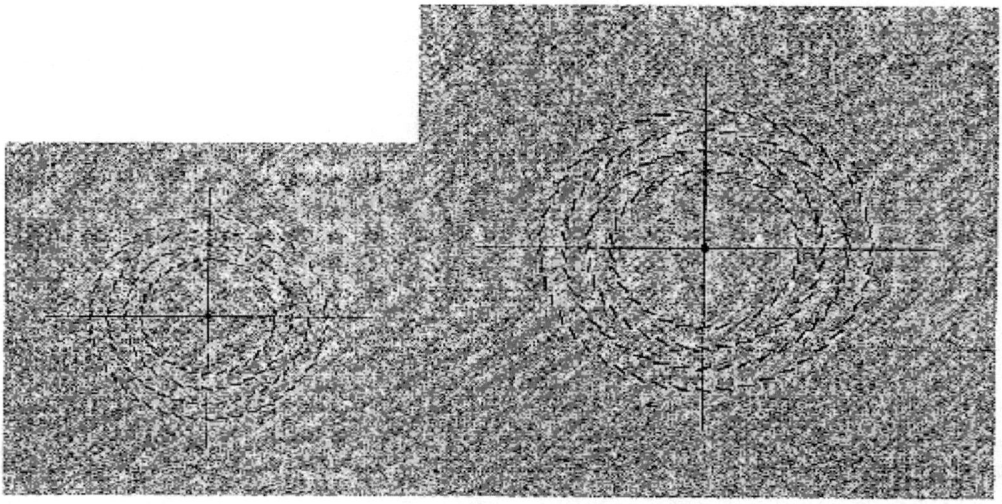

图 6-2-11　光学视觉效应测试装置测试板图案

光学视觉效应测试装置的具体测试方法为：测试者头在轨道一端，颈部定位并轮流观察两个图案，目光轮流盯住两个同心圆圆心；驱动测试车，使测试板与测试者之间不间断地进行相对和相向运动，测试者会看到测试板上的图案在圆周上沿圆心做逆时针或顺时针转动。加快或者减慢测试车的运动速度时，图案转动的角速度也随之加快或减慢。

6. 实现创意——申报国家发明专利

根据创意实施方案，通过变换测试板上的图案，测试者可以获得多种测试体验，从而据此开发多种游戏装置和方法。使人们特别是青少年在游戏的过程中，增强游戏乐趣的同时，加深对光学视觉效应的感性认识。为此，研究小组向国家知识产权局申报了一组包含 277 项发明专利的专利群，并且陆续获得专利授权，图 6-2-12 显示了整个发明专利群部分发明专利的检索结果。

图 6-2-12　一种光学视觉效应测试装置及测试方法申报的 277 项发明专利

6.2.2　模仿创新案例：某公司进行风冷式冰箱的研发过程

1. 模仿创新的步骤

（1）全面综合分析

全面检索本技术领域的专利信息，对本行业技术、竞争对手、市场现状、宏观经济等情况进行综合分析，结合自身创新能力制定创新战略。

（2）重点技术研究

对本技术领域的技术发展进程、最新发展动态、市场占有范围、竞争对手技术优势及专利技术的法律状态进行重点技术研究，确立研发方向。

（3）核心技术选择

针对研发方向中的核心技术进行研究，优选出有重要价值的关键专利文献进行组合分析，择其优点确立研发项目。

（4）有效仿制

利用有效仿制对研发项目中的专利技术进行消化吸收，在技术开发的过程中取得自主知识产权形成后发优势。有效仿制是指在规避侵权的前提下，以市场为导向，充分利用专利制度的公开功能和效力范围，进行富有成效的快速仿制，并进一步取得自主知识产权，形成后发优势的一种技术创新模式。有效仿制的程序为：针对研发项目核心技术中优选出的专利文献进行侵权检索：

• A.如不侵权，直接消化吸收；

• B.如侵权，避开其保护范围或以现有技术替代；

• C.如果无法避开其专利，就想法使其权利要求无效，其专利权或合理引进消化吸收；

• D.在消化吸收的过程中，通过技术开发进一步创新，申报专利，取得自主知识产权，形成后发优势。

2. 模仿技术创新案例：某公司进行风冷式冰箱的研发过程

（1）进行重点技术研究

该公司在平时对专利技术跟踪检索的过程中，通过定题检索，发现风冷式冰箱技术的申请量、申请厂家呈上升趋势。利用 SOOPAT 专利搜索引擎搜索，见图 6-2-13，可以检索到 63 项专利信息。

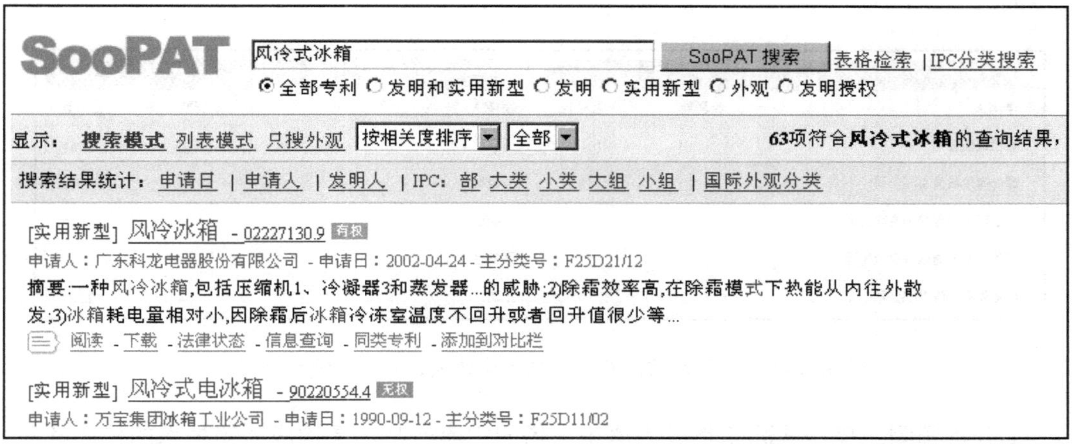

图 6-2-13　风冷式冰箱检索结果页面

对检索结果进行专利技术申报时间分布统计分析，如图 6-2-14 和图 6-2-15 所示，可以看出风冷式冰箱技术专利申报上升趋势明显，并于 2009 年达到高峰。自 2010 年申报数量急剧下降，说明这种技术正在走向成熟，申请人数趋于集中。

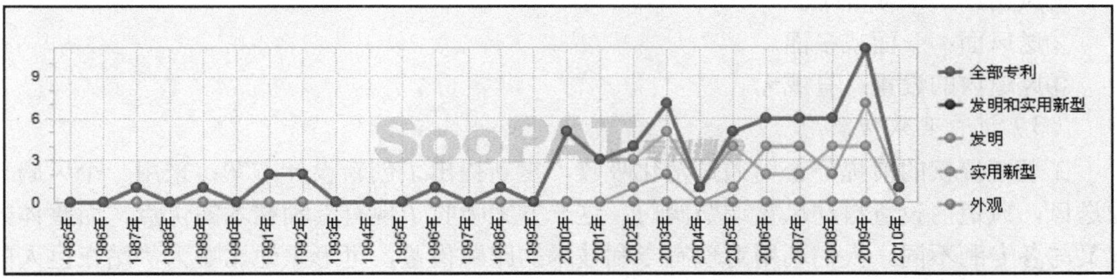

图 6-2-14　风冷式冰箱专利申报年度分布图

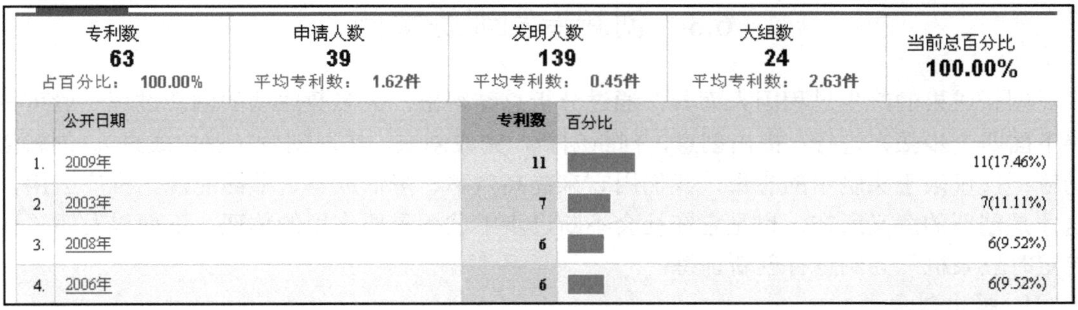

专利数	申请人数	发明人数	大组数	当前总百分比
63 占百分比： 100.00%	39 平均专利数： 1.62件	139 平均专利数： 0.45件	24 平均专利数： 2.63件	100.00%

	公开日期	专利数	百分比
1.	2009年	11	11(17.46%)
2.	2003年	7	7(11.11%)
3.	2008年	6	6(9.52%)
4.	2006年	6	6(9.52%)

图 6-2-15　风冷式冰箱专利申报情况分析图

进一步对风冷式冰箱技术专利权人分布（图 6-2-16）进行分析发现，专利权人集中分布在全国几家知名冰箱企业，海尔集团公司是最大的专利权人，王东宁是该项技术最多的发明人。

申请人统计

申请人	专利数	百分比
海尔集团公司	14	16.09%
青岛海尔股份有限公司	13	14.94%
广东科龙电器股份有限公司	5	5.75%
海信科龙电器股份有限公司	5	5.75%
合肥美菱股份有限公司	5	5.75%

发明人统计

发明人	专利数	百分比
王东宁	12	6.06%
李晓峰	8	4.04%
孙桂红	6	3.03%
张智春	4	2.02%
王建	4	2.02%

图 6-2-16　风冷式冰箱专利技术申请人、发明人统计分析

①分析预测：风冷式冰箱将成为冰箱市场的主流产品，是构成冰箱技术的核心竞争力之一。

②确定研发方向：开发风冷式冰箱。

（2）核心技术选择

利用各种专利数据库，检索有关冰箱风道的各国专利，检索出各种技术解决方案，总结为三种类型，优选出关键文献进行组合比较确立研发项目。

①风扇：一个或多个。

②送风面：一面或多面。

③风道内的设置：有或无。

（3）进行有效仿制

在规避侵权的前提下公司通过消化吸收，重新提出了创新设计方案：采用一个风扇三面送风，风道内设置自动风量调节阀门。这一方案吸收了现有专利技术的优点，而整体方案又与各专利不同。人们利用对现有专利技术的跟踪借鉴，可形象地比喻为“站在巨人的肩膀上”，成为比巨人还要高的创新者。

6.3　创新专利训练案例

创新成果的产生过程因人而异，通过分析总结得出，大多数成功的创新过程一般可按照下面四个步骤来进行：提出创意，判断创新，完成创造，实现创效（保护成果）。创新活动应不仅仅限于头脑中的想象，我们用它来提高效率、降低成本、节约能源、推广应用，这才是创新的意义所在，也是它在社会不断进步中发挥重要作用的体现。下面以发明“遥控定时豆浆机”为例进行创新训练。

1. 提出创意

爱因斯坦说过：“提出一个问题往往比解决一个问题更重要。因为解决问题也许仅是一个数学上或实验上的技能而已，而提出新的问题却需要有创造性的想象力，而且标志着科学的真正进步。”可见，创意的提出是进行创新的第一步，也是最关键的一步。

美国麻省理工学院（MIT）的冯·希普（Eric Von Hippel）等根据创新者与创新之间的联系，将创新分为用户创新、制造商创新和供应商创新。他们的研究表明：成功的创意构思大多数来自企业外部。在科学仪器领域的技术创新中，用户创新占 77%，制造商创新占 23%；在半导体和印刷电路板制造工艺创新中，用户创新占 67%，制造商占 21%；在铲车技术创新中，用户创新占 6%，制造商创新占 94%；在工程塑料技术创新中，用户创新占 10%，制造商创新占 90%；在塑料添加剂技术创新中，用户创新占 8%，制造商创新占 92%；以氮气和氧气为原料的设备创新中，用户创新占 42%，制造商创新占 17%，氮、氧气供应商的创新占 33%；以热塑料为原料的设备创新中，用户创新占 43%，制造商创新占 14%，热塑料供应商创新占 36%；在电力终端设备的创新中，与联结端子相关的产品创新，有 83% 是联结端子供应商完成的。

由此可见，产品用户、产品制造商以及与创新有关的部件和材料的供应商都是重要的创新源。实际上，在许多情况下，是用户或供应商发现了某种需要并通过研究开发建立了创新原型，由制造商将创新加以完善并快速推向市场。

因此，产品的发展是伴随着大量的创新活动一步步完成的，按创意的产生过程，我们可以把它分为主动创意和被动创意两个方面。主动创意主要是指人们主观上期望对某个产品进行改进或对某个方法进行更新，并且通过各种途径来达到目的，这种方法一般出现在生产厂家或研究机构；被动创意是指在生产或生活过程中，当人们受到现有方式的阻碍而被动地想去对其进行完善，此类创意主要集中在产品用户或消费群体中。

在主动创意中，“关键词”法非常可行，我们按这个思路来完成遥控定时豆浆机的创新训练过程。

首先，我们要找到一个关键词，如“遥控定时”。在读秀、万方数据库及国内外专利查询网站中也可得到包含关键词的信息，如图 6-3-1～图 6-3-4 所示。

要进行关于定时的创新活动，我们可以从搜索到的信息中对现有的此类专利或产品有更详尽的了解，然后选择自己感兴趣或创新空间更大的方向进行下一步创意的实现。

2. 判断创新

在阅读比较分析中，综合相关知识，提出新想法、新创意。例如，我们利用组合技法把“遥控”“定时”和“豆浆机”进行组合，利用前面提到的检索工具进一步检索是否已有此类产品。

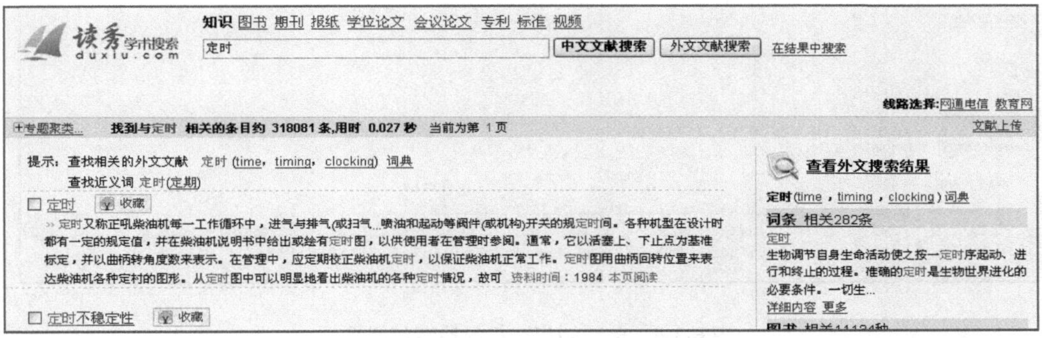

图 6-3-1　读秀搜索页面

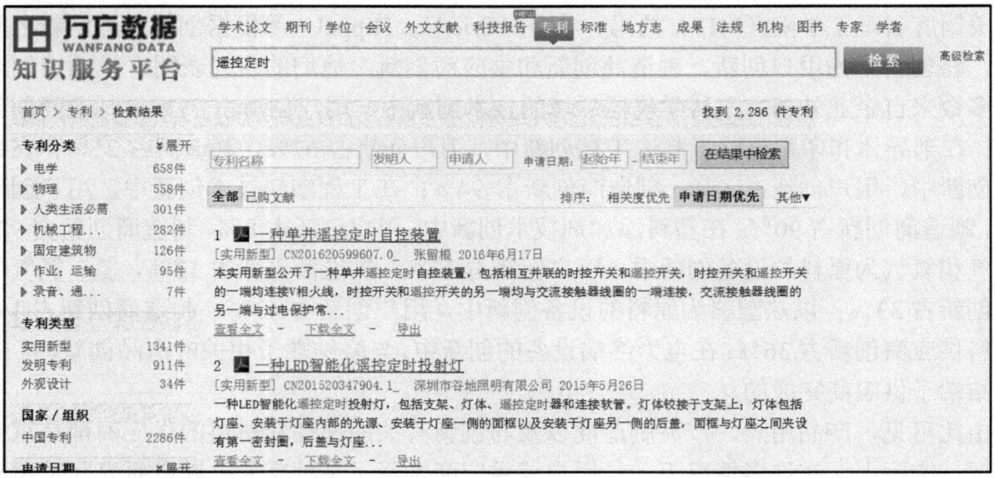

图 6-3-2　万方数据库检索结果页面

图 6-3-3　国家知识产权局检索结果页面

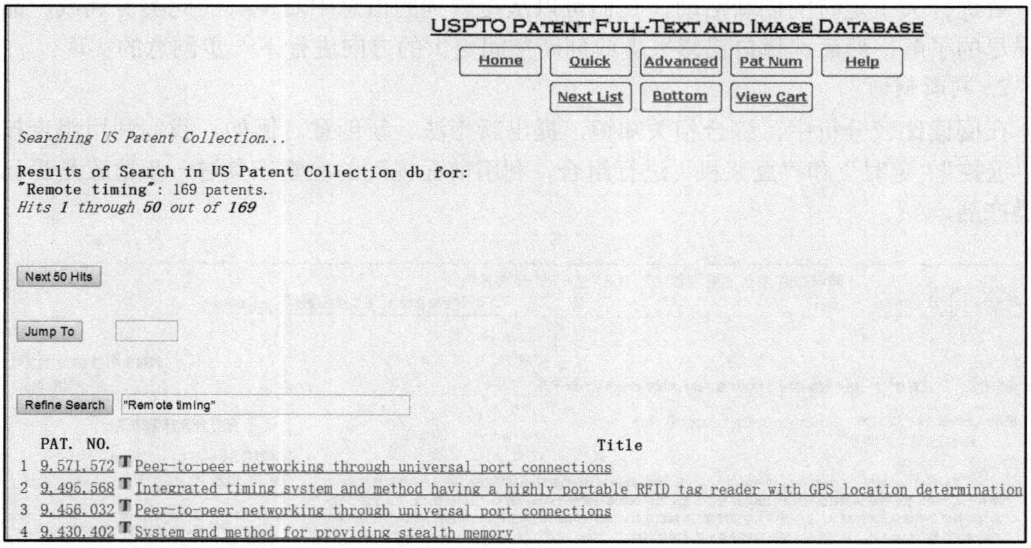

图 6-3-4　美国知识产权局检索结果页面

在专利检索中，我们得到的结果是“没有检索到相关专利”，如图 6-3-5 所示，那么“遥控定时豆浆机”这类产品还没有被申请专利。但是并不表明这个产品不存在，还要进一步通过其他工具检索，在百度中我们已经找到了“智能定时遥控多功能豆浆机的系统设计”的文章，说明此项技术已存在，那么我们能否认为此类产品就不是创新了呢？通过分析判断，只要与已有方法和技术手段不同便也为创新。打开“智能定时遥控多功能豆浆机的系统设计”页面，我们可以看到其主程序流程图，说明这项技术已经存在。

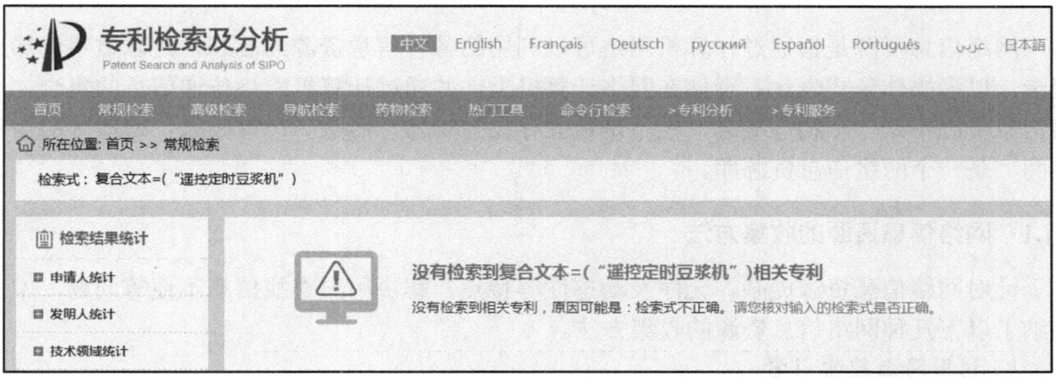

图 6-3-5　“遥控定时豆浆机”检索结果页面

这就是判断创新的过程，通过工具的检索找到与创意点相关的专利或知识。判断创新的过程也是产生新创意的一个有效手段。

3. 完成创造

借鉴已有技术，发挥创新思维，拓展思路，把创新思路变为可应用的产品，这是创新的最终目的。例如，我们可以检索已有的关键技术，分析、比较、实践、再综合，便会有所创新。我们通过对此项已有技术的认知，找出新的创意点，检索了“手机通信”“遥控”“定时”“豆浆机”等关键词，最终完成“手机短信遥控定时豆浆机”产品的设计创意。并且再次判断，明确其为“创新”。

4. 实现创效

对创新项目可以通过申请国家专利保护自己的创新成果；通过撰写科技论文实现与更多的高水平学者进行知识的交流与沟通；通过参加科技大赛为自己提供更多的学习机会；通过申请国家奖励和科技项目为创新活动提供资金支持；通过公司生产应用途径，实现其创新的意义和价值。

第 7 章 网络信息资源的综合利用

7.1 网络信息资源的收集、整理和分析

网络信息资源是指通过计算机网络可以利用的各种信息资源的总和，是以数字化形式记录，以多媒体形式表达，存储在网络计算机上，并通过计算机网络传递信息的集合。网络信息资源不是一个物理概念，也不是独立存在的实体，而是一个跨国家、跨地区的信息空间，是一个网络信息资源库。

7.1.1 网络信息资源的收集方法

针对网络信息资源庞杂、无序及动态性等特点，解决用户查找信息不便等问题，本节归纳了以下几种网络信息资源的收集方法。

1. 利用网上搜索引擎

通过搜索引擎对网络信息资源进行查找是获取网络信息资源的主要方式。搜索引擎以搜寻网络信息资源为目标，在一定程度上满足了人们对网络信息资源的查询需求，给用户搜寻信息带来方便，减少了网络浏览的盲目性。

2. 利用权威机构的网站

如果用户熟悉网络资源的特点和分布状况，了解常用信息资源的发布方式，可以通过国内外重要的科研机构、信息发布机构、协会的网址，及时而准确地获得这些权威机构发布的信息，帮助用户及时了解和掌握最新的科研动态。

3. 利用网络专业信息资源导航库

专业信息导航库比搜索引擎更具专指性。例如，中国高等教育文献保障系统（CALIS）本着共知、共建、共享的原则，以全国高等院校为依托，建立起 CALIS 工程中心重点学科导航库和 CALIS 文理中心重点学科导航库，积累了国内外政府部门、高等院校、科研机构、学术团体的各专业网站地址，覆盖的学科全面，学术价值高，信息可靠性强，通过有效链接可以直接进入各学科专业网，既节省了查询时间，又提高了查询的准确性。

4. 利用各高校图书馆的网络资源

高校图书馆是网络信息资源的主要发布阵地，尤其是针对学术信息资源。图书馆根据读者需求，编制网络资源导航系统，建立学科导航、中外文网络数据库链接，引导读者最大限度地利用有效的信息资源，将读者从繁杂、无序的信息海洋中解脱出来，有效地遏制信息泛滥给读者造成的影响。

5. 实地访问考察和科学实验

根据研究情况有目标地进行专访、座谈、实地参观或参加有关的国内外学术会议进行交流等，收集未公开发布的信息，以弥补系统检索的不足。

科学实验是将实验中观察到的事物变化的过程、条件、测量的数据、实验用仪器设备

等有价值的信息记录下来。

以上这些方法可以作为寻找网络信息资源的常规方法，当然，在庞杂、无序及动态的信息中寻找自己所需要的信息，除了要掌握这些基本方法外，还需要信息收集者掌握一定的技巧，具体问题具体分析，了解不同数据库的特点，充分运用各种逻辑检索规则准确表达检索要求，通过运用多种方法和进行多种尝试，最终收集到有用、可靠的信息。

7.1.2　网络信息资源的整理方法

1. 信息资源分类

信息资源的分类是按照一定的标准把与研究课题有关的信息资源分成不同的组或类，将相同或相近的资源合为一类，将相异的资源区别开来，再按分类标准将总体资源加以划分，构成系列。人们习惯于把收集的信息资源按照其外表特征和内容进行分类，如按信息的题名、编著者、信息来源出处、内容提要等顺序；或按信息涉及的学科、主题进行归类，并对著录分类号和主题词进行编号、排序，使之系统化、有序化。

2. 信息资源汇编

汇编就是按照研究的目的和要求，对分类后的资源进行汇总和编辑，使之成为能反映研究对象客观情况的系统、完整、集中、简明的材料。汇编有三项工作要做：一是鉴别评价资源的价值，主要从信息来源、发表时间、可靠性与先进性、理论技术水平及实用价值等方面进行评价鉴别，剔除不可靠或实际意义不高和参考价值不大的文献；二是根据研究目的、要求和研究对象的客观情况，确定合理的逻辑结构，对资源进行加工，归纳合并那些观点相近或相同的文献，重要的部分标上各种符号，对各种资源按照一定的逻辑结构编上序号等；三是汇编好的资源要井井有条、层次分明，能系统、完整地反映研究对象的全貌，还要用简短明了的文字说明研究对象的客观情况，并注明资源的来源和出处。

7.1.3　网络信息资源的分析方法

信息资源分析是在充分占有有关信息资源的基础上，把分散的信息进行综合、分析、对比、推理，重新组成一个有机整体的过程。它是根据特定的需要，对信息资源进行定向选择和科学抽象的一种研究活动。信息资源分析的目的是从繁杂的原始相关信息资源中提取具有共性的、方向性或者特征性的内容，为进一步的研究或决策提供佐证和依据。

用于信息分析的方法有逻辑学法、数学法和超逻辑想象法三大类，其中，逻辑学法是最常用的方法。逻辑学法具有定性分析、推论严密、直接性强的特点。属于逻辑学法的常用方法有综合法和分析法。

1. 综合法

综合法又称综合归类法，是把与研究对象有关的情况、数据、素材进行归纳与综合，形成系统、完整的信息集合，是一种常用的定性分析方法。综合的具体方法有简单综合、分析综合和系统综合。

①简单综合。把原理、观点、论点、方法、数据、结论等有关信息一一列举，进行综合归纳而成。

②分析综合。把有关的信息在进行对比、分析、推理的基础上归纳综合，并可得出一些新的认识或结论。

③系统综合。一种范围广、纵横交错的综合方式。把获得的信息从纵的方面综合与之有关的历史沿革、现状和发展预测，从中得到启迪，为有关决策提供借鉴。从横的方面综合与之有关的相关学科领域、相关技术，从中找出规律，博采众长，为技术创新的起点或技术革新的方案提供相关依据。

2. 分析法

分析法是将复杂的事物分解为若干简单事物或要素，根据事物之间或事物内部的特定关系进行分析，从已知的事实中分析得到新的认识与理解，产生新的知识或结论。分析法分析的角度不同，常用的有对比分析法和相关分析法。

（1）对比分析法

对比分析法是常用的一种信息资源定性分析方法。对比分析法可以分为纵向和横向对比法。

①纵向对比法。纵向对比法是通过对同一事物在不同时期的状况，如质量、性能、参数、速度、效益等特征进行对比，认识事物的过去和现在，从而探索其发展趋势。由于这是同一事物在时间上的对比，所以又称为动态对比。

②横向对比法。横向对比法是对不同区域，如国家、地区或部门的同类事物进行对比，属于同类事物的对比。横向对比可以提出区域间、部门间或同类事物间的差距，判明优劣。横向对比又称静态对比。

（2）相关分析法

事物之间、事物内部各个组成部分之间经常存在着某种关系，如现象与本质、原因与结果、目标与途径、事物与条件等关系，可以统称相关关系。通过分析这些关系，可以从一种或几种已知的事物特定的相关关系顺次地、逐步地预测或推知未知事物，或获得新的结论，这就是相关分析法。

7.2　学位论文的选题与写作

7.2.1　学位论文的选题

选题是进行专业论文写作前对写作内容、研究题目的选择和确定。提出问题是解决问题的第一步，选准了论题就等于完成了论文写作的一半，题材选得好可以起到事半功倍的作用。

1. 课题来源

一般课题或论文题目有以下几种来源，如图 7-2-1 所示。

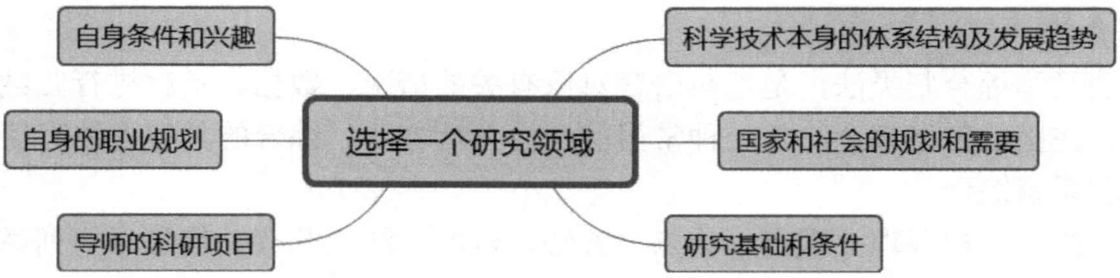

图 7-2-1　科研课题或论文题目来源

2. 本科毕业论文选题

本科阶段的毕业论文选题应属于本专业的知识范围，选择本学科中在理论上具有指导意义、对解决实际工作中存在的问题有实用价值的题目，尽可能覆盖自己本科阶段专业课程的理论和技能，使自己能够得到全面的训练。工程设计类选题应尽可能结合生产实际；软件类选题应有工程实用价值；选题难度要适中，并能够培养自己的工程意识和创新精神。

3. 研究生毕业论文选题

研究生毕业论文应具有创新性、独创性且具有一定的科学价值和现实意义，这就要求论文的选题必须是一个值得研究的难题或问题。选题主要通过以下几种途径进行：①结合本人的学业和专业方向，根据导师指导意见与个人兴趣及能力，从导师所给参考题目中选题；②工程设计类选题应结合生产、科研和实验室建设等任务；③通过检索系统查询国内外本专业领域的博硕士学位论文、国家自然科学基金项目、国家社会科学基金项目、省科技厅、教育厅项目等，从文献的空白点选题；④从已有的课题延伸中选题；⑤从热门话题或人们普遍关注的话题中选题；⑥从新理论、新技术、新方法的应用上选题。

4. 论文开题

学位论文的开题报告是对论文选题进行检验和评估认定的过程。通过开题报告来判定选题是否具有学术价值和新颖性，是否能够代表作者的专业科研水平，论文的观点是否成熟等。开题报告经由审查小组审核确认后，才能正式开始论文的写作。

开题报告的内容大体上包括：①本课题研究的已有成果和国内外当前的研究动态与趋势；②选题的依据、目的和意义；③课题研究的基本内容及拟解决的问题；④运用的研究方法及步骤；⑤研究与写作的进度；⑥主要参考文献。

要撰写好开题报告，离不开信息检索。通过信息检索找出与自己研究最相关的期刊论文、学位论文、专利、成果。通过阅读他人的评述文章和论文综述，可从中归纳出主要的研究人物、研究机构，进而为课题论文综述的写作奠定基础。另外，重点研究同类硕博士论文的目录结构，形成自己的论文写作思路。从检索到的同类硕博士论文获得启发是撰写好开题报告的基础。查看同类论文的目录结构，不仅了解该论文的内容安排和技术路线，而且为开题论文的写作提供了思路。

5. 编写提纲

开题之后，正式写作论文之前应先搭建论文提纲。提纲是对研究课题的总体构思，论文的指导思想、基本框架、整体结构、总的论点和各部分的布局及观点都应通过提纲反映出来。因此，要求作者在具体制定提纲时，首先应对论文的全部问题进行周密的思考，提出论点、论据，安排材料的取舍，力求使提纲在整体上体现论文题目的目的性。其次要从各个方面围绕主题编写提纲，既突出重点和主要内容，又适当地照顾全面，明确各部分在整篇论文中所占的比例及相互关系，使论文内容和题目紧密衔接起来。

6. 论文撰写

论文提纲完成后，经与指导教师共同就论文的结构、顺序及逻辑性等关键问题进行研究和推敲，即可着手写作论文初稿。写作阶段是作者对课题进行系统深入研究的阶段，在撰写论文的过程中应该注意：①根据提纲要求，对搜集到的资料去粗取精，去伪存真；②独立思考，敢于提出新见解；③论文写作始终围绕论题进行。

论文初稿完成以后，只能说完成了学位论文写作的70%的工作，其后的30%是修改、补充和润色。论文修改之前应尽量征求指导教师的意见，修改过程中要注意论文写作格式的规定，避免大量和大段引用，引用他人文字一定要注明出处。定稿后的学士学位论文字数一般为7000～8000字，硕士学位论文字数应控制在2.5万～3万字。

综上所述，学位论文从构思到完成一般都要经过选题、搜集资料、编写开题报告、制定提纲、撰写初稿和修改定稿等步骤。论文质量的高低与作者对每个阶段的把握程度有直接的关系。一篇好的学位论文应该做到观点正确、有独创性、结构严谨、逻辑性强、层次清楚、引文正确、语言流畅，并具有一定的深度和广度。

7.2.2 学位论文的基本格式

学位论文一般包括题目、序跋、摘要、目录、正文和参考文献等部分。

1. 题目

题目概括了整篇论文的核心内容，应简明扼要、准确明了、引人注目，学位论文中的中文题目不宜超过20字。

2. 序跋

序指的是学位论文最前面的一些关于论文写作说明的文字，跋是学位论文最后面的一些对论文写作过程中得到的帮助表示感谢之类的文字。序跋部分不是所有的学位论文都有的，视写作者的个人意愿而定，有的学位论文只有序而没有跋。

3. 中英文摘要

摘要是对学位论文内容不加注释和评论的简短陈述，是一篇具有独立性和完整性的短文。摘要一般应说明本论文的写作目的、方法、成果和最终结论等，要重点突出论文的创新性成果、新见解，以及理论和实际意义。摘要语言应精炼、准确，不宜使用公式、图表，不标注引用文献编号。中文提要一般为300～500字。英文摘要与中文摘要的结构和内容相同。

在摘要内容的下一行应注明本学位论文的关键词（3～5个），关键词是供检索使用的能覆盖论文主要内容的通用技术词条。关键词一般按词条的外延层次由大到小排列。

4. 目录

目录在正文之前，既是论文的提纲，又是论文组成部分的小标题，目录也是整个论文的章节导航。目录一般提供到三级，规定要标明章节的题目和页码。

5. 正文

论文正文包括绪论、论文主体及结论等部分。

①绪论。绪论一般作为论文的第一章，内容应包括本研究课题的学术背景及理论与实际意义、国内外研究现状综述、本研究课题的来源及主要研究内容。

②论文主体。论文主体是学位论文的主要部分，应该结构合理，层次清楚，重点突出，文字简练、通顺。论文主体的内容应包括：本研究内容的总体方案设计与选择论证，本研究内容各部分的设计，本研究内容的理论分析，对研究的论述及比较研究，模型或方案设计，案例论证或实证分析，模型运行的结果分析或建议、改进措施等。

③结论。学位论文的结论是对整个论文主要成果的总结，在结论中应明确指出本研究

内容的创造性成果或创新性理论（含新见解、新观点），对其应用前景和社会、经济价值等加以预测和评价，并指出今后进一步在本研究方向进行研究工作的展望与设想。

6. 参考文献

参考文献包括正文中的夹注、脚注和尾注，以及论文著者推荐的参考文献等几种。

①夹注。夹注即写作过程中在需注释的文字后加括号说明的部分。

②脚注。脚注一般写在页面的下方，注明文字出处，可连续编号，也可每页单独编号。

③尾注。尾注一般是和著者推荐的参考文献一起写在论文的最后，有时也写在各章节的最后。通常较大段的引文采用尾注。篇幅较小的论文只有脚注，而学位论文常采用尾注。

④著者推荐的参考文献。参考文献按文中出现的顺序列出，且有统一的著录格式。

• 期刊类：

序号.著者.题名[J].刊名，出版年，卷（期）：起止页码.

• 图书类：

序号.专著作者.书名[M]. 版本（第一版不著录）.出版地：出版者，出版年：起止页码.

• 论文集、会议录：

序号.著者.题名[C].编者.论文集名，出版地：出版者，出版年：起止页码.

• 学位论文类：

序号.作者.题名[D].保存地点.保存单位.年份.

• 专利文献：

序号.专利文献题名[P].国别.专利文献种类.专利号.出版日期.

• 标准：

序号.标准编号.标准名称[S].

• 报纸：

序号.作者.题名[N].报纸名.出版日期（版次）.

• 报告：

序号.作者.题名[R].保存地点.年份.

• 电子文献：

序号.作者.题名[电子文献及载体类型标识].文献出处.日期.

表 7-2-1 是 GB 7714—2015 中规定的文献类型与电子文献载体代码。

表 7-2-1 文献类型与电子文献载体代码

文献类型	代码	文献类型	代码	文献类型	代码	文献类型	代码	文献类型	代码
普通图书	M	期刊	J	专利	P	磁带	MT	档案	A
会议录	C	学位论文	D	数据库	DB	磁盘	DK	数据集	DS
汇编	G	报告	R	计算机程序	CP	光盘	CD	其他	Z
报纸	N	标准	S	电子公告	EB	联机网络	OL		

7. 附录

附录包括放在正文中显得过分冗长的公式推导、以备他人阅读方便所需的辅助性工具、重复性的数据图表、论文中使用的符号意义、单位缩写、程序全文及有关说明等。

7.3　写作与学术规范

学术规范是指学术共同体内形成的进行学术活动的基本规范。旨在引导人们在学术活动过程中，要尊重知识产权和学术伦理，严禁抄袭剽窃；参考引用他人的学术成果，要通过引证、注释等形式加以明确说明，从而营造一个规范有序的学术对话、学术创新的环境。

7.3.1　写作规范

写作规范是学术研究写作的基本技术准则，其内容主要有以下三方面。

1. 学术成果观点明确

学术成果应观点明确、资料充分、论证严密；内容与形式应完美统一，做到观点鲜明、结构严谨、条理分明、文字通畅。

2. 学术成果的格式应符合要求

对科学技术报告、学位论文和学术论文的撰写和编辑的格式要符合国家标准 GB 771—1987《科学技术报告学位论文和学术论文的编写格式》。

3. 参考文献的著录应符合要求

参考文献是在学术研究过程中，对某一著作或论文的整体的参考或借鉴。2005 年 3 月 23 日，国家标准化管理委员会发布了 GB/T 7714—2005《文后参考文献著录规则》，规定了各个学科、各种类型出版物的文后参考文献的著录项目、著录顺序、著录用的符号、各个著录项目的著录方法以及参考文献在正文中的标注法。

7.3.2　引用规范

引文就是借鉴前人研究成果的一种方法。用引文来代替、说明、辅助思想的表达，在毕业论文中是常见的。其目的是充实文章内容，增添理论色彩，增强论辩的力量。通过客观、准确、合理地引用文献来揭示文献之间的继承和发展关系。

引用规范即引文规范是文献引证的规范化、标准化的简称，是科学研究日益广泛深入的产物。 现在引文规范已经成为一个学术研究的重要组成部分。学术引文规范是关于文献引用内容、引文标注及著录的规则及要求。它包括引文原则与引文著录格式。

1. 所参考、引用的信息资源要标明出处

引文应予以明显的标识和清楚的著录，参考他人文献中的观点受到启发的文献，应在文章后面列出参考文献或作标注；当完整地引用原文章中的字句时一般应该在文章中作标注。凡引用他人观点、方案、资料、数据等，无论曾发表与否，无论是纸质版或电子版，均应详加注释。

2. 引文应以原始文献和第一手资料为原则

凡引用他人已发表的观点、方案、资料、数据等，无论是纸质版或电子版，均应详加注释并进行规范化编排。凡引用他人未发表的观点、方案、资料、数据等，应先征得被引用人的同意，并且不得损害被引用人发表的权利，方可进行引用并补充说明。凡转引文献资料，应如实说明。

3. 引文著录要规范

引文著录规范是指学术共同体（行业协会、组织或学术研究管理机关）制定的对文稿中引用的文字或片段如何进行真实地标注并在文后予以著录的相关规定。著录的事项因文献载体的差异略有不同（见 7.2.2 节中参考文献部分）。

4. 学术论著应合理使用引文

引文的字数或篇幅不能超过作者自述语言的字数或篇幅。引文应精确、完整及语义连贯，对自己研究的观点、材料、论据、统计数据等有启发和帮助，不能引而不用（伪引），否则后来的研究者根据伪引的参考文献去查找、阅读资料，就会浪费大量的研究时间，甚至会造成以讹传讹，更不能用而不引。伪造、篡改文献和数据等均属学术不端行为。

7.3.3　学术规范

学术规范是遏制学术腐败、保证学术研究能够健康发展的一个重要措施。为了有效预防和依法规范处理高等学校发生的学术不端行为，扭转学风不良发展趋势，促进科学研究良性发展，教育部 2016 年 9 月 1 日起实施《高等学校预防与处理学术不端行为办法》（简称《办法》）。《办法》的颁布实施使高等学校处理学术不端行为有章可依、有规可循。

1. 学术不规范的种类

（1）一稿多投

一稿多投是指同一作者或同一研究群体不同作者，在期刊编辑和审稿人不知情的情况下，试图或已经在两种或多种期刊同时或相继发表内容相同或相近的论文，国际上也称这种现象为重复发表、多余发表或自我剽窃。

一稿多投是科学界严厉指责的行为，因为：①不必要地浪费了期刊版面及编辑和审稿人的时间；②对相关期刊的声誉造成不良影响；③扰乱了依据科学成果的发表所建立的学术奖赏机制；④违反了版权法。

一稿多投行为如果在稿件的同行评议过程中被发现，通常会被简单地退稿，有些期刊编辑部可能会在退稿的同时函告作者所在单位的相关部门。如果一稿多投行为事实上已经发生（文章已经发表），相关的期刊有可能会采取以下制裁或处罚措施：①在一定期限内拒绝一稿多投作者向该刊继续投稿；②在刊物上刊登关于该作者一稿多投的声明，并列入目次页，以便被检索系统（如美国国立医学图书馆 Medline 数据库）收录，供同行检索；③可能在某特定专业群体的刊物中对一稿多投的行为进行通报；④可能通知作者所在单位。

（2）论文剽窃

剽窃被美国自然科学基金会自然和工程学办公室将其定义为“将他人的思想、方法、结果占为己有，或者没有使用适当言语说明，包括那些通过偷偷查看他人研究设想或者手稿的行为”。剽窃从根本上说是一项有关知识产权的问题，未经著作权人允许，行为人以隐蔽的手段将他人作品部分或全部当作自己作品发表使用的行为都是不可接受的。剽窃形式有：①观点剽窃，用了他人的观点而不注明，让人误以为是自己的观点；②文字剽窃，直接照搬原文的语句、段落，甚至整篇文章；③将原文删节、顺序调整，重新组合成文；④将多篇文章组合成一篇，整篇文章的写作是东抄西凑完成的。

教育部发布的《关于对学位论文作假行为的暂行处理办法（征求意见稿）》第六条规定：

学位申请者的学位论文出现购买、他人代写或者抄袭、剽窃等作假情形的，取消其学位申请资格；已经获得学位的，依法撤销其学位。取消学位申请资格或者撤销学位的，从处理决定之日起 3 年内，各学位授予单位不得再接受其学位申请。

（3）论文抄袭

学术不规范最突出的一种表现形式就是抄袭，抄袭是一种严重侵犯他人著作权的行为，也是在著作权审判实践中较难认定的行为。任何曾经写过论文或者为论文评过分的人都知道抄袭并不是一个界限分明的问题。学会辨别各种抄袭的形式，尤其是那些模棱两可的抄袭形式，是杜绝抄袭的重要一步。抄袭的种类如图 7-3-1 所示。

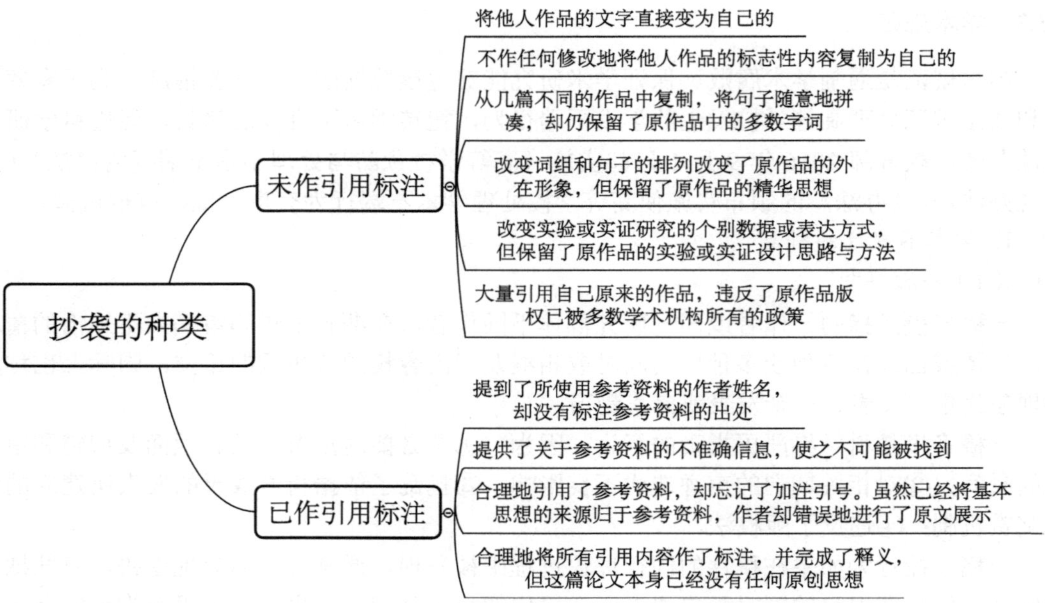

图 7-3-1　抄袭的种类

在确认抄袭行为中，往往需要与形式上相类似的行为进行区别。

①抄袭与利用著作权作品的思想、意念和观点。一般情况下作者自由利用另一部作品中所反映的主题、题材、观点、思想等再进行新的创作，在法律上是允许的，不能认为是抄袭。

②抄袭与利用他人作品的历史背景、客观事实、统计数字等。各国著作权法对作品所表达的历史背景、客观事实统计数字等本身并不予以保护，任何人均可以自由利用。但是完全照搬他人描述客观事实、历史背景的文字，有可能被认定为抄袭。

③抄袭与合理使用。合理使用是作者利用他人作品的法律上的依据，一般由各国著作权法自行规定其范围。凡超出合理使用范围的，一般构成侵权，但并不一定是抄袭。

④抄袭与巧合。著作权保护的是独创作品，而非首创作品。类似作品如果是作者完全独立创作的，则不能认为是抄袭。

大学关于“抄袭”的规定指出：如果所用句子与原始资料在观点和句子结构上都非常

相似，并且结论与引语相近而非用自己的话重述，即使注明出处，这也是抄袭。

不能简单地改变原始资料中的几个词语或者对其进行摘要性重组，而必须用自己的语言和句子结构彻底地重塑总结，或者直接引用。当然对于已经成为学术界的常识、经典、名句，即使不作说明也不会对提出者的归属产生误会的观点，则可以不注明出处。

我国《图书期刊保护试行条例实施细则》第十五条明确规定："引用非诗词类作品不得超过 2500 字或被引用作品的十分之一"；"凡引用一人或多人的作品，所引用的总量不得超过本人创作作品总量事物的十分之一"。

2. 论文检测

学术不端已经引起了各国政府及管理部门的高度重视。我国科技部在 2006 年发布了 18 号部长令，2007 年科技部成立了科研诚信管理办公室。科技部联系教育部、中国科学院、中国工程院等十部委成立了科研诚信建设联席会议科研诚信咨询委员会。

学术文献不端现象是重要的学术不端行为之一，文本复制（抄袭）是学术不端文献的重要特征。为了应对抄袭行为，各种论文检测工具（又称学术不端文献检测工具）应运而生。目前大多数检测系统对文字复制的检测已经达到相当高的水平，但对于图表、公式、数据的抄袭和篡改等行为的检测还有待提高。

检测结果一般提供文字复制百分比，但百分比只是描述检测文献中重合文字所占的比例大小程度，并不是指该文献的抄袭严重程度。只能这么说，百分比越大，重合字数越多，存在抄袭的可能性越大，是否属于抄袭及抄袭的严重程度，检测系统不能自行判断，必须由专家审查后决定。因此，学术不端文献检测系统只是将检测文献中与其他已发表文献中的相同部分列出来。

现在应用广泛的论文检测系统主要是三大中文期刊数据库提供商开发的系统，即中国知网论文检测系统、万方论文相似检测系统、维普通达检测系统。得到公认并被大部分高校用作论文检测标准的是中国知网和万方的论文检测系统，但两者都不是免费的。虽然各个论文检测系统的检测结果不一定完全一致，但对论文的修改都会有一定帮助。

网上论文检测系统有以下几种。

①PaperPass 论文通行证：http://www.paperpass.com。

②PaperTime 论文检测：http://www.papertime.cc。

③Paperater 论文检测系统：http://www.paperater.net。

④早检测系统：http://www.zaojiance.com/login。

⑤论文检测大师：http://www.check-paper.com。

7.4　论文的收录、引用与发表

7.4.1　收录、引用

1. 收录

收录是指论文被某期刊或者会议采用并公开发表，而这个期刊或者会议又被某一个评价数据库选中，如 SCI 收录论文、EI 收录论文等。

2. 引用

引用是指发表的公开论文中某些观点、结论、数据被其他作者发表的公开论文采用，引用包括他引与自引，自引是指引用自己以前的论文。

3. 查收查引

查收查引又名论文收录及被引用检索，指根据用户需求，在国内外权威数据库中检索其论文被收录和被引用情况，以证明其科研能力和水平，是科研评价的重要指标。

①查询论文被收录，可通过作者姓名、作者单位、期刊名称及卷期、会议名称、会议时间、会议地点、文献篇名、发表时间等途径，查找论文被 SCI、SSCI、 A&HCI、 EI、ISTP、ISSHP、CSSCI、CSCI 等收录及被引用情况。

②查询论文被引用时，如果只选被引作者项，可能检索量过大，因为一个人可能有几十甚至上百篇论文被收录引用。常用方法是结合被引标题、被引著作、被引年份等一起查询。

7.4.2　核心期刊与影响因子

1. 核心期刊

核心期刊是期刊中学术水平较高的刊物，是我国学术评价体系的一个重要组成部分。其特点是：刊载专业文献密度高，信息含量高；水平较高，代表本学科的最新发展水平；出版相对稳定，所载文献寿命较长；利用率和被引率较高，学术影响较大。它的重要性主要体现在对科研工作者学术水平的衡量方面。通常所说的中文核心期刊是指被北京大学图书馆每四年出版一次的《全国中文核心期刊要目总览》中列出的期刊。

2. 影响因子

期刊影响因子（Impact Factor，IF）是美国 ISI（科学信息研究所）的 JCR（期刊引证报告）中的一项数据，是表征期刊影响力大小的一项定量指标，也就是某刊平均每篇论文的被引次数，即某期刊前两年发表的论文在统计当年的被引用总次数除以该期刊在前两年发表的论文总数。这是一个国际上通行的期刊评价指标。刊物的影响因子越高，其刊载的文献被引用率越高，一方面说明这些文献报道的研究成果影响力大，另一方面反映该刊物的学术水平高。其具体算法为

$$\text{影响因子}=\frac{\text{该刊前两年发表的论文在统计当年被引用的总次数}}{\text{该刊前两年发表的论文总数}}$$

7.4.3　核心期刊评价体系

核心期刊是代表期刊中学术水平较高的刊物，也是我国学术评价体系的一个重要组成部分。目前中国科研评价常用的评价体系如下。

1. 国际核心期刊的认定

（1）Web of Science 平台收录的期刊

Web of Science 平台收录的期刊包括：①Science Citation Index Expanded（科学引文索引，SCIE），收录了全世界出版的数、理、化、农、林、医、生命科学、天文、地理、环境、材料、工程技术等自然科学各学科的核心期刊 8621 种，覆盖 176 个学科；②Social Sciences

Citation Index（社会科学引文索引，SSCI），收录了社会科学领域最重要的期刊 3121 种，覆盖 56 个学科；③Arts＆Humanities Citation Index（艺术与人文引文索引，A＆HCI），收录了全世界艺术与人文领域最重要的核心期刊 1728 种，覆盖 28 个学科。④ISTP（Index to Scientific & Technical Proceedings），即《科学技术会议录索引》，主要收录国际上著名的科技会议文献。CPCI-S（Conference Proceedings Citation Index - Science）是 ISTP 的网络版。

（2）EI Compendex 收录的期刊

El Compendex 是目前最常用的文摘数据库之一，侧重于工程技术领域的文献的报道，涉及核技术、生物工程、交通运输、化学和工艺工程、照明和光学技术、农业工程和食品技术、计算机和数据处理、应用物理、电子和通信、控制工程、土木工程、机械工程、材料工程、石油、宇航、汽车工程以及这些领域的子学科。其数据来源于 5600 多种工程期刊、研讨会、论文集和技术报告，每周更新。

2. 中文核心期刊的认定

目前国内普遍采用三大核心期刊（或来源期刊）遴选体系。

（1）北京大学图书馆《中文核心期刊要目总览》

该要目总览已于 1992 年、1996 年、2000 年、2004 年、2008 年、2011 年、2015 年出版过七版，主要是为图书情报部门对中文学术期刊的评估与订购，为读者导读提供参考依据。其从我国正在出版的中文期刊中评选出 1980 余种核心期刊，分属 73 个学科类目；由各学科核心期刊表、核心期刊简介、专业期刊一览表等几部分组成。不仅可以查询学科核心期刊，还可以检索正在出版的学科专业期刊。

（2）南京大学《中文社会科学引文索引（CSSCI）来源期刊》

中文社会科学引文索引（Chinese Social Sciences Citation Index，CSSCI）是由南京大学中国社会科学研究评价中心开发研制的数据库，用来检索中文社会科学领域的论文收录和文献被引用情况。CSSCI 遵循文献计量学规律，采取定量与定性评价相结合的方法从全国中文人文社会科学学术性期刊中选出学术性强、编辑规范的期刊作为来源期刊，记录回溯至 1998 年。该库主要从来源文献和被引文献两个方面向用户提供信息。

（3）中国科学院文献情报中心《中国科学引文数据库（CSCD）来源期刊》

中国科学引文数据库（Chinese Science Citation Database，CSCD）创建于 1989 年，收录我国数学、物理、化学、天文学、地学、生物学、农林科学、医药卫生、工程技术、环境科学和管理科学等领域出版的中英文科技核心期刊和优秀期刊千余种，目前已积累从 1989 年到现在的论文记录 4210128 条，引文记录 48001186 条。

对于中文核心期刊，除了上述三种遴选体系外，国内还有中国科学技术信息研究所《中国科技论文统计源期刊》（又称《中国科技核心期刊》）、中国社会科学院文献信息中心《中国人文社会科学核心期刊》、中国人文社会科学学报学会《中国人文社科学报核心期刊》。

7.4.4　论文投稿与发表

论文是表达科研成果的主要方式之一，学术论文只有在报刊上或各种学术会议上公开发表，才能产生社会影响，体现其应有的学术价值和作用。学术论文能否发表取决于论文的质量（决定性因素）、写作技巧、投稿策略。下面介绍学术论文投稿的基本知识。

1. 投稿原则

①选择正式出版物。正式出版的期刊是指同时具有 ISSN（国际连续性出版物标准代码）与 CN（我国新闻出版总署赋予正式出版刊物的期刊代号）。投稿时一定要选择正规的合法刊物，如果对所投期刊的合法性无法判断，可以通过中国新闻出版广电总局网站（http://www.sapprft.gov.cn）的在线查询服务查询刊物的合法性。

②选择对口的期刊。论文主题是否在刊物的刊登范围之内，不同专业期刊有不同的办刊方针、栏目特色，甚至同一种期刊在不同时期其报道的重点也会有所不同。作者应从“期刊简介”、期刊中的“征稿启事”或者期刊的栏目设置中了解期刊所刊登学术论文的大致内容范围。只有论文符合期刊的发表范畴，才有可能被采用。

③文章的格式符合刊物的要求。一般刊物在投稿须知中都对格式有明确的说明，有的还有格式模板，按照所投期刊的模板写作就行。也可以下载拟投刊物的原文，参照已发表论文的格式写作。

④期刊的级别。刚开始写论文时，可以投一般期刊；随着研究水平的提高和研究内容的深入，可以投核心期刊或本领域的国际期刊。作者在投稿时要充分考虑自己论文水平的高低，既不要“低稿高投”，也不要“高稿低投”。

⑤不能一稿多投。投稿时要遵循一定的道德规范，不能一稿多投。按照我国的《著作权法》以及各报刊的一般约定，如果投出的文章 3 个月内没有得到采用的消息，作者可以再投稿。如果方便，可以向投稿的编辑部询问一下文章的处理结果，以免产生误会。因为有些刊物发现作者有一稿多投的行为后，会不再刊登作者的其他稿件，对投稿者而言损失颇大。

⑥避免法律纠纷。若稿件有可能涉及保密性审查或授权发表的问题，如一些来自于重大科研项目的科技论文的保密性要求较高，涉及国家或集体、个人秘密的科研项目或专利内容等都需要保密。作者应在稿件投寄之前取得主管部门的书面同意，有些稿件在投稿的同时还应当附有单位的保密审查同意书。其次，学位论文投稿时也应当征得论文指导教师或学位授予单位的同意。因为学位论文不仅是作者付出辛勤劳动的成果，而且凝结了其指导教师的心血和智慧以及学位授予单位大量的物质条件支持。为了避免日后不必要的法律纷争，有关作者在投稿前不要忘记取得必要的同意和授权。

⑦处理合作问题。由于研究工作的深入和广泛性，不少论文是两人或两人以上的合作者共同完成的，因此，一些期刊社要求第一作者应征得其他作者的书面同意共同对论文负责并将同意书随稿寄出。

2. 投稿对象选择

现在可供选择的途径很多，如学术期刊、会议论文集、网络媒体在线出版，或者给政府部门以及决策机构提供研究报告等。作者可以根据自己对论文投稿的要求选择投稿的渠道。

（1）学术会议

各学科、各专业、各系统经常召开学术讨论会，一般会后还出版专门的论文集。根据即将召开的学术会议主题，将文章投寄给会议主办单位。经有关专家审查录用的论文通常会在会议期间进行大会宣读或分组交流；并且由主办单位结集出版，成为一种重要的文献资源——会议文献。通过学术会议发表论文，是一个很好地传播自己学术思想的机会，也是与同行直接或间接进行最新研究成果交流的有效渠道。

（2）专业报刊

专业报刊是交流、传播、讨论、争辩学术问题的重要平台，是论文研究成果得到社会认同、产生社会影响力的重要途径。学术期刊由于出版机构的背景和资质及刊物本身的学术影响力不同，根据不同的标准还被划分为核心期刊（国内）、同行评审期刊（国外）、SCI期刊等级别和种类。作者应该根据自己论文的专业特点、研究水准选择恰当的刊物进行投稿。

（3）网络出版

网络出版是指具有合法出版资格的出版机构，以互联网为载体和流通渠道，出版或销售数字出版物的行为。网络出版模式一般是：作者投稿（一般需支付审稿费）→“开放获取”期刊（审稿、组织同行评议）→网络传播→读者（免费）。例如，中国科技论文在线（http://www.paper.edu.cn）是经教育部批准，由教育部科技发展中心主办的中国首家官方在线发表科技论文的公益性平台。现在越来越多的期刊具有网上投稿平台，因此大多数读者也青睐并顺应这一新的投稿方式。常用的网上投稿平台有以下几个。

①中国知网的作者投稿平台：http://www.cb.cnki.net。

②中国知网的期刊大全：http://navi.cnki.net/KNavi/Journal.html。

③万方数据投稿平台：http://contribute.wanfangdata.com.cn。

参考文献

陈新艳，陈振华. 2015. 信息检索与利用[M]. 武汉：武汉理工大学出版社.
陈英. 2009. 科技信息检索[M]. 4 版. 北京：科学出版社.
陈英. 2014. 科技信息检索[M]. 6 版. 北京：科学出版社.
邓发云. 2013. 信息检索与利用[M]. 2 版. 北京：科学出版社.
黄如花. 2010. 信息检索[M]. 2 版. 武汉：武汉大学出版社.
刘二稳，阎维兰. 2007. 信息检索[M]. 2 版. 北京：北京邮电大学出版社.
宋金斧. 2010. 科技信息检索与利用[M]. 北京：中国电力出版社.
王立清. 2008. 信息检索教程[M]. 2 版. 北京：中国人民大学出版社.
王细荣. 2009. 文献信息检索与论文写作[M] 上海：上海交通大学出版社.
王知津. 2009. 工程信息检索教程[M]. 北京：机械工业出版社.
谢德体. 2009. 信息检索与分析利用[M]. 北京：清华大学出版社.
徐庆宁. 2008. 新编信息检索与利用[M]. 上海：华东理工大学出版社.
许福运，刘二稳. 2011. 信息检索与创新[M]. 北京：科学出版社.
许征尼. 2010. 信息素养与信息检索[M]. 合肥：中国科学技术大学出版社.
于光. 2010. 信息检索[M]. 北京：电子工业出版社.
赵静. 2014. 信息检索与利用[M]. 北京：清华大学出版社.